Como Não Decidir
Uma Obra Pública

Como Não Decidir Uma Obra Pública

UM METRO DA RAZÃO AO ERRO

2012

Carlos Encarnação
João Rebelo

COMO NÃO DECIDIR UMA OBRA PÚBLICA
UM METRO DA RAZÃO AO ERRO
AUTORES
Carlos Encarnação
João Rebelo
EDITOR
EDIÇÕES ALMEDINA, S.A.
Rua Fernandes Tomás, n.ᵒˢ 76, 78 e 79
3000-167 Coimbra
Tel.: 239 851 904 · Fax: 239 851 901
www.almedina.net · editora@almedina.net
DESIGN DE CAPA
FBA.
PRÉ-IMPRESSÃO
Jorge Sêco
IMPRESSÃO E ACABAMENTO
G.C. – GRÁFICA DE COIMBRA, LDA.
Palheira Assafarge, 3001-453 Coimbra
producao@graficadecoimbra.pt
Janeiro, 2012
DEPÓSITO LEGAL
338742/12

Toda a reprodução desta obra, por fotocópia ou outro qualquer processo, sem prévia autorização escrita do Editor, é ilícita e passível de procedimento judicial contra o infractor.

 GRUPOALMEDINA

BIBLIOTECA NACIONAL DE PORTUGAL – CATALOGAÇÃO NA PUBLICAÇÃO

ENCARNAÇÃO, Carlos, 1946-, e outro

Como Não Decidir Uma Obra Pública
Um Metro da Razão ao Erro
ISBN 978-972-40-4745-4

I – REBELO, João, 1955-

CDU 338

1. INTRODUÇÃO

O projecto habitualmente designado por Metro Mondego (MM) corresponde à procura de uma solução capaz de resolver a compatibilidade de um meio de mobilidade regional carente de modernização e beneficiação – o comboio da Lousã – com a necessidade de responder à integração e novas carências de mobilidade urbana, assegurando a existência de adequadas condições de competitividade para a sub-região de Coimbra.

Como a seguir se verá, o alcançar deste objectivo geral, comummente reconhecido, exige um esforço de superação e conciliação de interesses e desejos que, pelo menos na sua origem, eram distintos: entre os objectivos parcelares dos municípios da Lousã e de Miranda do Corvo que, para além da ligação ao centro da cidade de Coimbra, pretendiam a ligação à rede ferroviária nacional em Coimbra B e do município de Coimbra que pretendia assegurar, também, uma solução que desse resposta às referidas necessidades de mobilidade na cidade e restante concelho, eliminando em simultâneo a barreira física criada pelo atravessamento do centro histórico pela linha da Lousã.

Existindo dissemelhança em relação aos interesses, a realidade aponta para o facto de ser imperioso entender o desenho e a afirmação do projecto como um todo e garantir a sua sustentabilidade. Esta é uma obrigação de todos quantos consideram essencial a concretização do mesmo.

Como facilmente se concluirá de um atento perscrutar dos documentos e estudos elaborados, a sustentabilidade do projecto só se alcança pelo desenvolvimento do serviço e traçado urbanos[1]. Sem este desenvol-

---

[1] Como se evidencia pelo facto de a procura correspondente ao serviço sub-urbano representar cerca de 16% do total.

vimento e o aumento da procura – a realidade dos transportes ferroviários na actualidade assim o demonstra – a linha da Lousã caminharia para uma situação idêntica ao que se está a passar com outras linhas que têm vindo a encerrar[2].

Estamos perante um projecto com uma longa gestação e que mais de quinze anos[3] sobre a constituição da sociedade Metro Mondego, S.A. – ocorrida em 20 de Maio de 1996 – se encontra por concluir. Essencialmente pelo que podemos considerar vicissitudes resultantes da existência de prolongados períodos de ausência de decisão e de sucessivas inflexões e alterações de orientação por parte da tutela, com a consequência da falta de articulação por parte dos diversos accionistas.

Trata-se, quanto a nós, de um *"case study"* absolutamente singular que traz a nu as principais características de um processo decisório atribulado e baseado em contradições mais do que evidentes. O que é particularmente problemático e grave em obras públicas estruturantes.

A génese e o desenvolvimento do projecto designado por Metro-Mondego e as sucessivas vicissitudes pelas quais foi passando são o nosso campo de observação.

É, desde logo, sobre a linha da Lousã – a designada linha verde do Metro Mondego – que somos forçados a encontrar algumas questões determinantes.

Atente-se que as primeiras bases de concessão são, apenas, aprovadas quase seis anos depois da constituição da Metro Mondego, S.A., em 2002, com a publicação do Decreto-Lei n.º 10/2002, de 24 de Janeiro, que aprovou igualmente os estatutos da sociedade. Estas bases vieram, por sua vez, a ser alterados pelo Decreto-Lei n.º 226/2004, de 6 de Dezembro, afim de

---

[2] Referimo-nos ao encerramento das linhas e ramais do Douro: [Entre Pocinho-Barca de Alva]; do Algarve: [entre V.R.S. António-V.R.S. António do Guadiana]; do Tâmega: [entre Amarante-Arco de Baúlhe] VE; do Corgo: [entre Vila Real-Chaves] VE; do Tua [entre Carvalhais-Bragança] VE; do Sabor VE; de Monção; de Vila Viçosa; de Montemor; do Montijo; de Mora; de Reguengos; de Sines; de Moura; de Aljustrel; de Famalicão VE; de Viseu VE; e mais recentemente ao anúncio para as linhas e ramais do Oeste: [entre Caldas da Rainha-Figueira da Foz], de Cáceres, da Figueira da Foz (Pampilhosa-Figueira) e do Vouga: Espinho – Aveiro (Via Sarnadas).

[3] E dezassete anos após a publicação do Decreto-Lei n.º 70/94, de 3 de Março – que enquadrou a implementação de um sistema de metro ligeiro de superfície nos concelhos de Coimbra, de Miranda do Corvo e da Lousã.

INTRODUÇÃO

possibilitar o lançamento do concurso público Internacional, acertado ao regime jurídico das parcerias público privadas (PPP)[4], o que efectivamente ocorreu em Fevereiro de 2005.

Com a anulação deste concurso, por extinção, em 2005, é alterado pela tutela o modelo e a realização dos trabalhos – agora com o envolvimento da REFER e da CP no lançamento dos diversos[5] concursos de execução – relativos às infraestruturas de longa duração e fornecimento do material circulante[6] – o que obrigará a nova alteração das Bases de Concessão, que ainda não ocorreu.

Em Dezembro de 2009 dá-se, finalmente, o início[7] das obras (incluindo o levantamento dos carris) numa extensão de 30,6km[8], repartidas por duas empreitadas: entre Serpins e Miranda do Corvo e entre Miranda do Corvo e o Alto de S. João. O serviço ferroviário é interrompido, com a consequente criação de serviços alternativos rodoviários.

No entanto, embora as obras adjudicadas prossigam, verifica-se, a partir de Junho de 2010, o protelamento das restantes etapas do projecto: a adjudicação das empreitadas correspondentes aos seis concursos efectuados até aquela data[9]; e o lançamento dos restantes quatro concursos, que têm

---

[4] Cujo regime legal foi aprovado pelo Decreto-Lei n.º 86/2003, de 26 Abril. Em Setembro de 2003 é, entretanto, publicado o Despacho conjunto n.º 945/2003, de 8 Setembro (DR – II Série, de 25.09.2003), que procede à constituição da Comissão de Acompanhamento da exploração do Sistema de Metro Ligeiro de Superfície (MLS Metro Mondego).

[5] Em vez de um único concurso passou-se para a realização de 13 concursos – só para a realização da linha verde (correspondente à antiga Linha da Lousã com 38,5 Km e 33 estações) – para além do(s) relativo(s) à linha amarela (Linha do Hospital com 4 Km e 11 estações).

[6] Realizaram-se 3 concursos públicos internacionais (um pela MM e dois pela CP) para a aquisição do material circulante, mas sem conseguir habilitar alguma proposta.

[7] Em 2008 foram previamente realizados os interfaces da Lousã, de Miranda do Corvo e de Sobral de Ceira (1.ª fase).

[8] Infra-estruturas gerais de longa duração: Serpins-Miranda do Corvo; Miranda do Corvo-Alto de S. João, com a extensão total de 30,6 Km. Destes 27,0 Km correspondem ao troço sub-urbano e 3,6 Km são parte do troço urbano Sobral de Ceira-Coimbra B (11,5 Km = 3,6 Km + 7,9 Km).

[9] Concursos relativos: à construção das Infra-estruturas gerais de longa duração (3.ª e 5.ª empreitadas) Alto de S. João-S. José e Portagem-Coimbra B (Nova Gare), de 30 de Julho de 2009 e de 19 de Abril de 2010, respectivamente; ao fornecimento do Material Circulante (3.º concurso de 30 de Julho) ; à Sinalização, de 31 de Agosto de 2009; às Telecomunicações, de 30 de Outubro de 2009; e à Energia e Subestações, de 11 de Janeiro de 2010.

vindo a ser adiados[10]. Este facto impossibilita o normal desenvolvimento do projecto e a entrada em operação de, pelo menos, alguns troços.

O presente documento procura registar e reflectir com a maior objectividade possível sobre um exemplo claro da incorrecção do processo decisório em relação a uma obra pública útil e necessária, esperando, com os relatos factuais e observações efectuadas, poder contribuir para a solução que importa alcançar para o problema da mobilidade na região. Solução que deve ser eficaz e sustentada, potenciadora da qualidade de vida e capaz de assegurar a atractividade essencial á promoção do desenvolvimento económico (incluindo a valorização patrimonial) de Coimbra e municípios da sua área de polarização directa, da região centro e do país, capaz de gerar a capacidade de criar alternativas às "deseconómicas" áreas metropolitanas de Lisboa e Porto.

Não se pense que a nossa análise é alheia ao que se passa com os transportes públicos nessas áreas. A solução que sempre defendemos é de um equilíbrio que impeça o que o Estado, ao longo do tempo, foi permitindo em muitas das soluções utilizadas e que corresponde, hoje, a este descalabro completo das empresas públicas de transporte e às suas consequências no défice público.

Lá como aqui não podem os municípios deixar de participar e assumir responsabilidades na gestão dos sistemas de transportes urbanos. À semelhança do que tem vindo a ser defendido e está previsto para Lisboa e Porto, o Metro e os transportes urbanos e regionais rodoviários estão condenados a entenderem-se.

A decisão não fundamentada tem óbvios custos, os exemplos multiplicam-se. Mas a ausência de decisões atempadas provoca consideráveis prejuízos e pode, igualmente, ser fonte de desperdício de dinheiro dos contribuintes, como é evidente no caso do Metro Mondego.

De um modo e de outro, as iniciativas que conduziram aos vários sistemas de metro, em Portugal tem uma duração média de gestação de mais de 10 anos, o que, naturalmente, sobrecarrega os custos.

---

[10] Concursos relativos e datas previstas para a sua abertura: 5.ª empreitada das Infra-estruturas gerais de longa duração S. José – Portagem (Novembro de 2010); Parque de Materiais e Oficinas – PMO (Julho de 2010); Bilhética (início de 2011); e Equipamento e Mobiliário das estações (Outubro de 2010).

INTRODUÇÃO

A solução não pode ser uma forma de substituir um prejuízo anual de cerca de 4,2 milhões de euros (CP + REFER) por um investimento absurdo que, apenas, e sem mudança de horizonte e de estabilidade, o aumente até ser considerado inaceitável. A solução que se defende é o sistema de Metro Ligeiro de Superfície e passa, como atrás se referiu, por se entender o projecto como um todo, capaz de promover o equilíbrio e a sustentabilidade necessários.

Refira-se, por fim, que esta reflexão não pretende contar toda a história do projecto (para o que outros contributos serão particularmente importantes) e é estritamente de carácter pessoal, não expressando as posições institucionais de qualquer entidade envolvida no projecto, num exercício de cidadania que responsabiliza apenas os autores.

2. RAZÕES DA PROPOSTA DE UM METRO LIGEIRO DE SUPERFÍCIE

O século dezanove trouxe uma revolução no domínio dos transportes na qual as soluções ferroviárias desempenharam um papel relevantíssimo. Portugal não fugiu à regra.

Atendendo à importância relativa de Coimbra e da sua região, foi pensada uma solução que unisse Coimbra a Arganil e pudesse prosseguir para a Covilhã. Em 1887 foi entregue a concessão da obra. Inviabilizada, por sucessivas peripécias, a intenção inicial, o dinheiro chegou apenas para atingir Serpins e, no caso especial desta localidade, apenas em 1930.

Diga-se, para localizar a solução no tempo e nas suas condicionantes, que a ligação entre Coimbra e Lousã, inaugurada em 1906, demorava cerca de hora e meia a cumprir e que nalguns troços, nomeadamente entre Ceira e Miranda do Corvo e entre a Lousã e Serpins, a mesma segue um percurso sinuoso e de montanha com diversos túneis e pontes, enquanto entre Miranda e a Lousã o percurso é relativamente plano.

Estamos, portanto, no domínio de um projecto próprio do século dezanove, realizado numa linha de características profundamente acidentadas com declives acentuados e uma profusão de curvas.

E apreciamos, ainda, um projecto que utilizou, ao longo do tempo, as versões possíveis de veículos capazes de vencer aquele desafio. Veículos a vapor, *ferry-buses*, automotoras diesel/eléctricas.

Todas estas soluções assentes em material pesado que oferecia uma incomodidade clara, do ponto de vista urbano e do ponto de vista da conjugação das soluções de transporte, na passagem por Coimbra.

A passagem efectua-se na zona nobre da entrada de Coimbra (a Portagem), paralelamente ao rio, chegando mesmo a atravessar, aquilo que

COMO NÃO DECIDIR UMA OBRA PÚBLICA

durante muito tempo foi a principal ligação rodoviária entre Lisboa e Porto, a antiga estrada nacional número 1 (EN1), correspondente ao actual IC2, também, segundo a moda da época, inserida e desenvolvida ao longo do centro de Coimbra.

Não deve estranhar-se que um dos problemas mais cedo levantados tenha sido justamente esta invasão do centro da cidade de Coimbra que, para quem vinha de Lousã, Miranda ou da periferia do concelho de Coimbra, era agradável e para a cidade constituía um obstáculo urbano.

A passagem dos comboios, era, naturalmente, objecto de contínuos reparos.

Aliás, já em 1940 e em meados dos anos cinquenta (1955), o Plano De Gröer e o Plano de Urbanização (regulador) da cidade da autoria de Almeida Garret, respectivamente, propunham alterações ao traçado da linha da Lousã, sempre no sentido de libertar o centro da cidade e asse-gurar o melhor acesso ao rio. De Gröer propõe mesmo o *"levantamento dos "rails" ... e a transformação ... em autoestrada"* e o *"recuo da estação central [esta-ção nova] até aos terrenos da [então] estação de mercadorias"*[11]. Almeida Garret propunha a transferência da linha (entre Coimbra B e Ceira) para a mar-gem esquerda do rio Mondego (Santa Clara) *"utilizando a actual ponte da CP e passando em túnel o monte para seguir paralela ao rio Mondego até ao rio Ceira, vencido o qual por uma ponte, retomaria a actual linha ao Km 6,200"*[12].

Por seu lado o Plano Costa Lobo propunha, nos anos setenta, uma outra solução[13]: *"a transformação do Ramal de Coimbra e do troço da Linha da Lousã entre a Estação Nova e a Portela de modo a permitirem a circulação dum "eléctrico*

---

[11] De Gröer apresenta aliás as suas concepções relativamente ao problema do transportes de massa, nestes termos (citando Lusitano dos Santos *in* Planos de Urbanização para a cidade de Coimbra, MNMC, 1983): *"As pequenas linhas de caminho de ferro como a da Lousã, com o seu fraco tráfego, não podem lutar com os autocarros, mais cómodos e económicos para os passageiros e mais elásticos para o serviço. Os autocarros podem dar um bom rendimento mesmo quando só servem aglomerações muito pequenas, enquanto que as pequenas linhas de caminho de ferro não dão senão prejuízos"*.

[12] As suas propostas incluíam, ainda, (citando, novamente, Lusitano dos Santos) *"a criação de nova estação para a linha do Norte ... a poente de Coimbra B"*, *"a eliminação do Ramal de Coimbra* [leia-se ligação Coimbra B – cidade], *vencendo-se a distância do centro da cidade por um eficiente transporte colectivo"* e o desvio do atravessamento da cidade da EN1.

[13] Citando Lusitano dos Santos *in* Planos de Urbanização para a cidade de Coimbra, Museu Nacional Machado de Castro, 1983.

rápido". Na Portela localizar-se-ia a estação terminal da Linha da Lousã e a cidade ficaria liberta das pesadas composições ferroviárias".

Em 11 de Fevereiro de 1974, o Presidente Araújo Vieira determina[14] a constituição de *"um grupo de trabalho para recolher os elementos indispensáveis à apreciação de toda a problemática que o caminho de ferro da Lousã encerra relativamente a Coimbra. Vantagens e desvantagens como meio de transporte, como meio de desenvolvimento urbano e suburbano, seu interesse para o comércio, a industria e o ensino"*.

O grupo de trabalho conclui[15], *"procurando ... ajudar ao debate que se generalizou sobre o momentoso problema"*: *"dever ser tomada sobre o assunto uma posição inflexível na defesa imediata da solução definitiva[16], a qual em seu parecer é a única que serve o actual e futuro interesse do aglomerado urbano"*, ou seja, *"a que diz respeito ao trajecto enterrado do caminho de ferro na zona urbana"*.

Ao consultar peças informativas de várias épocas, deparámo-nos com a descrição de um acidente, sucedido em 28 de Dezembro de 1983, que talvez tenha sido muito importante para despertar a sensibilidade geral. A automotora da Lousã, referia-se então, matou mais uma pessoa e feriu gravemente mais duas destruindo um automóvel estacionado à saída do apeadeiro do Parque da cidade.

A questão que se levantava era relevante e incómoda.

Lousã e Miranda do Corvo reivindicavam a ligação da linha do Norte ao Ramal da Lousã. Os interesses de Coimbra exigiam que a ligação terminasse, para já, na estação do Parque e que apenas durante a noite circulassem as composições necessárias à renovação do material circulante no Ramal, pelo menos enquanto não fosse encontrada outra solução de atravessamento da Portagem.

Acabou por fazer vencimento esta solução que necessariamente limitava, sem uma solução adequada, o acesso das populações servidas à linha do Norte. Em 1984 é construído um cais provisório paralelo ao Parque

---

[14] Em cumprimento de deliberação da Câmara Municipal de 9 de Fevereiro. Constituíram o grupo de trabalho: os Engenheiros Aureliano Tavares (chefe dos serviços técnicos), que presidiu; Augusto Gonçalves; Albertino Reis e Sousa; Mendes Ribeiro; Luís Fidalgo; o Dr. José Pimenta; e Hilário Teixeira (Chefe dos Serviços Municipalizados).

[15] Após ter promovido *"um inquérito directo* [em todos os comboios], *durante uma semana ... à população que utiliza, nos dois sentidos, a linha de caminho de ferro entre Coimbra e Serpins"*.

[16] A solução provisória passaria por fazer parar o serviço ferroviário na entrada na cidade e assegurar aí o transbordo para os serviços de transporte urbano e o acesso à cidade.

Manuel Braga, mais tarde substituído pela nova Estação Parque, entretanto construída[17] pela Câmara Municipal de Coimbra e inaugurada em 1985. Era Presidente da Câmara Municipal de Coimbra o Dr. Mendes Silva.

Entretanto, pela razão atrás expressa surgem, no início dos anos oitenta, alguns movimentos de reivindicação da ligação do interior do distrito (Arganil, Tábua, Pampilhosa da Serra, Góis e Oliveira do Hospital) a Coimbra, na senda do projecto desenhado no século dezanove[18].

Em alternativa à supressão da ligação, para o atravessamento do centro de Coimbra, propôs-se, então, o estudo e a construção de um túnel na zona da Portagem, que permitisse manter o percurso sem interrupções. É o retomar do desenvolvimento das propostas anteriores, nomeadamente, a designada "solução definitiva" apresentada, como já referimos, em 30 Março de 1974 pelo Grupo de Trabalho criado pela Câmara Municipal de Coimbra.

---

[17] O projecto foi elaborado pelo Arquitecto Monteiro e a obra foi realizada e paga pela Câmara Municipal de Coimbra.

[18] O Conselho Superior de Obras Públicas (CSOP) no seu parecer ao Plano Almeida Garrett (19 de Março de 1957) que, como já referimos, previa a transferência da Linha da Lousã para a margem esquerda, entre Ceira e a ponte de caminho de ferro do Choupal, entendia – citando, ainda, Lusitano dos Santos – "que se deveria prolongar esta linha até ligação com a da Beira Baixa [? Beira Alta] nas proximidades de Gouveia".

3. DA GÉNESE DO PROJECTO À DECISÃO DE CONSTITUIÇÃO DA SOCIEDADE METRO MONDEGO

2.º Governo Cavaco Silva – 17/8/1987-31/10/1991

3.1. O Protocolo entre a CMC e a CP

Sabe-se que, em 1988 é realizado um estudo intitulado "Ramal da Lousã – Que Futuro?" que incluiu, igualmente, inquéritos dirigidos aos utentes.

Mas, em 1989, o Presidente António Moreira (Câmara Municipal de Coimbra) e o Presidente da CP assinam um protocolo que apontava para 1992 a conclusão do túnel defendido.

Dizia-se já, e é importante sublinhar, que se tinha em conta: "... *a urgente resolução do problema da ligação sem restrições entre o ramal da Lousã e a linha do Norte, integrado num projecto a longo prazo que rendibilize a exploração entre Coimbra B e Ceira, através de uma utilização intensamente urbana* [leia-se um serviço ferroviário pesado ou eléctrico rápido[19]] *e consequente aprovação dos novos espaços conquistados para a cidade*".

Tal representava o equilíbrio possível entre as várias aproximações ao problema e desenvolvia uma ideia nova em relação ao transporte público quanto às perspectivas dos municípios envolvidos e quanto à inserção urbana em Coimbra.

---

[19] Dá, ainda, corpo e desenvolve o proposto no Plano Costa Lobo (anos setenta) que, como se referiu, propunha "*a transformação do Ramal de Coimbra e do troço da Linha da Lousã entre a estação Nova e a Portela de modo a permitirem a circulação dum «eléctrico rápido». Na Portela localizar-se-ia a estação terminal da Linha da Lousã e a cidade ficaria liberta das pesadas composições ferroviárias*".

COMO NÃO DECIDIR UMA OBRA PÚBLICA

A caracterização do ramal da Lousã como elemento estruturante do transporte multi-municipal foi, entretanto, objecto de um novo estudo[20] realizado por um grupo de alunas da Faculdade de Economia da Universidade de Coimbra.

Esse trabalho venceu o Prémio Economia Regional 1991 e foi editado em 1993 pela Comissão de Coordenação da Região Centro.

Em 1991, a Câmara Municipal de Coimbra recebeu da CP o anteprojecto do túnel da Portagem. O preço anunciado era de 4,4 milhões de contos, sem electrificação e com via única. Esclareça-se que este túnel se desenvolvia, aproximadamente, desde as instalações da Triunfo até à Ínsua dos Bentos e comportaria duas linhas.

Ao mesmo tempo, a Câmara Municipal propunha a reconversão urbanística dos terrenos da CP que se integrassem no reordenamento de toda a área da Estação Nova à Auto-Industrial e acentuava a importância desta solução na economia do projecto.

Quando a CP apresentou o anteprojecto do túnel, em 1991, os municípios de Coimbra, Lousã e Miranda reclamaram a electrificação da linha e a imediata adjudicação do projecto de execução.

Recorde-se que estimativas vindas a público em Outubro de 1991 apontavam para um custo, sem considerar a electrificação e via dupla, de 5 milhões de contos (25 milhões de euros a preços constantes e 48,2 milhões de euros a preços correntes), e percebe-se que a Câmara de Coimbra discute com a CP a via dupla no túnel, a compatibilização com a futura Avenida da Lousã e a instalação do terminal de mercadorias na Estação Velha (Coimbra B).

---

[20] Liliana Ferreira Fernandes, Maria das Dores Queirós Pedro Júnior e Maria Helena Morais Cordeiro Dias. Um dos elementos mais interessantes deste estudo é a análise estatística relativa a inquérito realizado no dia 14 de Maio de 1991 que oferece em gráfico a distribuição da origem dos passageiros. A conclusão é a de que, em 788 utentes inquiridos e desembarcados em Coimbra, 300 são oriundos de Miranda e 190 da Lousã. É feita uma interessante análise comparativa entre os resultados dos estudos de 1974, 1988 e este (1991). Referencia-se um aumento, em percentagem, dos utentes que vêm trabalhar, evidenciando já fenómenos de metropolização.

3.º Governo Cavaco Silva – 31/10/1991-28/10/1995

3.2. O estudo da CP para a integração do *"Light Rail"* no Ramal da Lousã

Mas, em 1992, o Presidente da Câmara Municipal de Coimbra anuncia que, depois de uma reunião com o Ministro das Obras Públicas, a CP estava a elaborar um estudo para a instalação do eléctrico rápido (estudo designado "Integração do *Light Rail*") no Ramal da Lousã. Isto é, a solução ferroviária clássica era substituída por uma nova opção tecnológica. O que, se correspondia ao interesse geral da melhoria e modernização do transporte público, chocava com a visão tradicional que se limitava à manutenção da ligação ferroviária da linha da Lousã à linha do Norte com a mera electrificação daquela.

Tal parece ter sido o suficiente para motivar uma reacção dos Presidentes das Câmaras de Lousã e Miranda do Corvo entendendo o primeiro que era *"uma tentativa da CP de sossegar os intervenientes no processo, para que as pessoas não se mexam"* e o segundo insinuando que o túnel poderia estar já concluído se o Município de Coimbra tivesse feito o que devia. É aquele mesmo Presidente da Câmara de Miranda do Corvo que denuncia estar o poder central pouco interessado em efectuar investimentos de vulto na linha e que para tal contaria com a atitude facilitadora da Câmara de Coimbra.

Logo nessa altura esta última Câmara insistia, na linha do acordo de 1989, que a solução devia ser integrada num projecto a longo prazo que tomasse em consideração a exploração entre a estação de Coimbra e a de Ceira através de uma utilização intensamente urbana.

Recupera-se o texto do protocolo de 1989 quando se fala de uma estação de semi-terminus na zona das Carvalhosas e a sinalização do troço da linha urbana em alternativa à duplicação da via.

A necessidade de clarificação leva à realização de uma reunião entre os três Presidentes.

Nela, os Municípios de Lousã e Miranda insistem que só abdicarão do túnel se o novo projecto contemplar a ligação directa à Estação Velha e a electrificação e renovação do material circulante na linha.

Nessa ocasião se menciona o primeiro horizonte temporal do estudo – Setembro de 1992 – e o eventual alargamento da rede de eléctricos rápidos a Condeixa e Figueira da Foz.

Entretanto, o grupo parlamentar do PSD pronuncia-se no sentido de considerar a modernização da linha da Lousã e a construção do túnel de Coimbra prioridades nacionais.

Porém, em Fevereiro de 1992, na carta enviada à Câmara de Coimbra, a CP declara continuar interessada em apresentar o estudo referido e as soluções propostas mas que não tendo orientações da tutela, designadamente sobre o modelo empresarial para a exploração comercial da linha, nada pode adiantar.

Da discussão realizada no executivo municipal resulta a invocação do incumprimento por parte da CP (posição socialista) e a acusação da inacção da Câmara (posição da oposição). Propõe-se que o Presidente esclareça o assunto com o Ministro.

Mas a intervenção do Vereador Henrique Fernandes revela um número até aí não mencionado. O investimento necessário à obra estima-se em 12 milhões de contos (aproximadamente 60 milhões de euros a preços constantes).

Da reunião resultam duas solicitações: uma à CP para, num prazo de oito dias, apresentar o dossier do projecto; outra ao Ministro das Obras Públicas solicitando *"informações precisas sobre a modernização da rede ferroviária no concelho de Coimbra"*.

É o momento de constatar a divisão de opiniões entre o Presidente da Concelhia do PSD de Coimbra Jaime Ramos (anterior Presidente da Câmara Municipal de Miranda do Corvo e anterior Governador Civil) que insiste no cumprimento do protocolo e na construção do túnel e o então Governador Civil de Coimbra Pedroso de Lima que entende dever ser dada prioridade à electrificação do Ramal e à renovação do material circulante, no que é acompanhado pelo novo Presidente da Câmara Municipal de Miranda. A posição da Câmara de Coimbra acentua o interesse da cidade e a necessidade do cumprimento da obrigação alternativa (túnel ou eléctrico rápido) assumida e não cumprida pela CP.

Em Março de 1993, o Ministro das Obras Públicas Ferreira do Amaral, visita Coimbra e reúne-se com a maioria dos Presidentes das Câmaras do distrito.

Com base, possivelmente, nos estudos preliminares de "Integração do *"Light Rail"* no Ramal da Lousã" datados de Outubro de 1992, advoga claramente como a melhor solução a introdução do metropolitano ligeiro de superfície na linha da Lousã.

Sugere a constituição de uma empresa que englobe a CP, as Câmaras Municipais de Coimbra, Miranda e Lousã e, "eventualmente" o Metropolitano de Lisboa.

Considera que a solução de um comboio clássico seria *"inadequada nas actuais circunstâncias"*.

Propõe que se autorize a CP a transferir para a sociedade as infra-estruturas utilizadas na linha da Lousã às quais é atribuído o valor de 5 milhões de contos.

A proposta de Ferreira do Amaral é recebida com reserva pelos presidentes dos executivos dos três municípios. De salientar uma exigência de Coimbra que se centra na *"compatibilização da qualidade do serviço no ramal com o transporte de passageiros na zona urbana"* e uma apreciação da Lousã pela qual se diz que a solução é *"uma mescla de tudo que se vai transformar em nada"*.

Mas é só em Abril de 1993 que são publicados alguns elementos de um estudo preliminar feito pela CP que indicia ser o ramal da Lousã utilizado mensalmente por 100 000 passageiros e haver registado um acréscimo médio anual de utentes de cerca de 4% desde 1976 a 1987.

Apesar disso considera-se que a oferta actual é pouco atraente em função da complexidade do sistema de transportes e prevê-se que, com o aumento da atractividade do transporte público, em 1997, no troço S. José-Parque a procura venha a atingir o valor de 4000 passageiros/hora nos períodos de ponta.

3.3. O projecto de constituição da sociedade MM

Nesta data divulgam-se, igualmente, alguns pormenores da versão em circulação do projecto de decreto-lei que apenas inclui, na participação municipal, os três municípios utilizadores do ramal da Lousã.

Todavia, o Presidente Manuel Machado (CMC) volta a insistir publicamente na conveniência de a sociedade a constituir integrar outros municípios em função de uma extensão futura.

E, no dia da apresentação do projecto ao executivo, alerta para a iminência do colapso rodoviário, ou seja, da insuficiência da resposta das ligações de Coimbra ao litoral.

Apesar disso, a versão que apenas incluía os três municípios foi presente ao executivo e aprovada por unanimidade, com a declaração, por parte do vereador Requixa Ferreira, de que *"insistir na ligação à Figueira da Foz podia levar a que se não tivesse uma coisa nem outra"*.

COMO NÃO DECIDIR UMA OBRA PÚBLICA

Em Maio de 1993, em reunião mantida no Governo Civil, os três municípios dão o seu acordo aos objectivos incluídos no projecto de Decreto-Lei. Este prevê que se autorize a CP a transferir para a sociedade as infra-estruturas utilizadas na linha da Lousã.

A estrutura do novo modelo proposto modifica substancialmente o panorama do transporte quer em relação à dimensão quantitativa da oferta quer em relação à frequência.

O sistema a realizar permitirá uma frequência de 20 composições/hora no troço urbano para um total possível de 13 500 passageiros.

Por ocasião da divulgação deste estudo, o Presidente Manuel Machado e o Administrador dos SMTUC anunciam a reestruturação dos transportes urbanos de Coimbra que terão com espinha dorsal o metro, insistem na futura ligação a Cantanhede, Figueira da Foz e Mealhada e acrescentam novos percursos urbanos possíveis como a ligação aos Hospitais da Universidade com o Açude Ponte, ao longo da circular externa, e S. José/Casa Branca, com extensão ao Pólo II da Universidade na zona da Boavista.

A referência ao abandono do túnel de atravessamento do centro da cidade inclui uma nova estimativa do custo daquele em cerca de 15 milhões de contos (cerca de 74,8 milhões de euros a preços constantes e 123,8 milhões de euros a preços correntes). Nada mais, nada menos, do que o triplo do último número conhecido.

Mas, no domínio do percurso base, o estudo aconselha a duplicação da linha entre Coimbra B-Coimbra A e Parque-Casa Branca, prevê a construção de estações de cruzamento em Carvalhosas e Conraria, abdica da necessidade de rectificações no ramal da Lousã e acrescenta quatro novas paragens no percurso urbano.

Como nota muito importante é pela primeira vez referida a realização de uma nova linha urbana – designada Linha do Hospital – estimando-se a necessidade da construção de um túnel (1120m) na ligação ao Hospital.

A verdade é que aquela iniciativa legislativa anunciada teve continuação porque o projecto de Decreto-lei que permitia a concessão e a constituição da sociedade de capitais públicos nos termos anteriormente pensados, depois de circular, como descrito, pelos municípios envolvidos em 1993 para apreciação, foi aprovado em Conselho de Ministros em 20 de Janeiro de 1994.

Por este diploma[21] são definidos os termos gerais em que será atribuída a concessão e a exploração do metropolitano ligeiro de superfície, nos municípios de Coimbra, Miranda do Corvo e Lousã, a uma sociedade de capitais públicos, constituída pelas três autarquias e com a possível participação minoritária da CP e do Metropolitano de Lisboa.

Em conferência de imprensa realizada no dia seguinte, o Presidente Manuel Machado reage com satisfação à notícia.

São importantes as notas que deixa.

Defende a participação da Figueira da Foz no capital de sociedade, na perspectiva do futuro alargamento da solução a uma área metropolitana que incluísse, ainda, Cantanhede, Montemor-o-Velho, Soure.

Insiste na reconversão urbana da margem direita do Rio Mondego e na rentabilização dos terrenos da CP para apoiar o investimento que estima em 11 milhões de contos.

Explica como o metro ligeiro circulará à superfície sem necessidade de túnel em função das suas características, como a estação de Coimbra A será totalmente renovada e considera possível ser abrangida pelo projecto a zona da Boavista.

É em 21 de Maio deste ano de 1994 que se realiza em Coimbra a assinatura do protocolo para a constituição da sociedade que irá reunir CP (29%), Metropolitano de Lisboa (5%), Câmaras de Coimbra, Miranda do Corvo e Lousã (22% cada) na subscrição do capital social que ascende a 100 mil contos.

A estimativa do custo da obra é fixada em 12 milhões de contos e, com vista ao seu financiamento, adiciona-se, à já conhecida ideia de rentabilização dos terrenos da CP, o recurso ao Quadro Comunitário de Apoio.

Ao Ministro Ferreira do Amaral é atribuída a frase: *"Ninguém se pode satisfazer com a assinatura de um papel pois o objectivo é que haja uma máquina de ferro e aço que transporte as pessoas nos três concelhos".*

Seis meses após a assinatura do protocolo, o governador civil de Coimbra Pedroso de Lima denota descrença na realização da obra. E, de modo algo preocupante, acrescenta que, em sua opinião, a sociedade deverá ser imediatamente constituída e só depois se deve avaliar o projecto para definir o caderno de encargos e as obras.

---

[21] Decreto-Lei n.º 70/94, de 3 de Março.

COMO NÃO DECIDIR UMA OBRA PÚBLICA

Só em Julho de 1995, mais de 15 meses depois da publicação do Decreto-Lei n.º 70/94, a CP anuncia o desbloqueamento do processo de disponibilização dos terrenos que constituirão o valor da sua participação societária. Mas a escritura pública continua a aguardar pela avaliação desses mesmos terrenos enquanto se procedeu à assinatura do pacto social.

Pela primeira vez se refere a imperatividade da realização de um estudo de viabilidade para implementação da obra e se acrescenta a previsão da inclusão, no PIDDAC, de parte da verba necessária à realização do projecto. Mantém-se, pelo menos a nível da imprensa, nesse momento, o valor total estimado em 12 milhões de contos.

Ora, já em 2 de Março de 1995, uma reunião dos promitentes accionistas termina com a declaração de um prazo de 15 dias para uma decisão da CP. O problema residiria na opção entre integrar o capital social com o domínio público ferroviário ou os estudos referentes à implantação do metropolitano. Mais uma vez se reage a declarações, desta feita do Deputado Cipriano Martins, que apontavam para a culpa das autarquias pelo atraso.

Uma controvérsia pública entre o Governador Civil e o Presidente a Câmara Municipal de Coimbra, datada de Outubro de 1995, denota que a sociedade ainda não está constituída. Segundo o Presidente são exigências legais que o evitaram mas acrescenta que um terreno da CP ainda não está avaliado.

4. DA CONSTITUIÇÃO DA SOCIEDADE AO LANÇAMENTO PELA MM, S.A. DO CONCURSO DE PARCERIA PÚBLICO-PRIVADA (PPP)

1.º Governo Guterres – 28/10/1995-25/10/1999

4.1. A constituição da Sociedade MM

No início do ano de 1996 algumas notícias continuam a dar a entender que está próxima a resolução do problema[22].

A razão do atraso é novamente atribuída à demora da CP em definir a parcela do terreno, avaliada em 33 750 contos, com que deverá realizar as 29 mil acções com as quais preenche a sua parte do capital social da empresa.

Do texto consta ainda que as autarquias envolvidas subscreveram 22 mil acções, cada uma, que integram uma realização de trinta por cento em dinheiro (6600 contos). O metropolitano de Lisboa subscreve 5 mil acções, realizadas 30% em dinheiro.

De uma peça jornalística preparatória, publicada no jornal Diário de Coimbra em 20 de Maio de 1996, ressaltam alguns importantes elementos.

É mencionado *"o aproveitamento de algumas infraestruturas do ramal ferroviário da Lousã com a sua electrificação e adaptação ao novo material circulante"*.

É estimado o custo da solução em 15 milhões de contos.

É prevista a sua concretização no prazo de dois anos e meio.

Fala-se na realização da ligação de Serpins a Coimbra B numa primeira fase.

---

[22] A Câmara Municipal de Coimbra aprova, em 22 de Janeiro de 1996, os estatutos da futura empresa Metro-Mondego.

O administrador dos SMTUC Albertino de Sousa salienta que esta obra provocará uma remodelação total do sistema de transportes, obrigando a uma complementarização e compatibilização em interfaces rodo--ferroviários.

Insiste-se nas consequentes transformações urbanísticas para Coimbra: criação de novos pólos habitacionais em Ceira e Portela, a renovação do quarteirão entre a estação de Coimbra A-Açude Ponte-Praça 8 de Maio e a edificação de zonas residenciais junto ao rio correspondendo à localização dos armazéns da CP.

Refere-se uma segunda fase que inclua o percurso ao longo da circular externa (açude Ponte-Hospitais da Universidade-Celas S. José-Casa Branca e admite-se o prolongamento à Boavista e Pólo II.

Por fim, a 20 desse mês de Maio de 1996, com a presença de três Secretários de Estado e com a ausência do Ministro João Cravinho, foi outorgada a escritura de constituição da sociedade.

O Secretário de Estado Consiglieri Pedroso admitiu que o governo daria prioridade às soluções de base ferroviária em relação às soluções de base rodoviária, constituindo esta uma crítica à actuação de Ferreira do Amaral (anterior Ministro das Obras Públicas), curiosamente o iniciador da hipótese de solução agora reduzida a escrito.

Um documento distribuído na ocasião antecipa a possibilidade de extensão a Condeixa, Cantanhede e, eventualmente, Figueira da Foz e menciona a outra linha urbana de Coimbra de ligação entre S. José e Coimbra B.

Estranhamente, embora alguém refira o buraco financeiro da CP traduzido na expressão *"um buraco financeiro do tamanho da linha da Beira Alta"*, não consta que tivesse havido perguntas sobre a estimativa financeira de tais prolongamentos.

Albertino de Sousa presidiria ao Conselho de Administração e António Brito da Silva, em representação da CP, à Assembleia Geral.

Falava o Presidente Manuel Machado no fim de uma longa caminhada de vinte anos.

Todos se davam conta da falta de projectos, da adjudicação da obra e do processo de concessão da linha.

Entre esta data e Dezembro de 1996 nada de relevante parece ter-se passado.

Curiosamente, no relatório de actividades de 1996 apresentado em Assembleia Geral, diz-se que: *"...a tarefa principal no ano em apreço consistiu na selecção de empresas para elaboração de um estudo prévio de "prestação de serviços de assistência técnica à implementação do metropolitano de superfície", "às duas escolhidas foi imposto a realização de um consórcio."*

E em 19 desse mesmo mês, o Presidente do Conselho de Administração da Metro-Mondego e Emídio Feio Borges, em representação da Ferbritas, assinam um contrato que visava a realização de estudos de viabilidade técnico-económica e à preparação da informação de base que mobiliza Ferbritas e Ferconsult.

O objecto dos estudos centra-se sobre o percurso Serpins-Coimbra e na imprensa fala-se de uma nova previsão que situa o valor da obra em 12 milhões de contos.

Salienta-se a previsão do recurso a Fundos Comunitários na percentagem de 75% desse valor e o Presidente Manuel Machado dá conta que representaria ao Ministro Cravinho a necessidade de incluir no Orçamento de Estado próximo o financiamento do metropolitano de superfície.

O contrato apresentava um valor de 29 300 contos, previa um prazo de cinco meses para a sua completude e estabelecia um programa exigente.

Incluiria a formulação de alternativas para o processo de execução, a compatibilização das diversas fases do projecto e a análise dos sistemas tarifários e previa a encomenda de outros serviços e o apoio a acções de divulgação pública.

Pela primeira vez se fala de um verdadeiro estudo de procura e modelação da oferta, na caracterização geométrica do ramal da Lousã e se pretende a avaliação financeira e de estimativas de investimento.

As exigências deste estudo e a data da assinatura do seu contrato justificam porque o Orçamento de Estado não incluiu verbas para o Metro, mas dois antigos intervenientes no processo, Jaime Ramos e Pedroso de Lima, criticam publicamente o governo por esta ausência. A verdade é que tinha sido o Presidente Machado a exigir a inclusão em orçamento no longínquo mês de Maio.

4.2. O estudo preliminar geral (de viabilidade técnico-económica)

Exactamente cinco meses depois (como contratado), concretamente em 24 de Maio de 1997, foi apresentado o Estudo Preliminar Geral (de viabilidade técnico-económica) e o *Diário de Coimbra* publica uma primeira página de grande efeito com a inserção de uma imagem de um eléctrico rápido de superfície passando pelo meio de um dos arcos do Arcos do Jardim.

O título é ainda mais retumbante "Coimbra rasgada pelo metro", encimada pela notícia de que "uma linha irá da Baixa aos HUC". Esta última referência, dada como uma novidade, evidencia que só nesta data o projecto ganha contornos próximos dos actuais[23].

Uma explicação mais detalhada dava conta do conteúdo do estudo ansiosamente esperado.

Afinal o custo elevar-se-ia a 25 milhões de contos (122,7 milhões de euros a preços constantes ou 175,3 milhões de euros a preços correntes) e a par da linha da Lousã contava com uma nova linha urbana (designada do Hospital) redefinida em função das intenções inicialmente defendidas e justificada pela necessidade de dar sustentabilidade ao projecto.

As razões do aumento do custo estimado prendem-se com a proposta da electrificação de toda a linha, afastadas que foram as outras possibilidades da electrificação parcial ou a tracção a diesel, pela nova linha e duplicação da via entre a Casa Branca e Coimbra B. O total é encontrado somando 18,4 milhões de Coimbra B a Serpins a 6,2 milhões para a linha urbana do Hospital. Curiosamente, a notícia desenvolvida acrescenta um milhão de contos à verba indicada no título.

O Presidente Manuel Machado dá conta de competir ao Ministro João Cravinho analisar o estudo e apreciar a sua inclusão no PIDDAC de 1998.

Com alguma prudência adianta ainda que uma coisa é o circuito urbano e outra o ramal da Lousã, que a prioridade é Coimbra B-Serpins e que o circuito urbano depende do financiamento a conseguir.

Com indisfarçável optimismo considera que o projecto entrará em velocidade de cruzeiro com o lançamento do concurso internacional e estima o prazo de dois anos para a conclusão da ligação a Serpins.

É neste estudo que se baseia a nova definição de paragens, o número de circulações diárias de Serpins a Coimbra B, o fluxo de circulação de 10 em 10 minutos entre Coimbra B e Ceira e de 30 em 30 minutos até Miranda do Corvo e Lousã, a oferta de 192 circulações diárias para Ceira e 44 para Miranda e Lousã, a criação de via dupla no ramal da Lousã com 7,3 quilómetros e se prevê a redução de um terço do tempo de viagem para 50 minutos.

---

[23] A principal diferença reside no facto de a Linha do Hospital seguir àquela data pela Rua de Santa Teresa e Rua Pedro Monteiro, em vez da Rua de Tomar e Jardim Botânico (junto à Casa Municipal da Cultura).

Marginalmente, Albertino de Sousa admite a possibilidade da extensão a Góis e Arganil, mas percebe-se como isso é infundamentado.

O mesmo Presidente da Metro, também pela primeira vez, declara que para o projecto ter uma rentabilidade normal é condição que o Estado assuma 85% do financiamento.

Muito tempo depois (cerca de sete meses), em 19 de Novembro, é noticiada uma reunião entre o Presidente Manuel Machado, os Presidentes de Lousã e Miranda e o Secretário de Estado dos Transportes.

Principal novidade a indicação de que o Governo e a Metro deveriam assinar nesse mesmo mês um protocolo de financiamento da obra. Incluiria também uma importância de 90 mil contos para pagamento dos trabalhos de preparação do projecto. E faria dele parte a definição dos montantes de financiamento para 1997, 1998 e 1999.

O caderno de encargos para a elaboração do Anteprojecto, diz-se, deverá ficar concluído em 1998 e estar-lhe-á reservado um montante de 230 a 250 mil contos. Prevê-se a abertura do concurso público internacional para Setembro de 1998. O PIDDAC de 1999 assumirá a dotação indispensável ao seu lançamento.

No relatório de actividades presente à Assembleia Geral é, no entanto, apenas mencionado: "*...a reunião realizada em Lisboa em 18 de Novembro de 1997, com S.ª Ex.ª o Secretário de Estado dos Transportes, os Ex.ᵐᵒˢ Srs. Presidentes das Câmaras accionistas da MM e o Ex.ᵐᵒ Senhor Presidente do Conselho de Administração, no sentido de obter financiamento para a implementação do metro ligeiro de superfície*", a que se acrescenta a frase manuscrita: "*...tendo sido prometido que o Estado Português assume a comparticipação do investimento com excepção do material circulante*".

Mais uma cerimónia pública realizada em Coimbra traz o Secretário de Estado Guilhermino Rodrigues a assinar, não propriamente o apoio ao caderno de encargos, mas um outro conjunto de estudos. Concretamente, o estudo preliminar geral, o estudo das soluções alternativas quanto à tracção, o plano de transportes articulando CP, Metro e SMTUC durante o desenvolvimento do projecto e o próprio projecto de execução do empreendimento.

A DGTT assume o financiamento destes estudos em 75%.

Mas, palavras atribuídas a Guilhermino Rodrigues, são substancialmente mais prudentes do que o entusiasmo local. Refere-se que "às vezes mais vale gastar mais algum tempo nos estudos e nos projectos para garantir o sucesso dos mesmos", ou seja, a viabilidade social e económica futura do projecto.

Uma nova estimativa de custos é adiantada por Guilhermino Rodrigues. Segundo ele, 15 a 18 milhões de contos.

Com um indisfarçável optimismo, o Secretário de Estado anuncia uma data possível para o funcionamento do metro de superfície. Nada mais, nada menos, do que o ano 2000.

Estávamos, convém recordar, em 19 de Novembro de 1997 e em plena campanha eleitoral para as autarquias.

Entramos no ano de 1998. O relatório de actividades de 1998 oferece algumas outras informações importantes. Desde logo esta, que haveria de constituir matéria de quase permanente controvérsia, a opção pelo modo de tracção:

"Na sequência da opinião dos projectistas indicando inequivocamente a preferência pela tracção eléctrica para o metropolitano ligeiro, o CA e os accionistas concordaram com essa solução, embora considerando que o assunto deverá ser mais aprofundado na fase do anteprojecto".

4.3. A abertura do concurso para o anteprojecto

Sabe-se, ainda, que em 20 de Março de 1998 foi deliberado em Assembleia Geral abrir concurso público internacional para a elaboração do anteprojecto e demais estudos que incluíam: *"soluções alternativas relativamente ao modo de tracção a utilizar; Plano de Transportes, tendo em conta a necessidade de articulação entre os serviços da CM, MM e SMTUC para as diferentes fases do projecto; impacto do projecto nos outros modos de transporte e operadores."*

Não deixa de se referir uma reunião realizada em 30 de Julho de 1998 com o Secretário de Estado dos Transportes, o Presidente do Conselho de Administração e os Presidentes das Câmaras onde terão sido abordados os seguintes assuntos: abertura de concurso público internacional; plano de transportes; articulação com a CP (pessoal e utilização comum do troço Coimbra B-Coimbra); compromisso do SETC no pagamento das infra-estruturas de longa duração; inscrição de uma verba no PIDDAC de 1999.

Obtida a colaboração do Centro de Sistemas Urbanos e Regionais do IST, em 31 de Julho foi entregue à DGTT uma versão provisória do Caderno de Encargos e Programa de Concurso e, em 2 de Setembro, a versão definitiva.

E dá-se nota de ter sido deliberado, em Setembro de 1998, constituir uma Comissão de Acompanhamento e Avaliação dos Estudos[24], que integrava representantes da DGTT, da CCDR, do MM, da CP, da REFER, dos SMTUC e um assessor técnico. Consta, ainda, que a Comissão veio a incluir um representante do INTF. No entanto a Comissão só é efectivamente nomeada a 5 de Fevereiro do ano seguinte.

Na sequência do trabalho realizado, os documentos – Caderno de Encargos e Programa de Concurso – foram aprovados em 23 de Dezembro de 1998. A 29, o CA delibera desenvolver os actos necessários à abertura do concurso público.

Ao anteprojecto para a Rede Base do MLS, exigiam-se: estudo de procura para a globalidade do sistema de transportes colectivos da zona; plano de transportes públicos urbanos para a cidade de Coimbra; estudo dos impactes da implementação do MLM nos outros modos de transporte e operadores; estudo prévio de impacte ambiental.

O prazo para a elaboração do anteprojecto era de 50 dias e estava dividido em seis fases temporizadas: 1. síntese das bases do estudo e estudo de procura; 2. definição do conceito de serviço de transportes colectivos urbanos e suburbanos para a zona do MLM, análise da viabilidade da rede base, opções tecnológicas; 3. estudos técnicos... de traçado, de exploração e viabilidade técnica e económica, impacte ambiental e reestruturação da rede de transportes urbanos; 4. plano de transportes colectivos; 5. estudo de impactes nos outros modos de transporte e transportadores; 6. relatório síntese.

E, no domínio da actividade desenvolvida em 1999, conclui-se que entre 30 de Janeiro e 11 de Fevereiro foram publicados os anúncios de abertura do concurso público internacional para a elaboração do anteprojecto para

---

[24] Integraram a Comissão de Acompanhamento e Avaliação do Anteprojecto (CAA do AP) as seguintes entidades: Direcção Geral dos Transportes Terrestres (DGTT) representada pela Dr. Mariana André; o Instituto Nacional de Transporte Ferroviário (INTF) representado pelos Eng.º José Paisana e Mário Eugénio; a Comissão de Coordenação da Região Centro (CCDRC) representada pelo Eng.º João Rebelo; a Companhia de Caminhos de Ferro Portugueses (CP) representada pelos Eng.º Raul Vilaça e Moura e Eng.º Hermenegildo Rico; a Rede Ferroviária Nacional (REFER) representada pelo Eng. Carlos Reis; os Serviços Municipalizados de Transportes Urbanos de Coimbra (SMTUC) representados pelo Eng.º António Santo; a Metro Mondego (MM) representada pelo Prof. Fernando Neto e Eng.º Moura e Sá; e o assessor técnico Prof. Nunes da Silva.

COMO NÃO DECIDIR UMA OBRA PÚBLICA

a rede base do MLM no Diário da República, Jornal Oficial das Comunidades, Diário de Notícias, Diário de Coimbra e Diário As Beiras.

No dia 2 de Março foi apresentado o concurso em conferência de imprensa[25].

A 19 de Maio o Conselho de Administração (CA) delibera a adjudicação e a 30 de Junho é celebrado o contrato que previa um prazo de 48 semanas para a obrigação assumida.

Em 3 de Março o CA solicitou uma verba de 129 mil contos à DGTT, tendo antes sido inscrita no OE para 1999 uma verba de 125 mil contos para financiamento, estudos e projectos de metros ligeiros.

O CA solicitou, também, a inscrição de 180 mil contos no PIDDAC para 2000 e a inscrição no QCA III das verbas necessárias.

2.º Governo Guterres – 25/10/1999-6/4/2002

4.4. A realização dos primeiros objectivos definidos

Durante o ano 2000, exercem funções dois CA. Até 21 de Setembro o presidido pelo Eng.º Albertino Reis e Sousa e, depois desta data, o presidido pelo Dr. Manuel Machado (Presidente da Câmara Municipal de Coimbra).

Curiosamente, só depois desta data, aquilo que era reconhecido pelo anterior CA foi possível assumir como imperioso pelo novo CA. Isto é: a instalação definitiva da empresa, a conclusão do anteprojecto, a execução do estudo de avaliação de impacte ambiental, a efectivação de outros estudos necessários, a modelação do concurso público internacional, a preparação do caderno de encargos, regulamento e documentação suplementar requerida, o lançamento do concurso e a apresentação da candidatura a fundos comunitários.

A primeira das consequências foi a da designação de dois Administradores Executivos.

Em 3 de Outubro foi deliberado: *"elaborar um modelo de funcionamento do CA; analisar as disponibilidades financeiras da empresa; arrendar instalações*

---

[25] Foram cinco os concorrentes: consórcio SYSTRA/TIS/COBA – 114 500 000; consórcio SEMALY/FERCONSULT – 190 000 000$ (base); 227 500 000$ (alternativa); consórcio WS ATKINS/GAPRES/ITUR/VTM/VASCO DA CUNHA; PRET – 89 880 000$; consórcio INECO/LUSOTECNA – 87 700 000$. O consórcio WS foi excluído.
Para a avaliação o CA assegurou o apoio da CISED e do CESUR. A 6 de Maio de 1999 é apresentado o relatório da Comissão de propondo a adjudicação ao consórcio SYSTRA/TIS/COBA.

para a sede social da empresa; adquirir mobiliário e equipamento; abrir concursos para um engenheiro, um economista, um jurista e dois assistentes administrativos; acordar com a empresa projectista o calendário para entrega dos relatórios finais; desenvolver contactos para reunir propostas de assessoria técnica, económica e jurídica; solicitar proposta para elaboração do caderno de encargos e do EAIA ao Departamento de Ambiente da Universidade de Aveiro".

Concluiu-se que *"os recursos existentes não possibilitavam nem o suporte integral das obrigações já assumidas, nem a concretização dos objectivos programados".*

As Câmaras de Coimbra e Lousã manifestaram-se disponíveis para reforçar, na medida da sua quota parte, o capital social.

Mas, a verdade é que os atrasos na elaboração do anteprojecto não permitiram mobilizar as verbas previstas no Orçamento Geral do Estado (OGE) para 2000, no valor de 125 mil contos. Logo, a MM solicitou, e viu acolhida a sua pretensão, a inscrição em PIDDAC 2001 de uma verba de 120 mil contos.

A menção aos atrasos no desenvolvimento do anteprojecto complementa-se com algumas informações mais finas. Assim, enquanto a fase I foi aprovada pela Comissão de Acompanhamento em Abril de 2000, a fase II só o foi em Outubro de 2000. Portanto existiu um hiato entre as duas aprovações de 6 meses que corresponde a ausência de reuniões da Comissão. As fases III (v. preliminar) e IV (v. final) foram apresentadas à Comissão em Dezembro de 2000.

É o próprio relatório de actividades que oferece a explicação para estas dificuldades. Diz-se: *"...a conciliação das pretensões da CP ... com os objectivos da MM, bem como a definição das opções técnicas a assumir em termos de traçado, modo de tracção e tipo de bitola condicionou de forma decisiva a evolução dos trabalhos do anteprojecto".* Efectivamente *"...a manutenção da exploração do transporte de passageiros pela CP... no troço Coimbra B/Coimbra cidade mostrava-se demasiado penalizante em termos e projecto do MLS...".* Esta matéria foi igualmente debatida na Comissão de Acompanhamento e Avaliação.

Ora, é citada uma reunião em Outubro de 2000 entre o CA e o consórcio projectista na qual são transmitidas as seguintes opções assumidas e que se revelaram da maior importância para o desenho do projecto, a partir desta data:

"...as quais implicam a adopção de bitola standard em toda a rede do Metro Ligeiro do Mondego, a electrificação total da rede, o acordo quanto às linhas gerais do traçado proposto e a adopção de um modelo de exploração que pressupõe que o

término do serviço de transporte de passageiros pela CP se processa na estação de Coimbra B...".

Complementarmente, são anunciados a prevista modernização desta estação e a criação do Centro Coordenador de Transportes.

Parece adequado recordar os eixos fundamentais do projecto definidos como o trabalho essencial para o ano de 2001. Principalmente porque vale a pena, logo de seguida, comparar com o realizado nesse ano.

São estes os eixos:

1 – Dotar a empresa dos requisitos essenciais ao seu funcionamento;

2 – Concluir o anteprojecto e proceder à sua divulgação pública;

3 – Realizar os estudos complementares;

4 – Lançar o concurso público internacional;

5 – Clarificar e resolver os constrangimentos de natureza legal e financeira que condicionam a concretização do projecto.

Previa-se, mais concretamente, que o relatório síntese, correspondente à última fase de elaboração do anteprojecto, fosse apresentado em Abril de 2001 e que paralelamente fossem realizados o EIA, o estudo da prospecção geotécnica, os levantamentos topográficos e de infra-estruturas, os estudos de tráfego, o estudo sócio económico e a preparação da candidatura a Fundos Comunitários.

Uma informação também importante é a de que, na negociação do III Quadro Comunitário de Apoio, foi previsto que até ao final de 2003 fossem executados estudos e obras no valor de 10 885 000 contos.

E daí que *"...revela-se crucial que o concurso público internacional decorra durante o primeiro trimestre de 2001 de forma que o contrato de adjudicação possa ser assinado no primeiro trimestre de 2002".*

Ora, o Anteprojecto é aprovado em Julho.

4.5. O Estado como accionista maioritário da MM

Do relatório de actividades relativo a 2001, extrai-se a informação de ter havido uma nova alteração da sua composição dos órgãos sociais a 3 de Julho de 2001. O Conselho de Administração passou a ser presidido pelo Dr. Armando Pereira apoiado por dois vogais executivos: o Dr. Óscar Gaspar e o Prof. Neto da Silva.

Corresponde esta segunda composição às decorrências da alteração da estrutura accionista da sociedade entretanto ocorrida, na sequência da alteração do quadro legislativo enquadrador dos termos gerais reguladores da futura concessão e da exploração do MLS – Decreto-Lei n.º 179-A/2001, de 18 de Junho.

A introdução a este diploma oferece algumas indicações preciosas para apurar o estado do projecto e compreender as alterações ao anterior diploma (Decreto-Lei n.º 70/94, de 3 de Março).

A mais importante de todas é, sem sombra de dúvida, a relativa à decisão sobre a integração do capital social da empresa que é assim justificada: *"...as bases sobre as quais assentou a elaboração e o desenvolvimento deste projecto ... mostram-se actualmente ineficazes para o seu desenvolvimento e concretização, pelo que se torna necessário introduzir elementos que promovam maior dinamismo e flexibilidade operacional, designadamente permitindo ao Estado também passar a deter o capital social da sociedade de capitais públicos que explora o sistema do metropolitano, bem como permitir a participação da REFER, com vista à dotação da sociedade dos meios adequados à prossecução do respectivo objecto social".*

Esclarece-se, no articulado, que a participação do Estado será maioritária, permitindo-se ainda a do Metropolitano de Lisboa, da CP e da REFER, (além, claro, das três Câmaras Municipais).

E precisa-se que cabe à empresa a realização dos estudos, concepção, planeamento e projectos e a construção das infra-estruturas necessárias permitindo a contratação por concurso das prestações consideradas necessárias (construção, fornecimento, montagem da infra-estrutura e fornecimento e manutenção do material circulante e demais equipamentos que constituem o sistema de metro e a sua exploração).

Como nota final, atribui-se ao Instituto Nacional do Transporte Ferroviário a homologação do programa de concurso para a exploração e o respectivo caderno de encargos.

Assinam este diploma: António Guterres, Joaquim Pina Moura, José Vieira da Silva e José Sócrates. O Presidente Jorge Sampaio referenda em 15 de Junho e assina, ainda, Guilherme de Oliveira Martins como Primeiro Ministro em exercício.

O Estado passa a integrar directamente a sociedade com 53%, enquanto os Municípios de Coimbra, Miranda do Corvo e Lousã passam a ter 14% cada um, e a REFER e a CP ficam, cada uma, com 2,5%.

É, pois, já com o novo CA designado que ocorre a conclusão do anteprojecto e a sua aprovação em Julho de 2001 e são lançados dois concursos para a realização do estudo do levantamento e caracterização e recomenda-

COMO NÃO DECIDIR UMA OBRA PÚBLICA

ções geotécnicas e levantamentos topográficos de base e complementares e contratado um estudo de circulação, estacionamento e integração urbana.

Protocolam-se trabalhos com a Universidade de Aveiro (ambiente) e Faculdade de Ciências da Universidade de Coimbra (circulação, estacionamento e integração).

Além disso, é assinado o protocolo com a Câmara Municipal de Coimbra e a REFER que diz respeito ao projecto de construção do novo nó rodo-ferroviário de Coimbra B e a requalificação da área entre as duas estações e é iniciado o estudo de colaboração com os SMTUC.

Em PIDDAC é prevista a verba de 120 000 contos. É apresentada uma candidatura ao Programa Operacional do Centro (POC), homologada pelo Secretário de Estado das Obras Públicas em 19 de Novembro, tendo em vista o lançamento do concurso público internacional. O montante global de comparticipação FEDER para estudos e projecto é de 854 499 contos (4,27 milhões de euros).

4.6. A elaboração do Regime e Bases de Concessão e Estatutos da MM

Desde esta data até Janeiro de 2002 elaboram-se os trabalhos necessários à redacção do regime e bases de concessão e dos estatutos da sociedade Metro-Mondego, S.A.

O Decreto-Lei n.º 10/2002, publicado a 24 de Janeiro (e aprovado em Conselho de Ministros em 29 de Novembro de 2001), dá-lhes acolhimento ao atribuir à Metro-Mondego, S.A., a concessão, em regime de serviço público, da exploração de um sistema de MLS do Mondego: aprovando as Bases de Concessão e os Estatutos da MM, S.A.

É só com a publicação deste diploma que se procede à concessão do Metro Ligeiro de Superfície, em regime de exclusividade, para os municípios de Coimbra, Lousã e Miranda do Corvo.

O que se diz nele? Algo de muito importante.

No preâmbulo apresenta-se o projecto como "...*um elemento determinante para o desenvolvimento daquela região, integrando a sua concretização um processo de modernização e articulação dos sistemas de transportes, contribuindo para a melhoria das acessibilidades, viabilizando novas actividades económicas geradoras de maior riqueza e bem estar social, a promoção das condições de planeamento e ordenamento urbano*".

É este decreto-lei que, como referido, atribui à Metro-Mondego, em exclusivo, a concessão – pelo prazo (prorrogável) de 30 anos – em regime de serviço público, da exploração de um sistema de metro ligeiro de superfície nos municípios de Coimbra, Miranda do Corvo e Lousã.

Destacamos quatro dos pontos especialmente tratados:

– a integração na Metro ou na sub-concessionária dos trabalhadores da CP e da REFER progressivamente considerados excedentários, com as obrigações deste facto decorrentes para o Estado;
– o regime transitório de exploração que permanece na responsabilidade da CP e da REFER até que as obras inviabilizem a exploração ferroviária;
– a obrigação, a assumir pela Metro, da realização dos transportes alternativos durante a execução da obra e até à entrada em funcionamento do sistema, com a importantíssima ressalva de *"...no caso de ser manifestamente impossível à MM suportar os encargos decorrentes das obrigações a que se referem os n.ᵒˢ 2, 3 e 4, quer através de recursos próprios, quer pela imputação desses encargos à concessionária, o Estado assegura à MM os meios necessários ao ressarcimento dessas obrigações"*;
– a titularidade dos bens de domínio público envolvidos.

Assim, o troço denominado ramal da Lousã, entre Coimbra B e Serpins, é desclassificado da rede ferroviária nacional e passará a ser gerido pela MM e o troço entre Coimbra A e Coimbra B pode continuar a ser utilizado pela CP até à implementação do sistema.

À REFER é atribuída a garantia da intermodalidade com o sistema em Coimbra-B.

O Estado assegura à REFER a compensação pelo valor das infra-estruturas transferidas.

Quem assina o diploma? António Guterres, Guilherme de Oliveira Martins, Eduardo Ferro Rodrigues, José Sócrates e Alberto Martins.

Das Bases da Concessão que constituem anexo ao diploma referido convém salientar três pontos essenciais.

Em primeiro lugar a definição das características gerais do sistema. Nelas se estipula que *"...a rede compreende uma linha axial, de cariz suburbano, e uma linha urbana a implantar no concelho de Coimbra"*, podendo *"...a construção e exploração destas linhas ter lugar em fases distintas"*.

E para seguir as preocupações ambientais e obter ganhos nesse particular, acrescenta-se *"...a energia utilizada na tracção deve ser tecnológica e ambientalmente adaptada aos melhores padrões de inserção no tecido urbano e suburbano"*.

Em segundo lugar a previsão das indemnizações compensatórias.

Aqui se determina que *"caso a exploração do sistema de transporte concessionado em regime de serviço público se revele comercialmente inviável, o Estado pode atribuir indemnizações compensatórias à entidade que tenha a cargo a exploração, na medida em que estas indemnizações, adicionadas às receitas de exploração, levada a cabo segundo critérios de eficiência, eficácia e economicidade, se revelem necessárias ao funcionamento do sistema de transporte em regime de serviço público".*

Em terceiro lugar a questão da escolha do subconcessionário.

O meio a utilizar é o concurso público e esclarece-se que as prestações relativas à concepção, projecto, realização das obras de construção, fornecimento e montagem do material circulante e dos demais equipamentos que constituem o sistema de metro e a sua exploração podem ser subconcessionadas global ou parcelarmente.

4.7. O Concurso Público não lançado

O Conselho de Administração da MM continuou os seus trabalhos por forma a apresentar uma proposta para a realização do concurso estudando e propondo o desenho das duas linhas constituintes do projecto.

Da mensagem do Presidente do CA à Assembleia Geral, datada de 26 de Fevereiro de 2003, relativa à actividade do ano 2002, transcrevem-se as considerações:

"O primeiro trimestre de 2002 foi marcado pela conclusão dos documentos a submeter a concurso, nomeadamente o programa de concurso, o caderno de encargos, a informação de referência e estudos complementares, depois de, em 2001, se terem estabilizado as opções sobre o modelo do concurso e o desenho do projecto que garantissem a sua integração no horizonte do III Quadro Comunitário de Apoio.

Ficou, assim, concluída uma fase decisiva da vida da empresa e do projecto do Metropolitano Ligeiro do Mondego (MLM), no prazo a que nos havíamos proposto realizá-la.

Os despachos de homologação emitidos pelos membros do governo em Abril não assumem, porém, a forma conjunta prevista no n.º 2 da Base XVII das Bases de Concessão."

Ora, o concurso proposto, sendo certo que tinha obtido a concordância das Obras Públicas, acabou por não ser lançado porque o Ministério das Finanças de então se recusou a dar, para o efeito, a sua chancela ao despacho conjunto.

O mesmo Presidente do CA acrescenta, pormenorizando:

"... – envio dos documentos concursais para os Ministérios das Finanças e do Equipamento Social em 7 de Março, para homologação;
– emissão de dois despachos de homologação dos documentos do concurso em 4 de Abril;
– orientação da tutela em 6 de Maio no sentido de se obter um despacho conjunto;
– reinício do processo de apreciação dos documentos, tendo em vista a obtenção do referido despacho."

Ora, o que diziam os dois despachos referidos para não se obter a total concordância?

Vejamos.

O despacho do Secretário de Estado dos Transportes Rui Cunha dizia, depois dos considerandos:

"Entende-se homologar o anúncio, o programa de concurso e o caderno de encargos respeitantes ao concurso público internacional do metropolitano ligeiro do Mondego, desde que verificadas todas as condições expressas nos despachos n.ºs 704 e 779/2002 do Senhor Secretário de Estado do Tesouro e Finanças, respectivamente de 28 de Março e 4 de Abril."

O despacho do Secretário de Estado do Tesouro e Finanças de 28 de Março diz:

"Não existindo obstáculos, homologo, embora condicionando aos esclarecimentos adicionais mencionados na informação e parecer.

Solicitem-se com máxima urgência e brevidade os esclarecimentos adicionais de preferência promovendo sessões de trabalho, tendo em vista agilizar o processo."

O parecer da Direcção Geral do Tesouro, por seu turno, para além de remeter para as questões suscitadas no parecer que lhe serve de base, acrescenta:

"... face à escassez de tempo disponível para a análise das peças concursais com a complexidade das presentes, não se mostrou possível avaliar as implicações de ordem financeira que a subconcessão da exploração, em regime de serviço público, do sistema de metro ligeiro de superfície nos municípios de Coimbra, Miranda do Corvo e Lousã, nos moldes preconizados, poderá acarretar, quer para o concedente, quer para o accionista Estado na sociedade MM, SA, neste último caso tendo presente que detém uma participação de 53% do capital social da sociedade.

Para o efeito, e sem prejuízo da necessidade de aprofundamento da análise das peças concursais sob o ponto de vista económico-financeiro, importará conhecer igualmente o Acordo Parassocial, celebrado em 3 de Julho de 2001, ao qual a MM faz alusão nos comentários tecidos a propósito da posição expressa pelo INTF".

E a Directora Geral conclui, remetendo ao Secretário de Estado:

"À consideração do Senhor Secretário de Estado, parecendo-me de suscitar esclarecimentos adicionais nomeadamente em termos de implicações financeiras que resultam do projecto em apreço."

Realizados os trabalhos sugeridos e obtidos os esclarecimentos adicionais, o parecer da Direcção Geral do Tesouro oferecia um panorama não tranquilizador e reforçava a exigência.

Aliás, uma simples nota, logo na primeira página do parecer, é demonstração da dúvida.

Sobre a afirmação de que o sistema terá 39,2 km e irá servir diariamente cerca de 75 milhares de passageiros é dito: *"Apenas para fornecer um termo de comparação, em 2000 a Linha de Sintra movimentou diariamente cerca de 160 mil passageiros em média, enquanto que o ML atingiu os 383 mil passageiros/dia. Em termos de penetração do Metropolitano nos hábitos de transporte da população residente e recorrendo a dados provisórios dos censos de 2001 do INE, verificamos que o ML transporta diariamente cerca de 20% dos 1 892 891 habitantes da Grande Lisboa e o MM irá transportar, segundo o estudo já efectuado, cerca de 22% dos habitantes do Baixo Mondego."*

O quadro sobre a estimativa do investimento atinge o valor total de 37,2 milhões de contos e os indicadores de rendibilidade oscilam, no projecto total, entre – 27,841 milhões de contos e 12,105 milhões de contos correspondendo a um valor de Base Tarifária Média de 15 ou de 19 escudos. O valor intermédio recorrendo à BTM de 17 escudos (na época estimado para o Metro do Sul do Tejo) era um valor já positivo.

Porém, na análise da fase de investimento, o valor do investimento é corrigido para 40 milhões de contos (200 milhões de euros a preços constantes) a que poderiam acrescer mais 5 milhões de contos (25 milhões de euros a preços constantes) para integração urbanística. O investimento total é assim de 225 milhões de euros a preços constantes (274,7 milhões de euros a preços correntes).

E o mais preocupante é que se constata *"... o que aliás foi corroborado pela MM, que o custo global do investimento ainda não está estabilizado atento, sobretudo, ao facto de se tratar de um projecto a realizar na modalidade de concepção/construção".* Aliás nos documentos (revisão do anteprojecto) da MM o valor inscrito é de 229,5 milhões de euros (280,1 milhões de euros a preços correntes).

A composição e o calendário do investimento também constam de quadros que se podem resumir neste:

	2004	2005	2006	2007	TOTAL	
Estado (PIDDAC)	2M C	3M C	3M C	2M C	10M C	
BEI	2M C	5M C	3M C	2M C	12M C	
FEDER	5M C	4M C	3M C		12M C	
Total (excluindo privados)	9M C	12M C	9M C	4M C	34M C	
Estrutura	26,50%	35,30%	26,50%	11,70%	100%	

No modelo de investimento proposto o investidor privado avança com 6,8 milhões de contos, o que *"... subverte a lógica de um investimento na lógica do Project finance"* e obriga o Estado a financiar as ILD (Infraestruturas de Longa Duração), a bilhética e o material circulante.

Por outro lado, são também efectuados outros dois reparos:

"A estrutura de financiamento não entra em linha de conta com os encargos financeiros de empréstimo do BEI" e

"O modelo de procura foi construído em torno de uma hipótese de procura completamente rígida (independente da base tarifária escolhida). Segundo a MM, já lançaram consultas para a realização de um novo estudo de procura ... actualizado e com hipóteses mais realistas, mas tratando-se de uma peça fundamental, a debilidade do estudo actual coloca algumas reservas quanto à estabilidade da concessão e de toda a construção económico financeira do modelo".

Ora, apesar de tudo isto, o ponto final das conclusões diz que:

"4 ...b) do ponto de vista financeiro, a homologação deverá estar sujeita à verificação das seguintes condições:

i) o valor fixo total não revisível, solicitado para a comparticipação ao concedente para o investimento durante o período de construção não deverá ser superior a 34 milhões de contos (170 milhões de euros);

ii) da comparticipação prevista no ponto anterior, pelo menos 35% deverá ser assegurada por fundos comunitários.

c) ...afigura-se ainda indispensável a obtenção de uma prévia concordância expressa por parte das edilidades abrangidas pelo sistema MLS, ao anteprojecto apresentado e consequentemente à intervenção urbanística nele proposta e às demais consequências dele resultantes;

    d) caso as condições supra referidas sejam acolhidas, caberá à MM .... Adequar... as peças concursais ..."

É sobre esta proposta que o Secretário de Estado do Tesouro profere o despacho de 4 de Abril de 2002, que segue:

"Visto com concordância.

Pelo que reitero a homologação do meu despacho n.º 704/2002, sujeitando esta homologação à verificação de todas as condições mencionadas nas alíneas b), c) e d) da presente informação.

À consideração do Senhor SEAT. Dê-se conhecimento ao Senhor Ministro das Finanças."

Da leitura dos Despachos acima referidos compreende-se pois, facilmente, as razões que impossibilitaram o Despacho Conjunto.

As próprias condições impostas reflectiam as dificuldades práticas resultantes da falta de tempo para uma avaliação segura e, por isso, o limitar *"o valor fixo total não revisível, solicitado para a comparticipação ao concedente para o investimento durante o período de construção não deverá ser superior a 34 milhões de contos (170 milhões de euros)" ... dos quais "pelo menos 35% deverá ser assegurada por fundos comunitários".* Ora aquele valor é manifestamente inferior ao que resultava dos estudos elaborados, sendo que o mesmo era considerado provisório, pois *"o custo global do investimento ainda não está estabilizado atento, sobretudo, ao facto de se tratar de um projecto a realizar na modalidade de concepção/construção".*

Convém lembrar que o governo António Guterres vem a terminar funções em 6 de Abril de 2002, dois dias depois deste despacho, na sequência do pedido de demissão apresentado em Dezembro de 2001.

4.8. As novas Administrações Municipais e o novo Governo

É neste momento que se revelam com particular acuidade várias questões que nos levaram a afirmar num escrito de Abril de 2005:

"O ambiente que se vivia era de uma querela permanente entre os que queriam o eléctrico rápido de superfície e os que o combatiam por todas as formas. Não era alheia a este estado de coisas a divisão ente um partido que queria o metro sem cuidar da viabilidade económica do projecto e outro que se lhe opunha por entender o investimento puro desperdício.

Entre uns e outros estavam todos os que consideravam ser o projecto do eléctrico rápido de superfície algo de estruturante para Coimbra e a sua área metropolitana".

Entretanto, nesse mesmo mês de Janeiro de 2002, mudam os executivos municipais de Coimbra e Miranda do Corvo.

Logo na acta n.º 2 de 28 de Janeiro de 2002, o Presidente da Câmara Municipal de Coimbra dá conta de uma reunião com o Administrador da MM durante a qual este anunciara a iminente publicação do diploma anteriormente citado.

Duas outras questões são referidas. A confirmação pela Câmara das informações recebidas em Novembro sobre o estudo prévio e a constatação do perigo de perda das verbas comunitárias previstas.

E é, pela primeira vez, declarado o interesse da nova administração municipal no projecto Metro considerando o Presidente ser uma obra muito importante do ponto de vista municipal e intermunicipal e salientando que a Câmara terá todo o interesse em fazer o lançamento da obra na primeira fase desde Serpins até à Estação Velha, deixando para a fase seguinte a da intervenção urbana.

Em 4 de Fevereiro é aprovada por unanimidade a indicação do Sr. Vereador João Rebelo para representar a Câmara na MM.

Em 11 do mesmo mês o Presidente da Câmara Municipal de Coimbra dá conta à Câmara de uma reunião entre os Presidentes das Câmaras envolvidas, o movimento cívico e a comissão de utentes e o Presidente do CA da MM.

Como o anterior executivo se não tinha pronunciado sobre o estudo enviado em Novembro sugere que o concurso só deverá ser lançado depois de analisado do ponto de vista técnico e de ser submetido à Câmara para aprovação, sendo certo que "... *no programa de concurso deveria estar a realização do projecto como estava na primeira fase e uma possibilidade das firmas concorrentes oferecerem trajectos alternativos dentro de uma base económica determinada para a realização da segunda fase do concurso*".

O relatório de actividades da MM apresentado pelo Presidente do CA em 16 de Fevereiro de 2002 é muito interessante porque, a páginas tantas, elabora sobre o 11 de Setembro, a situação económica e financeira internacional e termina no sucedido em Portugal. Aí se refere que: "*A aprovação do Orçamento de Estado para 2002 ocorreu em Novembro e para um objectivo de défice de 1,7% do PIB foi necessário limitar o crescimento das despesas correntes primárias em 4% mas o PIDDAC não deixou de crescer 7,2%*".

Ora, como se nada tivesse acontecido entretanto, nem a demissão do governo, o CA entende que o exercício de 2002 deverá ter três fases: "*Até*

COMO NÃO DECIDIR UMA OBRA PÚBLICA

ao primeiro trimestre concluir-se-ão todos os trabalhos que permitam elaborar o caderno de encargos, programa de concurso, respectivos anexos e soluções de emergência; No segundo e terceiro trimestres decorrerá o prazo para apresentação das propostas de subconcessão...; No quarto trimestre iniciar-se-á o processo de apreciação das propostas apresentadas".

Ou seja, a MM pelo menos aparentemente, continua a proceder como se não fosse necessário reflectir sobre o que o novo governo viria a pensar sobre o assunto e clarificar todas as condicionantes atrás referidas. Do mesmo passo, pelo menos duas autarquias também tinham mudado de maioria e presidência. Seria imperioso ouvi-las e permitir que construíssem a sua própria posição sobre o projecto.

Na reunião de 25 de Fevereiro, o Presidente da Câmara Municipal de Coimbra dá conta de querer ouvir sobre o dossier Metro cinco pessoas, sendo três especialistas Prof. Paulo Correia, Prof. Eng.º João Porto, Prof. Costa Lobo e o Arquitecto Bandeirinha (Presidente da Pro-Urbe) e a Dr.ª Adília Alarcão (Presidente do Conselho da Cidade).

Realizada que foi esta reunião, é apresentada à Câmara um proposta introduzida pelo Sr. Vereador João Rebelo que, depois de discutida e de ser objecto de alterações, se convolou na seguinte versão final que foi aprovada[26] – *Deliberação n.º 226/2002 (18/03/2002)*:

---

[26] Deliberação tomada por maioria e em minuta. Votaram a favor o Sr. Presidente, o Sr. Vice-Presidente e os Senhores Vereadores João Rebelo, Manuel Rebanda, Nuno Freitas, Mário Nunes, Teresa Mendes, Rodrigues Costa, Luís Vilar e António Rochette. Votou contra o Senhor Vereador Gouveia Monteiro.
Declaração de voto do Senhor Vereador Gouveia Monteiro:
"As condições políticas, institucionais e financeiras actuais são as ideais para avançar decididamente com o projecto eléctrico rápido em Coimbra.
Os únicos elementos de perturbação surgem do atraso técnico patente em vários elementos essenciais do traçado urbano e, mais recentemente, da posição de alguma radicalidade da Câmara Municipal de Miranda do Corvo, e de utentes do ramal saturados de esperar por uma solução sempre adiada. Por todas as razões, entendo que o faseamento, logo as prioridades, a dar ao processo deveriam ser ao contrário do que é proposto, devendo dar prioridade aos dois ramos do troço urbano, ou seja, Ceira-Coimbra B e Beira Rio-HUC. Deste modo se alcançariam, a meu ver, dois objectivos: 1) assegurar a viabilidade económica do empreendimento desde o seu início; 2) demonstrar, na prática, a superior qualidade e eficiência deste modo de transporte, ganhando quer as populações de Miranda, quer de outros pontos do concelho de Coimbra para as vantagens do seu prolongamento. A proposta de decisão, para além de propor um faseamento inverso, é excessivamente imprecisa, e julgo que receosa, relativamente ao traçado urbano, que sai fragilizado ou perigosamente remetido para solução apresentar pelos concorrentes, do que discordo. Por estas razões, voto contra".

"1. A Câmara Municipal de Coimbra reafirma a posição de que a execução do Metro Ligeiro do Mondego (MLM) deverá ser desenvolvida em duas fases:

– 1.ª fase, correspondente à ligação Coimbra B-Serpins e que inclui o troço urbano entre a Estação de Coimbra B e Ceira, traçado que se considera estabilizado, sem prejuízo das notas a seguir expressas;
– 2.ª fase, que deverá corresponder ao troço urbano de ligação aos Hospitais da Universidade de Coimbra.

2. Embora a Câmara Municipal de Coimbra concorde com os argumentos de natureza técnica que sustentam a opção global pela bitola standard entendemos de elementar prudência, porque também possível e defensável, que se mantenha na actual linha da Lousã uma solução mista.

3. A implantação e execução da 2.ª fase, quer pela dificuldade e complexidade da sua implantação, quer pelos impactes gerados na circulação rodoviária – transporte individual e colectivo – e pedonal, quer nos impactes sobre a imagem urbana e transformação, por demolição, de uma parte da Baixa de Coimbra entre o Bota – Abaixo e a Rua da Sofia/Rua Olímpio Nicolau Fernandes, exige estudos de pormenor que validem os traçados e alternativas apresentadas, e que assegurem uma perfeita integração urbana, contribuindo para a requalificação dos espaços atravessados.

4. Os estudos de traçados esboçam um conceito de circulação rodoviária que a par de outra informação disponibilizada pela Metro Mondego, S.A, é, em geral, compatível com a filosofia global do conceito de circulação rodoviária e de transportes do município, de acordo com o iniciado estudo de "Organização do Sistema de Transportes de Coimbra".

No entanto, é necessário dispor de estudos mais pormenorizados, nomeadamente ao nível de intersecções, sentidos de circulação e nós viários, devendo considerar-se que só em face posterior do desenvolvimento dos mesmos será possível confirmar e/ou corrigir as soluções de projecto.

Se o número e a localização aproximada das estações se considera aceitável, já a sua localização exacta deverá ser sustentada em estudos mais pormenorizados que inter-relacionem, numa perspectiva global, os fluxos pedonais e de transporte individual e colectivo, tendo em conta o desenvolvimento do próprio estudo acima referido e a articulação com os transportes urbanos.

5. Não estão suficientemente avaliados os impactes resultantes da implantação do metro ligeiro ao longo dos eixos viários (durante e depois das obras) e no atravessamento de áreas críticas como é o caso da Rua Pedro Monteiro e do atravessamento

COMO NÃO DECIDIR UMA OBRA PÚBLICA

do Parque de Santa Cruz, imóvel de interesse público e espaço verde por excelência de Coimbra (sujeito a parecer do IPPAR), bem como da implantação da estação terminal da Variante Urbana em terrenos dos Hospitais da Universidade de Coimbra que, embora pareça de facto interessante, vai no entanto contra os estudos até aqui apresentados e que apontavam para a sua implantação num espaço intermédio entre o Pólo III e os Hospitais.

O atravessamento da Portagem e a implantação ao longo da Avenida Emídio Navarro e da designada Avenida da Lousã (a executar até ao Euro 2004) são outros exemplos que exigem, também particulares cuidados de inserção a considerar no projecto de execução.

6. A localização do Parque de Materiais e Oficinas (PMO) – imediatamente a norte da Estação de Coimbra B – numa área de elevada sensibilidade urbana e paisagística que se quer valorizar com os projectos em curso para o local, deveria ser deslocada mais para norte e assegurar a futura expansão do metro naquela direcção.

7. Independentemente de se compreender e aceitar que o concurso a realizar corresponda somente às duas fases de execução referidas, os traçados e soluções técnicas deverão acautelar a possibilidade da expansão futura do metro, para norte de Coimbra B e prolongamento para a margem esquerda (eventualmente até Taveiro caso se venha a confirmar aí a localização de uma estação de TGV), ligação Pólo II/Solum/Hospitais e o prolongamento a partir do Hospital.

Em termos de planeamento é essencial prever quais os canais de reserva para possíveis expansões como as referidas.

8. É necessário que o projecto do metro ligeiro se articule com os SMTUC e operadores privados de transportes por forma a definir uma política concertada ao nível global de transportes, uma vez que as áreas de intervenção dos SMTUC vão obrigatoriamente ser profundamente alteradas.

9. A inserção do metro ligeiro no tecido urbano, para além de constituir um projecto estruturante para a circulação e transportes da Cidade, deverá constituir um projecto de requalificação urbana, ao nível do tratamento do espaço público: pavimentos, mobiliário urbano, etc. o que exige um acompanhamento e fiscalização a efectuar por uma Comissão Pluridisciplinar a nomear pela Câmara Municipal de Coimbra.

10. Para garantir a qualidade da intervenção e a inserção dos condicionamentos atrás referidos no caderno de encargos do concurso internacional, deverá o mesmo ser analisado e contar com o parecer e participação do Gabinete Jurídico da Câmara Municipal.

11. Em síntese, considera-se viável a concretização dos traçados e estações progra-mados embora, seja necessário dispor no desenvolvimento do projecto de estudos mais detalhados e pormenorizados, nomeadamente estudos de "circulação e estaciona-mento", de "integração urbana e tratamento de espaços" e de "avaliação de impactes" quer no tecido urbano quer ao longo dos eixos viários utilizados pelo metro ligeiro".

A intervenção no tecido urbano de Coimbra exigia, pois, como foi una-nimemente considerado, um outro tipo de cuidados que se não encontra-vam previstos nem no projecto apresentado nem na proposta aprovada.

O que, concretamente, se pretendia garantir era a intervenção de requali-ficação que corresponde à exigência indispensável da autarquia de Coimbra.

A MM aceita a elaboração de estudos que têm a ver com a integração urbanística, os tráfegos e a necessidade de estacionamento e o estudo de impacto. A Câmara acompanhará activamente esses estudos.

Governo Durão Barroso – 6/4/2002-17/7/2004

Convém recordar que o ano de 2002 assiste a uma nova mudança no Con-selho de Administração da MM. A partir de 6 de Junho o Eng.º Hermene-gildo Rico passa a ser vogal executivo.

Na já citada mensagem do Presidente da Metro Mondego, incluída no relatório de actividades de 2002, ao mesmo tempo que se considera a con-clusão dos documentos relativos ao concurso no prazo a que se havia obri-gado, esclarece-se que *"Os despachos de homologação emitidos pelos membros do governo em Abril não assumem, porém, a forma conjunta prevista no n.º 2 da Base XVII das Bases de Concessão".*

E acrescenta-se *"Não tendo sido, por isso, possível encerrar este ciclo com o lançamento do concurso público internacional, inicia-se em Maio, seguindo a orientação do Senhor Ministro das Obras Públicas, Transportes e Habitação, o processo de obtenção do despacho conjunto, ...e que ainda se encontra em curso no momento da elaboração deste relatório".*

"Desenvolvem-se, ao mesmo tempo, os trabalhos e os estudos necessários a uma definição mais precisa do projecto, em colaboração com as três autarquias".

O Vereador João Rebelo apresentou o texto da proposta do protocolo a celebrar entre as duas entidades – Câmara Municipal de Coimbra e Metro Mondego – que foi aprovado por unanimidade (Deliberação n.º 471/2002), em 6 de Maio de 2002 e posteriormente na Assembleia Municipal a 27 de Junho.

Referiu, na altura, que *"para além do que corresponde àquilo que é a referência às obrigações da Sociedade Metro-Mondego, no âmbito do Decreto-Lei 10/2002 e da confirmação e afirmação da importância do projecto e do parecer favorável dado em 18/03, pretende-se garantir uma intervenção de requalificação que a Câmara Municipal não pode nem deve abdicar no desenvolvimento do projecto. Para isso, serão elaborados estudos pela Metro Mondego e que têm a ver com a integração urbanística, os tráfegos e as acessibilidades de estacionamentos e também com o estudo de impacto. Esses estudos serão acompanhados de forma activa por parte dos serviços da Câmara Municipal. Sublinhou ainda que nos termos do Regime Jurídico da Urbanização e da Edificação, o projecto fica sujeito a um parecer prévio da Câmara Municipal. Visando a integração urbanística, a Câmara Municipal indicará para a Comissão de Análise das Propostas um representante e haverá um acompanhamento através de uma Comissão Pluridisciplinar"*.

Este Protocolo, que, pela sua extensão, se apresenta em anexo, veio a ser assinado a 28 de Junho.

Idênticos Protocolos, embora com as necessárias adaptações, foram igualmente celebrados[27] entre a Metro Mondego e as Câmaras Municipais da Lousã e de Miranda do Corvo.

Na reunião camarária de 26 de Agosto de 2002 é, por outro lado, aprovado um protocolo de "Projecto de Financiamento da Nova Estação Ferroviária de Coimbra, do Fórum Municipal e da sede da MM e da requalificação e/ou renovação urbana das zonas envolventes" que merece apoio maioritário com a única abstenção do Vereador Gouveia Monteiro.

O Presidente da Câmara Municipal de Coimbra acrescenta uma outra proposta, esta aprovada por unanimidade, que exige *"que a resolução do problema de circulação entre Coimbra A e Coimbra B deve ser partilhada pela MM e pela Câmara Municipal"*.

Em 16 de Setembro de 2002 o Vereador Luís Vilar levanta uma dúvida sobre o teor de um ofício que o Governo terá dirigido ao Presidente do Conselho de Administração da MM e transforma-a em proposta que veio a ser aprovada por unanimidade, no sentido de ser esclarecido o conteúdo do documento.

O tema será objecto de intervenções nas duas reuniões subsequentes até que a MM esclarece as perguntas e o Presidente divulga o documento em causa.

---

[27] Mais tarde e ambos datados de 8 de Junho de 2004.

4.9. A intervenção da Parpública e a reformulação do Projecto

Na mensagem já referida do PCA da MM alude-se, ainda, ao:

"Desenvolvimento, em Setembro, de soluções alternativas de concurso e financiamento do MLM; Preparação de todos os esclarecimentos suscitados pelo documento "Notas para uma reformulação do projecto de MLM", elaborado pela Parpública, em 8 de Outubro. Estes esclarecimentos foram enviados à Secretaria de Estado dos Transportes em 11 de Novembro".

Na reunião de 23 de Setembro, o Presidente da Câmara Municipal de Coimbra faz um conjunto de afirmações a reter:

"...compreende que existam dúvidas do ponto de vista económico/financeiro. O dinheiro é comunitário, do Estado e da autarquia. Todos terão de saber os seus encargos, uma vez que durante muito tempo não será um projecto lucrativo. Também o Tribunal de Contas teceu considerações nada abonatórias sobre o modelo de exploração do Metro Sul do Tejo, pelo que será necessário esclarecer se o método é o mesmo".

A questão Metro volta à Câmara Municipal de Coimbra em 2 de Dezembro por iniciativa do Vereador Luís Vilar que coloca a necessidade de uma reunião com todos os intervenientes para esclarecer quando o concurso é lançado e recorda a necessidade de se não perderem os 54 milhões de contos previstos no Quadro Comunitário.

A resposta do Presidente parece premonitória em relação ao que vira a suceder 8 anos depois:

"...é necessário garantir duas questões essenciais, a primeira é que o concurso quando vier a ser lançado é para ser executado com seriedade e sem paragens por falta de definição do projecto, por falta de definição de condições de financiamento, por falta de capacidade de execução da obra ou por falta de garantias de acompanhamento. Não se quer projectos sem a sustentabilidade necessária para depois acabarem no bolso dos contribuintes e no bolso dos utentes...". E levanta pela primeira vez a questão do eventual efeito nos Transportes Colectivos Municipais quer quanto à exploração quer quanto às consequências no domínio do pessoal.

A 26 de Maio de 2003 uma intervenção do Vereador João Rebelo dá conta à Câmara da reunião da Assembleia Geral da MM na qual as três Câmaras votaram por unanimidade o Orçamento para 2003, concluindo que todas as verbas necessárias ao lançamento do concurso estão contempladas nele.

A deliberação n.º 2477/2003, de 2 de Junho é um passo muito importante e volta a reunir a unanimidade na sua aprovação. Nela se dá conta

COMO NÃO DECIDIR UMA OBRA PÚBLICA

do acordo quanto às peças enviadas pela MM e se conclui "... *estarem reunidas as condições para prosseguir o concurso para a implantação do Metro Ligeiro de Superfície.*"[28]

Uma intervenção final do Presidente salienta que "...*só agora se está em condições de sustentar o processo do Metro, atendendo a que o processo até então existente tinha omissões muito graves, não se sabendo sequer o quantitativo envolvido na operação, sendo certo que o valor apresentado tem uma diferença de muitos milhares em relação ao anterior. Foi nesse sentido que foi feito um longo trabalho pelo que já não existe qualquer justificação para que o governo não aprecie e decida rapidamente.*"

Em 20 de Outubro de 2003 o Vereador João Rebelo refere que a verba prevista em PIDDAC para o Metro, de 3 milhões de euros, chega para iniciar o processo. Acrescenta que, depois do lançamento do concurso, vai ter-se ainda ano e meio e que é preciso começar pelos processos de expropriação.

Do ponto de vista da administração do MM vale a pena analisar o texto aprovado na Assembleia Geral relativo à prestação de contas de 2003. Nele se explica:

"*Até à entrada em vigor do Decreto-Lei 86/2003, de 26 de Abril, e do Despacho de 5 de Agosto de 2003 do SET, a MM preparou, duas vezes, a documentação necessária (caderno de Encargos, Programa de concurso, etc.) de acordo com as orientações dos accionistas e das bases de concessão aprovadas em anexo ao Decreto-Lei 10/2002, de 24 de Janeiro.*

A publicação do Decreto-Lei 86/2003 veio estabelecer a tramitação e a disciplina genérica necessárias para o lançamento das Parcerias Público-Privadas (PPP). É um documento inovador na forma como aborda de forma integrada as PPP, revelando preocupação pelo conhecimento e avaliação das suas dimensões e projecções temporais, pela explicitação dos custos e benefícios plurianuais e pela necessidade de orçamentação integral dos compromissos financeiros que resultam das parcerias contratadas.

Há mesmo a introdução, com carácter de obrigatoriedade, de alguns conceitos nos projectos de investimento público, como sejam o do Comparável do Sector Público e da Comportabilidade Financeira.

---

[28] Parecer enviado à MM em 6 de Junho (ofício 19489 de 06.06.2003). Idênticos pareceres foram, igualmente, aprovados e enviados pelas Câmaras Municipais da Lousã (ofício 6741 de 05.06.2003) e de Miranda do Corvo (ofício 395 de 02.06.2003).

Pelo art.º 6.º do referido diploma são definidos os pressupostos para o lançamento de uma PPP, em particular, a adopção de um modelo de parceria que represente para o parceiro público vantagens relativamente a formas alternativas de alcançar os mesmos fins e que apresente para os privados uma expectativa de obtenção de remuneração adequada. A alínea d) do n.º 1 deste artigo impõe a "prévia adequação às normas legais e demais instrumentos normativos, bem como a obtenção das autorizações e pareceres administrativos exigidos, tais como, entre outros, os de natureza ambiental".

4.10. A preparação da Parceria Público-Privada

As alterações decorrentes do regime jurídico das parcerias público-privadas só nesta altura tornam possível o despacho do SET de 5 de Agosto de 2003.

Por este despacho a MM foi encarregada de preparar o projecto de parceria público-privada, nos termos do Dec. Lei 86/2003.

Diz o Conselho de Administração (CA) terem sido desenvolvidas as seguintes iniciativas:

> *"– notificação do MOPTH ao MF para a constituição da Comissão de Acompanhamento do PPP e sua efectivação através do despacho conjunto n.º 945/2003, de 8 de Setembro dos Ministros das Finanças e das Obras Públicas Transportes e Habitação;*
> *– elaboração de um documento sobre a comportabilidade e cenários de financiamento do projecto, solicitado pela Parpública;*
> *– desenvolvimento de colaboração intensiva com a Parpública, o INTF e as duas Secretarias de Estado (Tesouro e Finanças e Transportes) com vista à definição do modelo de concurso e à análise dos diversos modelos de financiamento;*
> *– concepção do comparável do serviço público;*
> *– preparação da notificação à Comissão de Acompanhamento..."*

E acrescenta terem sido igualmente preparados os documentos exigidos: Programa de concurso, caderno de encargos, análise das opções que determinaram a configuração do projecto, descrição do projecto e do seu modo de financiamento, demonstração do seu interesse público, justificação do modelo de parceria escolhida, demonstração da comportabilidade dos custos e riscos decorrentes da parceria em função da programação financeira plurianual do sector público e administrativo.

Depois dá conta de uma extensa lista de encontros, solicitações e respostas que não terminam da melhor maneira.

Assim, em 31 de Dezembro de 2003, regista a comunicação dos representantes do Ministério das Finanças na Comissão de Acompanhamento informando que não se consideravam notificados, em virtude de alguns documentos não estarem concluídos.

Por fim dá-se conta de uma informação obtida da IOT pela qual a comparticipação do FEDER, no valor de 100 000 000 de euros é possível e estará dependente da atribuição da Reserva de Eficiência e da Reserva de Programação.

Percebe-se que as coisas não estão a correr bem e que existem posições extremadas entre a Parpública e Administração da Metro Mondego.

Não é, portanto de estranhar que o Administrador Eng.º Hermenegildo Rico apresente a sua renúncia ao cargo em 31 de Dezembro e que o Presidente do CA Dr. Armando Pereira tenha apresentado o seu pedido de renúncia ao cargo em 14 de Janeiro de 2004.

4.11. A nova Administração da MM

No dia 27 de Abril de 2004 são eleitos os Órgãos Sociais com outra composição. É Presidente do Conselho de Administração o Dr. José Mariz.

No relatório e contas de 2004, a administração alinha uma série de considerações que retratam o que se terá passado:

"Em traços gerais, a opinião dos membros da Comissão de Acompanhamento, que mais tarde viemos a corroborar, era a de que a documentação existente para o concurso carecia de uma ampla reformulação e aprofundamento, em resultado de ter sido concebida para um concurso público tradicional, ou uma empreitada, e não estar preparada para as exigências associadas ao lançamento de uma parceria com privados".

Depois pormenoriza acrescentando a necessidade de uma reformulação da documentação do concurso por razões de desadequação jurídica, a debilidade do suporte técnico de demonstração da sustentabilidade do projecto, a realização dos estudos técnicos feita na base de uma solução ferroviária tradicional e não a solução técnica escolhida.

E salienta o perigo dos erros cometidos no Metro Sul do Tejo (MST) e Metro do Porto (MP) e a desadequação aos princípios da Carta de Lisboa.

De facto, em função das exigências, tornava-se imperioso alterar as Bases de Concessão, no sentido de se adequarem ao Decreto-Lei 86/2003, desiderato que foi conseguido com a publicação do Decreto-Lei 226/2004, de 6 de Dezembro.

Em segundo lugar era obrigatório redigir os documentos para o concurso.

Mas, independentemente da análise aos objectivos e alterações, torna-se interessante analisar o que diz a Administração em relação às tutelas.

Reportam uma série longa de reuniões com a Comissão de Acompanhamento e salientam a dado passo:

"Não podemos... deixar de focar a dificuldade que sentimos em ultrapassar alguns dos constrangimentos que foram sendo levantados naquelas reuniões, sobretudo por parte dos elementos da Parpública, representantes da tutela financeira. O processo conheceu avanços e recuos constantes não se conseguindo detectar qualquer fio condutor na sua acção a não ser a firme certeza de que este investimento [como tinha sido previsto] *era considerado injustificado para a área metropolitana de Coimbra, o que levou a que as tutelas alterassem a partir de certa altura o tipo, a presença e o âmbito das reuniões."*

Exemplo concreto do que ficou dito é o documento inicial (datado de 13 de Maio de 2004) da Parpública.

Trata-se de um documento, cuja profundidade de análise e extensão suscitam um intensíssimo trabalho por parte da Administração da MM, que, em sumário, se apresenta em anexo.

Governo Santana Lopes – 17/7/2004-12/3/2005

Como exemplos relevantes da mudança de orientação das tutelas e das suas positivas consequências são as reuniões conjuntas entre o CA e as tutelas financeira e sectorial e as notas conjuntas produzidas pelas mesmas tutelas em 4/10, 15/11 e 23/11.

Aquilo que noutro ponto é salientado, assume-se neste relatório. Trata-se da exigência da sustentabilidade do projecto como elemento determinante para compatibilizar os diversos modos possíveis de transporte com os níveis esperados de procura. Essa a razão de ser da questão da ligação Lousã-Serpins.

E acrescenta-se um dado importante, obtido pela primeira vez, que dá conta do défice de exploração da CP na exploração da linha da Lousã que rondou, nos anos de 2002 e 2003, os três milhões de euros anuais, a que acresce o valor do défice da REFER e da exploração da CP entre Coimbra A-Coimbra B.

Como se verificou, ainda, que a análise dos dados da procura não revelou a consistência suficiente para dar viabilidade ao projecto em virtude da componente suburbana e, muito especialmente, se o projecto viesse a ser implementado no modo ferroviário.

Da análise de riscos associados ao projecto resultam algumas afirmações relevantes.

Parte-se do princípio que num projecto destes o sector público deve ser responsável pela concepção do projecto até um determinado nível que corresponda às definições do serviço a prestar.

E daí que *"Reside aqui a grande alteração introduzida por esta administração. Não se procura um grupo que preste um serviço mas sim um verdadeiro parceiro ... que seja ... o instrumento que proporciona a satisfação do objectivo da sociedade".*

Ou, ainda, que *"... as actividades de operação e manutenção são áreas chaves para a transferência de risco onde o sector privado tradicionalmente oferece mais e melhor do que o sector público".* Logo, esse risco é transferido para o sector privado.

Para, no final, se concluir que *"...o sector público deverá reter o risco da procura no longo prazo, ...deve assegurar o incentivo do sector privado na obtenção da receita no curto prazo".* Esta orientação leva a separar, na concessão, *"...a componente operacional a curto prazo onde as necessidades de financiamento são mais limitadas da componente infra-estrutural onde o financiamento é o aspecto chave".*

Verifica-se, também, uma discordância entre a MM e a tutela financeira quanto ao modo de realizar a flexibilização tecnológica no projecto.

A administração argumenta, em concreto:

"Quando se altera o prazo das subconcessões, quando se separa a manutenção da operação, quando se flexibiliza a constituição societária das subconcessionárias, quando se transforma o fabricante de material circulante num simples fornecedor indicado e quando finalmente se responsabiliza o parceiro privado pela gestão integral do sistema através do estabelecimento de responsabilidades contratuais cruzadas, fica garantida a flexibilização".

Não foi este o entendimento da tutela e, daí, a previsão da proposta base com o eléctrico rápido de superfície entre Lousã e Coimbra B e o Pólo das Ciências da Saúde (linha do Hospital), obrigatória para todos os concorrentes e a apresentação de proposta alternativa com outra solução para Ceira a Lousã.

Só que esta alternativa fica limitada:

"– mais atractiva para as populações, logo não pode contemplar quebras de serviço nem transbordos;
– mais limpa, logo não pode utilizar combustíveis que estão condenados pelo protocolo de Quioto;
– mais económica, logo não pode onerar o sistema com encargos mais pesados;
– mais justa, logo não pode tratar os habitantes da malha suburbana de forma diferente dos da malha urbana".

A configuração final da PPP traduz a opção de criar duas subconcessões nas quais a primeira se deverá ocupar com o financiamento, o projecto do sistema, a construção e a manutenção e a segunda com a sua operação.

Ponto de especialíssimo interesse é o da descrição do modelo adoptado de financiamento.

De acordo com o relatório e contas de 2004, surpreendendo nele os dados considerados essenciais, aquele *"...consiste na atribuição de um subsídio ao investimento inicial a realizar pela subconcessionária A e, depois, ao longo do período das subconcessões, na atribuição de um pagamento de disponibilidade a cada uma das subconcessionárias.*

No que respeita ao subsídio ao investimento inicial esse valor será apresentado pelo concorrente no âmbito da sua proposta, a preços correntes, sendo um valor fixo e não revisível.

O valor do subsídio será equivalente a 50% do valor estimado do investimento inicial, sem IVA, até ao montante máximo de 175 milhões de euros[29].

O subsídio sobre o valor do investimento inicial apenas compreende as despesas de investimento inicial relativas à execução de ILD e material circulante, não incluindo encargos financeiros e sendo o seu pagamento efectuado numa base trimestral. Note-se que a subconcessionária A obriga-se a cumprir todas as obrigações que decorram da afectação de fundos comunitários, designadamente quanto à informação e documentação a disponibilizar aos organismos oficiais, sob pena de suspensão do pagamento referido anteriormente. Caso a subconcessionária A venha a beneficiar de quaisquer apoios, nacionais ou comunitários, não previstos nos modelos financeiros constantes das suas propostas, deverão os mesmos ser deduzidos no montante

---

[29] O investimento previsto total era de 302,5 milhões de euros a preços constantes ou seja de 341,4 a preços correntes.

dos pagamentos a efectuar pela Metro Mondego SA, quer relativos ao subsídio ao investimento quer referentes ao pagamento de disponibilidade imediatamente subsequentes ao recebimento daqueles apoios".

Talvez seja mais interessante dar nota de dois acetatos apresentados pelo CA, comparando os dois modelos de concurso e financiamento do projecto (2002 – designado empreitada tradicional e 2005 – designado PPP).

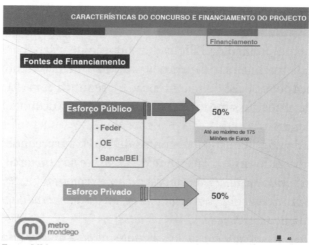

Fonte: MM

Fonte: MM

Corresponde a primeira ao modelo do concurso de 2002 (não realizado e cujo valor de investimento a preços correntes de 2011 seria de 301,6 milhões de euros) e a segunda ao modelo de concurso PPP 2005 (341,4 milhões de euros a preços correntes de 2011)

A questão do recurso ao FEDER, várias vezes levantada, obtém também aqui clarificação. Existe cativa uma verba de 54 milhões de euros (PO Centro, Medida 12). Só depois da comunicação da adjudicação é que será possível elaborar a candidatura e utilizar a verba.

Foi efectuada uma outra candidatura, no início de 2005, ao PO Centro com um valor global de 19,5 milhões de euros que engloba consultadoria e estudos, expropriações e trabalhos.

Pode vir a ser necessária uma nova candidatura, admissível, ao novo Quadro de Apoio.

Foram mantidos os contactos com o BEI porque será previsível a necessidade de garantia de algum apoio intercalar ao investimento para cumprir a comparticipação pública (até 50% dos custos do investimento inicial e até 175 milhões de euros).

As notas técnicas sobre o projecto incluem um ponto necessariamente polémico e ainda não referido. Trata-se do prolongamento do túnel do circuito urbano de Celas até aos HUC/Pólo III.

No essencial os argumentos utilizados na sua defesa têm a ver com a manutenção da abertura da Rua de São Teotónio, a libertação da circulação na entrada dos HUC e a inclinação exigível para o terminal do Pólo III.

Tanto a Câmara Municipal como a Administração do Hospital aprovaram a solução proposta e foi promovido o ajustamento em relação à Declaração de Impacte Ambiental.

A intervenção na zona da Baixa de Coimbra é objecto de menção especial. Ela corresponde à necessidade de criação de um espaço canal e implica aquisições e demolições.

As condições do edificado, na sua grande maioria, impunham uma intervenção célere que motivou a solicitação ao Secretário de Estado dos Transportes da declaração de utilidade pública para a expropriação de imóveis e direitos com carácter de urgência.

Previa-se um montante de encargos com as expropriações de 7,9 milhões de euros, a englobar na candidatura prevista e atrás referida.

4.12. A preparação das novas Bases de Concessão

O ano de 2004 é, com efeito, um marco fundamental no processo expropriativo da Baixa (necessário para a abertura do canal metro) e de intensas trocas de argumentos entre a MM e o Governo sobre o futuro do projecto e as condições de lançamento do concurso.

São múltiplas as reuniões que envolvem a MM e a Câmara de Coimbra com a Secretaria de Estado dos Transportes e o Ministro da pasta e com a equipa das Finanças.

A posição mais dura, como se viu pelo pronunciamento da MM, é a da Parpública, responsável pela análise da viabilidade do projecto e pela forma de melhor o acomodar em termos de responsabilidade face à despesa pública.

O problema é de considerável complexidade porque, prevalecendo a opção da realização do projecto em regime de parceria público-privada, o regime a seguir deveria respeitar os novos ditames resultantes da recente alteração ao diploma aplicável.

Por seu turno, a mesma Parpública fora designada representante do Ministério das Finanças na Comissão de Acompanhamento das parcerias.

Uma nota do Gabinete do Secretário de Estado do Tesouro e Finanças, datada de 5 de Julho de 2004, define as condições às quais o projecto obedecerá.

Nela são vertidas considerações que referem a necessidade de compatibilidade com a legislação comunitária e com o Decreto-Lei n.º 86/2003, de 26 de Abril.

Mas considera, ainda, os princípios seguidos na reestruturação das empresas públicas de transportes e na criação das Autoridades Metropolitanas de Transportes.

Aqui se baseia a necessidade de intervenção em três níveis:

"a) a concepção e o funcionamento do modelo de transportes, na qual não se pode deixar de ter em conta os efeitos externos de cada um dos diversos modos de transporte em competição, nem esquecer a necessidade de promover a circulação e o estacionamento dos veículos automóveis salvaguardando o espaço urbano para os usos mais adequados;

b) a eficiência das empresas de transporte público de passageiros, importando sobretudo a máxima redução de custos de produção compatível com níveis de qualidade de serviço susceptíveis de proporcionar uma atractividade de utilizadores que de outro modo optaram pelo automóvel privativo, e que não dispensa uma aproximação dos preços aos custos, com vista ao equilíbrio económico da exploração;

c) e o financiamento do investimento e da actividade, distinguindo as infra-estruturas de longa duração (ILD) – domínio estratégico no qual o Estado, através da administração central, tem um papel dificilmente substituível – de outros fins que poderiam absorver recursos públicos, designadamente quaisquer compensações financeiras atribuíveis pela realização de prestações de serviço público – domínio estratégico do sector privado e da administração local".

E se apela a princípios de participação das autarquias, à necessidade de permitir a introdução de tecnologias de transporte alternativas (como decorria da experiência do Porto), à redefinição do modelo de concessão de exploração limitando-a a prazos inferiores a 7 anos.

Como corolário do processo e dado o papel da Parpública, encarrega-se esta de apresentar uma proposta de alteração do Decreto-Lei n.º 10/2002 de 24 de Janeiro.

Ora, esta proposta deve seguir as orientações resultantes do acordo com os Ministérios das Finanças e das Obras Públicas e foi discutida com a Câmara Municipal de Coimbra.

Quais os termos de exigência desse acordo? Os seguintes:

– assunção pelo Estado, através da administração central, da responsabilidade relativa ao financiamento das infra-estruturas de longa duração e do material circulante necessários à prossecução dos objectivos essenciais ao sistema de transporte público de passageiros em Coimbra;
– determinação de que o concurso a realizar assuma, na vertente de investimento, características de preço fixo e não revisível, de forma a que o Estado, através da administração central, não assuma quaisquer encargos adicionais aos comprometidos no âmbito da negociação das propostas apresentadas pelos concorrentes, designadamente os decorrentes de atrasos nos licenciamentos autárquicos, ou de alterações posteriores aos projectos que sejam acordados com o concorrente, bem como de trabalhos a mais que venham a ser determinados pela MM ou pelas autarquias;
– determinação que o Estado, através da administração central, não suportará quaisquer custos relativos à requalificação urbana, devendo ficar também expresso que a MM não poderá assumir, igualmente, quaisquer compromissos relativos a esta vertente;
– determinação de que o Estado não suportará, a qualquer título, eventuais compensações por défices de exploração decorrentes da presta-

ção de serviço público de transporte de passageiros, devendo também ficar expresso que a MM também não;
- possibilidade de, no âmbito do concurso de subconcessão a lançar, serem apresentados pelos concorrentes, no que respeita às respectivas propostas, modos de transporte alternativos ao modo de referência – sistema de metro ligeiro de superfície – na totalidade ou em partes do sistema.

Para o conteúdo das alterações ao Decreto citado, propõe-se:

- adaptação do processo de concurso;
- revisão das bases de concessão;
- redefinição do modelo de concessão (construção e manutenção de um lado, exploração doutro e limitação do prazo);
- previsão da existência de protocolos com as autarquias envolvidas.

Dado conhecimento à Administração da MM das alterações a fazer, estas deveriam ser reflectidas no caderno de encargos do concurso público internacional. Restará à Comissão de Acompanhamento velar pelo cumprimento das condições.

Isto é, depois de um difícil e demorado processo, pela primeira vez as Obras Públicas e as Finanças estão de acordo, no pressuposto das alterações definidas, quanto ao modelo de concurso.

4.13. Publicação das alterações às bases de concessão (D.L. n.º 226/2004, de 30 de Setembro)

Mantendo-se a pressão dos contactos e conversações, acaba por ser aprovado o Decreto-Lei n.º 226/2004 a 30 de Setembro em Conselho de Ministros realizado em Coimbra e que é publicado em 6 de Dezembro, depois de promulgado pelo Presidente Jorge Sampaio em 15 de Novembro e referendado em 22 de Novembro. Assinam este diploma: Pedro Santana Lopes, António Bagão Félix, José Luís Arnaut e António Mexia.

Quais são as alterações fundamentais que o novo diploma traz em relação às normas que visa modificar?

Convém comparar com atenção o que se disse no despacho de 5 de Julho da autoria do Secretário de Estado do Tesouro com o novo articulado.

Desde logo, o que era definido como *"a possibilidade de serem apresentados pelos concorrentes modos de transporte alternativo ao modo de referência na totalidade ou em partes do sistema"* reduz-se agora ao disposto no n.º 2 do artigo 1.º: *"Revelando-se económica e socialmente mais vantajoso, a concessionária, em parte do troço denominado por ramal da Lousã, entre Coimbra-B e Serpins, pode optar por soluções tecnológicas alternativas àquela que for escolhida para o restante sistema, assegurando o aproveitamento racional do canal ferroviário existente"*.

De facto, a grande querela situava-se na ligação entre Serpins e Lousã porque os representantes da Parpública sempre entenderam não se justificar, em função dos dados da procura, a instalação de um sistema de eléctrico rápido.

Esta foi a redacção considerada compromissória que deixava à concessionária a opção.

O prazo de concessão é alterado de 30 para 40 anos.

Ao antigo art.º 4.º são adicionados quatro novos números.

No primeiro é instituído um prazo máximo de 34 anos para a subconcesssão das prestações necessárias à concepção e projecto, realização de obras de construção, fornecimento, montagem e manutenção do material circulante e dos demais equipamentos que constituem o sistema.

No segundo define-se um prazo, de nove anos na primeira subconcessão e de 5 anos na segunda subconcessão, para a contratação das prestações necessárias à exploração do sistema.

No terceiro e quarto aplica-se o regime do Decreto-Lei n.º 86/2003 e proíbe-se a participação da MM no capital das subconcessionárias.

O prazo definido no primeiro dos artigos aditados é essencial para o enquadramento do limite de atribuição de compensações financeiras pela prestação do serviço público, definido na Base X. A partir deste limite, as compensações poderão ficar a cargo das autarquias envolvidas, mas não do Estado.

Representa este preceito uma alteração ao previsto no despacho de 5 de Julho. Nele se impedia o Estado da prestação de qualquer indemnização compensatória.

Mas, o n.º 4 da Base VIII esclarece, por seu turno, que o Estado assume os encargos decorrentes da disponibilidade e conservação das infraestruturas de longa duração e dos equipamentos e material circulante.

Por seu turno, ainda no n.º 6 da Base VIII é esclarecida a responsabilidade dos custos relativos a obras fora do canal afecto ao sistema.

COMO NÃO DECIDIR UMA OBRA PÚBLICA

Recorde-se que o despacho de 5 de Julho determinava que a concessionária se não responsabilizaria por quaisquer obras de requalificação urbana.

Ora, os termos em que é redigido o n.º 7 da Base VIII esclarece que o canal afecto ao sistema é *"o conjunto formado pela plataforma ferroviária, eventuais ligações rodoviárias em terrenos de domínio público ferroviário, parque de manutenção e operação, estações, interfaces, estacionamentos, subestações de tracção, respectivos acessos e demais órgão técnicos necessários ao funcionamento do sistema"*.

E no n.º 6 excepciona a responsabilidade por custos fora do canal quando houver reposição de uma situação equivalente ao momento anterior às obras e quando sejam capazes de gerar receitas equivalente às respectivas despesas. Tema que é especialmente caro ao projecto em Coimbra e ao atravessamento da Baixa.

Claro está que, se este ponto de equilíbrio revelado pelo novo diploma satisfazia as principais exigências de Coimbra, as Câmaras de Miranda do Corvo e, sobretudo, da Lousã não se sentiam completamente contempladas. Era o problema dos meios tecnológicos alternativos em parte do percurso que lhes fazia temer a não realização do sistema de metro em toda a actual linha da Lousã e a questão do troço entre a Lousã e Serpins.

Reflexo desta contestação, aproveitada no quadro da oposição do partido socialista na Câmara Municipal de Coimbra, é a intervenção do Vereador Luís Vilar, realizada em 20 de Dezembro de 2004, que diz: *"...a administração central, através de um despacho de dois Secretários de Estado, e numa decisão unilateral, resolveu acabar com o troço Lousã/Serpins, o que equivale a 3% do custo da obra"*.

No início do ano de 2005 assiste-se ao reacender das intervenções do Sr. Vereador Luís Vilar sempre no sentido de questionar a bondade da opção seguida e na interrogação sobre os meios de financiamento.

Recorde-se que o Decreto-Lei n.º 226/2004 havia sido publicado a 6 de Dezembro.

4.14. O lançamento do Concurso Público Internacional (PPP)

O objectivo do CA da MM é, naturalmente, o lançamento do concurso público internacional.

Levantava-se um problema que decorria do conteúdo do n.º 4 da Base XIX. Nele se diz: *"A concessionária, antes de proceder ao lançamento dos concursos a que se referem as bases anteriores, deve diligenciar no sentido de serem celebrados protocolos com os municípios servidos pelo sistema objecto da concessão, definindo e disciplinando os compromissos assumidos por cada um deles e a respectiva partilha de responsabilidades".*

Compromissos assumidos por cada um deles e respectivas responsabilidades, note-se bem. Aparentemente era este o alcance dos já citados protocolos celebrados entre a MM e as Câmaras Municipais de Coimbra, em 28 de Junho de 2002, e da Lousã e de Miranda, em 8 de Junho de 2004.

Ora, em 26 de Janeiro de 2005, é elaborado um parecer dos representantes do Ministério das Finanças relativamente ao lançamento do concurso que merece a concordância do Secretário de Estado. Parecer que, aliás, era obrigatório nos termos do n.º 7 do artigo 8.º do D.L. 86/2003, de 26 de Abril.

Neste parecer, declara-se que *"... persistem algumas situações que não foi possível acautelar integralmente, pelo que se procurou, ao nível da documentação do concurso, mitigar os riscos daí decorrentes".*

Na decorrência deste raciocínio, o parecer refere ter tentado alargar o âmbito do exigido no n.º 7 atrás citado para obter *"... o imprescindível envolvimento das autarquias no sucesso do projecto, quer ao nível da sua aceitação integral, quer no que se refere às medidas de flexibilização, relativamente aos investimentos em integração urbana, de forma a que os mesmos não excedam o montante de 25,6 milhões de euros previsto no caderno de encargos".*

"Oportunamente manifestámos a nossa convicção de que a aprovação do concurso deveria ser precedida da assinatura de protocolos com as autarquias envolvidas, onde ficasse explicitada a aceitação, por parte destes, de todas as condicionantes do concurso".

Para concluir que *"Dado que tal não foi possível, foi contemplado no programa do concurso a obrigatoriedade de tal ocorrer no prazo de 90 dias após o lançamento do concurso. Se tal não se verificar, o concurso será suspenso por 15 dias. Mantendo-se o impasse, prevê-se a extinção do procedimento concursal, sem direito a qualquer indemnização para os participantes no concurso".*

Esta tentativa de alargamento do objecto dos protocolos que, recorde-se, deveriam apenas dizer respeito a compromissos e responsabilidades das autarquias, parecia inadequada.

Mas o facto é que, a conclusão é óbvia:

"...entendemos que estão reunidas as condições para que Sua Excelência o Sr. Ministro das Finanças e da Administração Pública assine o Despacho Conjunto previsto no n.º 9 do artigo 8.º do D.L. 86/2003 de 26 de Abril."

COMO NÃO DECIDIR UMA OBRA PÚBLICA

O que se afasta de quanto é afirmado a dado momento do n.º 3 do parecer e se transcreve:

"A opção por um projecto desta natureza decorre de uma decisão essencialmente política, dado que as receitas previstas não são susceptíveis de assegurar qualquer parcela de cobertura do investimento a realizar, sendo mesmo previsivelmente insuficientes para compensar os custos de operação do sistema. Deste modo o pagamento terá de ser integralmente assegurado pelo Estado, quer através de financiamento adicional a contrair pela MM, cujo serviço da dívida terá de ser assegurado pelo Estado, quer mediante o pagamento de disponibilidade, após o início da exploração à subconcessionária A. A este montante acrescerão os previsíveis pagamentos à subconcessionária B."

E mais.:

"No entanto, não foi possível obter qualquer evidência da previsão destes encargos em termos orçamentais, pelo que não está demonstrada a comportabilidade destes custos, em função da programação financeira plurianual do sector público administrativo."

Porém, *"De forma a estabelecer um tecto ao limite de responsabilidades pelo sector público foi contemplado no caderno de encargos um limite máximo de responsabilidades a assumir pelo Estado, fixando-as nos 400 milhões de euros, a preços constantes de Janeiro de 2006. Assim, as propostas que prevejam pagamentos superiores a este montante não serão objecto de avaliação."*

Ou seja, os representantes dão-se por satisfeitos com os limites impostos à decisão política.

A questão da necessidade dos protocolos – alargando o objecto que, deveria apenas dizer respeito aos compromissos e responsabilidades das autarquias, o que como referido, nos parecia inadequada – acaba por tornar-se, evidentemente, num problema impeditivo que as diversas posições políticas e interesses locais exploram e acabam por reflectir-se a nível autárquico.

Entretanto, a 17 de Fevereiro de 2005, e após um longo período iniciado com a constituição da Comissão de Acompanhamento da Exploração do sistema de MLS do Mondego (PPP) em 8 de Setembro de 2003 (Despacho Conjunto n.º 945/2003) e a publicação do Decreto-Lei n.º 226/2004, de 6 de Dezembro, é publicado no Jornal Oficial das Comunidades Europeias e no Diário da República o anúncio do concurso público internacional.

Perante a impossibilidade de levar o Metro até Serpins ou a economicidade de soluções alternativas para Miranda/Lousã, ambas as autarquias se colocaram numa posição de não subscrever o protocolo, embora com argumentos e condições diferentes.

Assim, enquanto que Miranda do Corvo coloca como condição geral a *"não admissibilidade de propostas que prevejam soluções tecnológicas diferentes no ramal da Lousã"* e especial *"não admitimos soluções que imponham transbordos obrigatórios em qualquer dos pontos do ramal"*, incita o Município da Lousã e o Governo a encontrar uma solução para o caso de Serpins-Lousã.

Por seu turno a Câmara da Lousã é mais formal. Como entende a exigência da assinatura do protocolo condição *sine qua non* para a validade do concurso, comunica a não concordância com as soluções (n.ºs 1 e 2 do art.º 56.º) e argui o efeito de extinção do procedimento.

Anuncia que *"impugnou judicialmente, ... as especificações técnicas constantes dos artigos 76.º do Caderno de Encargos e 17.º do Programa de Concurso"*.

Em 20 de Fevereiro de 2005 realizam-se as eleições para a Assembleia da República e o governo José Sócrates inicia funções a 12 de Março de 2005.

Em 1 de Março de 2005 foi instaurado, na Vara de Competência Mista de Coimbra, um procedimento cautelar visando a anulação do concurso público internacional, em que foi requerente o Município da Lousã e requerido a MM.

A CML faz saber, através do ofício de 15.03.2005, a sua posição de *"rejeição daquelas condições e pressupostos, nomeadamente, os elencados nos n.ºs 1 e 2 do supra referido artigo 56"* do Programa de Concurso Público Internacional do MLM, enquanto a CMMC, por ofício datado de 27.05.2005 vem informar as suas reservas, considerando que *"está disponível para assinar o protocolo desde que o Governo e a MM garantam a não admissibilidade de propostas que prevejam soluções tecnológicas diferentes no Ramal da Lousã. Entre Lousã e Coimbra B não admitimos soluções que imponham transbordos obrigatórios em qualquer dos pontos do ramal"*, manifestando-se, por outro lado *"solidária com o município de Coimbra nas soluções que considerem mais adequadas para Coimbra ... e com o município da Lousã [quanto ao troço Lousã-Serpins] aguardando que o Governo e a autarquia encontrem uma solução consensual"*.

5. DA ANULAÇÃO DO CONCURSO DE 2005 (PPP) AO ANÚNCIO DO SISTEMA DE MOBILIDADE DO MONDEGO

1.º Governo Sócrates – 12/3/2005-26/10/2009

5.1. A questão da anulação do Concurso

Em Abril de 2005, o Presidente da Câmara Municipal de Coimbra escreve em artigo publicado no Diário "As Beiras":

"Soube, pelos órgãos de informação que o Senhor Ministro das Obras Públicas tem intenção de anular o concurso do metro Mondego.

Entendo esse comportamento um erro aberrante.

Nunca, como agora, tivemos um concurso tão seriamente estruturado. Nunca, como agora, houve tanto trabalho sério feito.

Se o problema é o da ligação a Serpins, ou se o problema é do receio das alternativas tecnológicas a apresentar pelos concorrentes, há alterações juridicamente admissíveis que podem tornear essa dificuldade.

Agora, se o problema é impor, por razões políticas ou financeiras não confessadas, uma decisão a Coimbra, não contem comigo.

Coimbra é um elemento essencial a esta solução. Dela depende a sua viabilidade económica futura pelo equilíbrio entre percursos com grande potencial de procura, que no seu seio gera, e percursos de procura reduzida que se situam em áreas suburbanas ou com origem noutros concelhos.

...Digam que não há dinheiro. Expliquem que a electrificação da linha da Lousã é um mito e um verbo de encher. ...Se querem soluções radicais declarem o fim do projecto do Metro Mondego...".

E volta a ocupar-se deste tema em artigo escrito em Abril, no Diário de Coimbra. São importantes algumas afirmações:

"No seu início o projecto assentava apenas no investimento público. Tal signifi-cava 550[30] milhões de euros directamente do Estado.

A solução alternativa escolhida foi a integração no modelo das parcerias público--privadas, com a manutenção de uma ajuda da União Europeia. Neste sentido pas-sarão a ser 175 milhões de responsabilidade pública (estado + fundos), 175 milhões privados..."

E, perante o adquirido, sugere três caminhos:

– o de aproveitar o que se conseguiu e avançar,
– o de tentar encontrar compensações para o Município menos satis-feito com a solução encontrada,
– o de voltar tudo à estaca zero.

A controvérsia continua e a falta de decisão também.

A 30 de Maio, também no Diário de Coimbra, volta a escrever.

Diz que foi erradamente noticiado que o concurso fora anulado pelo Sr. Ministro.

A MM devia recolher a assinatura de concordância dos Municípios em relação às regras do concurso (art.º 56), e, no caso de não terem sido assi-nados os protocolos referidos, o prazo é suspenso pelo prazo de quinze dias (art.º 57).

Ora, o prazo de 90 dias para a assinatura dos protocolos contar-se-ia desde o dia 17 de Fevereiro de 2005, ou seja, até 2 de Junho. O governo entrara em funções em 12 de Março.

Estava suspensa a entrega de propostas pelos concorrentes.

Mas, argumenta que não existia nenhum obstáculo à prorrogação da suspensão desde que a vontade das partes seja acompanhada da vontade da tutela.

Logo, deveriam ser introduzidas as necessárias alterações às regras do concurso porque o seu núcleo essencial pareceria respeitado.

Mas, tendo dado conta da realização de uma audiência com a Senhora Secretária de Estado dos Transportes, procura transmitir as conclusões do encontro.

Começa por colocar cinco questões:

"Entende não poder corresponder ao financiamento adequado?

---

[30] Deve ser lido 55 milhões de contos, ou seja 275 milhões de euros.

Quer reduzir o montante do investimento?
Não crê legítimas as pretensões de Miranda do Corvo e Lousã?
Quer alterar o diploma fundador no qual se estabelecem as regras concursais?
Quer alterar pormenores significativos do projecto?"
E adianta o que lhe foi transmitido.
"...o governo manifesta discordâncias em relação ao prazo de concessão que é de nove anos. Entende-o exíguo. Isto implica a alteração do Decreto-Lei aprovado em 30 de Setembro de 2004.

O governo quer economizar no projecto. Concorda com a extensão até Serpins mas discorda da localização do Parque de Máquinas e da extensão do túnel em Celas.

Dá a entender que aceita dois tipos diferentes de transporte, um na zona suburbana e outro na zona urbana."
O que, no seu entender significa:
"...quer mudar uma localização desde sempre definida no projecto e contesta o prolongamento de um túnel que, no seu núcleo essencial sempre existiu como solução proposta.

Quer dois tipos de transporte, o que é contrário ao que deseja a Câmara de Miranda do Corvo.

Qualquer alteração destas condições equivale a dizer novos estudos e mais não sei quantos anos."
E adianta a sua posição:
"Como não conheço solução óptima para qualquer grande projecto desta natureza, como o projecto definitivo, no caso deste concurso, cabe aos concorrentes apresentá-lo, como está na mão da Comissão de apreciação escolhê-lo, parece-me óbvia a escolha do procedimento a seguir: prolongar a suspensão e corrigir os pontos de discórdia".
Entretanto, o Ministério das Obras Públicas publicou, em 2 de Junho de 2005 uma nota à comunicação social explicando a anulação do concurso público do Sistema de Metro Ligeiro de Superfície, em Coimbra, Miranda do Corvo e Lousã.

Ao contrário do defendido em parecer obtido pela Metro Mondego, entende que se não pode suspender o concurso e negociar alterações.

Mas, a verdade é que a sua argumentação é sobretudo política quando atribui ao anterior governo a estranha intenção de lançar o concurso para que este não fosse levado a efeito e de exigir a obrigação das autarquias celebrarem os protocolos em 90 dias. Ora, o que se prova é que as autarquias eram livres de assinar ou não.

COMO NÃO DECIDIR UMA OBRA PÚBLICA

A discordância das autarquias de Lousã e Miranda do Corvo não dependia directamente do concurso, uma vez que o decreto lei n.º 226/2004, de 6 de Dezembro, dizia claramente: "... *2 – Revelando-se económica e socialmente mais vantajoso, a concessionária, em parte do troço denominado por ramal da Lousã, entre Coimbra-B e Serpins, pode optar por soluções tecnológicas alternativas àquela que for escolhida para o restante sistema, assegurando o aproveitamento racional do canal ferroviário existente*".

Ora, o Governo deixou ir até ao fim o prazo de 90 dias previsto. Pode perguntar-se porquê.

A razão substancial vem a seguir.

O Governo quer outra solução.

"Assim, a partir de hoje, serão analisadas duas alternativas:

– melhoria da qualidade do serviço ferroviário no ramal da Lousã e da coordenação com outros meios de transporte;

– reformulação do actual modelo de metropolitano ligeiro, corrigindo as deficiências no modelo de oferta, minimizando os custos totais do projecto e reponderando o modelo de concessão.

A decisão final sobre o modelo a adoptar e respectivo procedimento concursal será tomada no prazo de três meses."

O que, analisado à luz do que sucede em 2010 e 2011 não deixa de ser particularmente significativo. A nota, recorde-se, é de 2 de Junho de 2005.

Para a actividade de abertura do espaço canal recordamos o recurso a uma candidatura a Fundos Comunitários, como sublinhado no ponto anterior. Esta candidatura, embora apresentada, não chegou a ter seguimento, nem foi remetida pelo Governo Português (já no 1.º Governo Sócrates) a Bruxelas, o que como grande projecto se tornava obrigatório.

Por isso foi necessário recorrer, em 2005, a um empréstimo bancário, no montante de 3,5 milhões de euros, para se proceder, entre outras finalidades, ao financiamento necessário para as expropriações e aquisição de parcelas necessárias. Empréstimo que veio a ser reformulado e ampliado, em 2008, para 5,5 milhões de euros.

Ainda em Maio de 2005 começam os trabalhos de desconstrução na Baixa de Coimbra.

O Presidente da Câmara de Coimbra publica um novo artigo a 6 de Junho de 2005, no *Diário de Coimbra*, intitulado "Matar um projecto".

Insiste na sua argumentação pela qual se deveria optar por corrigir o concurso ou mantê-lo, embora o governo persista na alteração de elementos essenciais do projecto.

DA ANULAÇÃO DO CONCURSO DE 2005 AO ANÚNCIO DO SISTEMA DE MOBILIDADE DO MONDEGO

Argumenta que ao tempo do Governo de António Guterres o que não chegou a ser consensualizado foi um simulacro de parceria público-privada que conduzia ao investimento, apenas a cargo do Estado, de 200 milhões de euros (preços de 2002) e que o presente concurso limitava o investimento directo estatal a 150 milhões de euros.

E cita um estudo do Prof. Nunes da Silva (2002) corroborando dois estudos anteriores da Ferbritas e SYSTRA/TIS/COBA que defendia a utilização do mesmo material circulante em todos os percursos porque o contrário era anti-económico ao exigir dois sistemas e dois parques de máquinas.

E insiste que rever o circuito urbano era introduzir nova confusão em relação a um ponto que tinha sido estabilizado ainda no tempo do anterior conselho de administração.

Pelo que conclui que a opção do governo se traduz em matar o projecto.

Este mesmo conjunto de posições é apresentado na reunião da Câmara que no mesmo dia se realizou, com a novidade de ali serem apresentados dois pareceres, um sobre a suspensão do procedimento e eventuais alterações na regulamentação do concurso público internacional do sistema de transporte do metro Mondego e outro sobre as alternativas de reabilitação do Ramal da Lousã.

Depois desta reunião, só por duas vezes o assunto MM é trazido como tema.

Uma é para designar o Sr. Vereador João Rebelo como representante da Câmara na Assembleia Geral e como responsável pelo acompanhamento do projecto e outra para tomar conhecimento da comunicação da aprovação do estudo de impacte ambiental da área de Celas.

5.2. O silêncio do Governo e a deliberação da CMC

Na reunião de 23 de Janeiro de 2006, mantendo-se o silêncio do governo, o Vereador João Rebelo deu conta da intervenção por si feita na anterior Assembleia Geral da MM e apresentou uma proposta que, pelo seu conteúdo e relevância, entendemos dever transcrever:

"1. Estão passados mais de treze anos desde que foram dados os primeiros passos com vista à realização do projecto do Metro Mondego/Metro Ligeiro de Superfície (MM/MLS) com a apresentação (Out. 1992) do "Estudo Preliminar relativo à integração do "light-rail" no Ramal da Lousã" e cerca de doze anos desde a criação da Sociedade Concessionária, em exclusivo e em regime de serviço público de exploração, de um sistema de metropolitano ligeiro de superfície nos municípios de Coimbra, Lousã e Miranda do Corvo.

COMO NÃO DECIDIR UMA OBRA PÚBLICA

Após a realização de muitos e variados estudos e de sucessivas decisões, é tempo mais que suficiente para que o projecto passe à fase de execução.
Recordemos algumas das datas principais:

- *Outubro.1992 – Apresentação do Estudo Preliminar relativo à integração do "light-rail" no Ramal da Lousã;*
- *Março.1997 – Estudo Preliminar do MLS;*
- *Julho.2001 – Ante-Projecto;*
- *Janeiro e Fevereiro, 2002 – Análise dos Estudos de Traçado e Apresentação dos Estudos Inserção/Limites de Intervenção;*
- *18.Março, 2002 – Deliberação da Câmara Municipal de Coimbra dando a sua posição favorável e solicitando que no desenvolvimento do projecto sejam apresentados estudos mais detalhados e pormenorizados relativos à integração urbana e tratamento de espaços, circulação e estacionamento e de avaliação de impactes;*
- *Abril.2002 – Estudos de circulação e integração urbana (1.ª versão em forma de Estudo Preliminar);*
- *29.Junho, 2002 – Protocolo CMC/Metro Mondego visando, nomeadamente: salvaguarda da integração e requalificação urbana tendo em vista a importância do meio urbano, onde se está a intervir, e seu património edificado; constituição de grupo de trabalho para acompanhamento dos estudos de integração urbanística, circulação, estacionamento e impacte ambiental.*
- *Entre Setembro.2002 até Março.2003, no âmbito do Grupo de Trabalho CMC/Metro, foram realizadas 7 reuniões, em processo de colaboração e acompanhamento aos estudos desenvolvidos e entregues pelo Metro:*

  - *Outubro.2002 – Prolongamento do Metro para Norte (entregue à CMC em 17.10.02.);*
  - *Outubro.2002 – Redefinição dos limites de intervenção (espaços a tratar pela subconcessionária);*
  - *Novembro.2002 – Estudo de Exploração (entregue à CMC em 26.11.02);*
  - *Novembro.2002 – Expropriações: levantamento sócio-económico e avaliação dos imóveis envolvidos na abertura da Via Central;*
  - *Novembro.2002 – Soluções alternativas para a localização da paragem "Câmara" (entregue à CMC em 26.11.2002);*
  - *Dezembro.2002 – estudo de integração entre a Fábrica Triunfo e paragem Parque, incluindo a Av. Emídio Navarro (entregue à CMC em 19.12.2002);*

– *Dezembro.2002 – Estudo preliminar do atravessamento do MLM na Baixa de Coimbra; localização da paragem "Câmara";*
– *Janeiro.2003 – Compatibilização do eixo urbano do Metro com os sistemas rodoviário e pedonal (entregue à CMC em 09.01.03);*

• *Entre Março e Maio de 2003 – Entrega de um conjunto complementar de documentos:*

– *revisão dos estudos de integração urbana (peças desenhadas definidoras do traçado, Memória Descritiva e Orçamento) que define o desenho urbano a adoptar, sem prejuízo de acertos em fase de projecto, por força da necessária articulação com outros estudos em curso;*
– *estudos dos atravessamentos pedonais e rodoviários do ramal da Lousã;*
– *pressupostos de procura e impacte da rede do MLM nos transportes urbanos, com actualização dos pressupostos e identificação dos novos mercados potenciais. A necessária reestruturação poderá definir apoios a concretizar nas novas escalas de produção a adoptar. Isso poderá corresponder à necessidade de reafectar recursos, passando pela absorção dos mesmos pela Metro Mondego, sem prejuízo da formação e actualização profissionais;*

• *Abril.2002 – Homologação pelo Instituto Nacional do Transporte Ferroviário do Auto de entrega à MM dos bens do domínio público ferroviário, até aí sob gestão da Rede Ferroviária Nacional, a serem afectos ao sistema de Metropolitano Ligeiro de Superfície;*
• *24.Fevereiro.2003/10.Março.2003/02.Junho.2003 – Análise e Deliberação da CMC emitindo parecer favorável considerando estarem reunidas as condições para o desenvolvimento do concurso para implantação do MLS;*
• *Abril.2004 – Aprovação do Estudo de Impacte Ambiental;*
• *Desde Maio de 2004 até Setembro de 2004:*

– *preparação das Novas Bases de Concessão do Metro Ligeiro do Mondego;*
– *reformulação de todos os documentos concursais (caderno de encargos e programa de concursos) bem como dos documentos base de definição do projecto.*

• *30.Setembro.2004 – Aprovação das Bases de Concessão da Exploração do Metro Ligeiro de Superfície (alteração ao Decreto Lei n.º 10/2002 de 24 de Janeiro) e publicado no dia 6 de Dezembro (Decreto Lei n.º 226/2004);*

COMO NÃO DECIDIR UMA OBRA PÚBLICA

- *22.Fevereiro.2005 – Publicação do Concurso Público Internacional para a Concessão e Exploração do MLS (investimento total previsto de 247 milhões de euros);*
- *05.Junho.2005 – Anulação do Concurso por ultrapassagem do prazo de 90+15 dias sem que tenham sido assinados os protocolos com todos os municípios e sem que o Governo tenha optado pela suspensão e introdução das alterações previstas para os municípios (parecer jurídico de 22.05.2005).*

2. *O arrastamento do processo tem tido como consequências principais:*

- *O acentuar da degradação das edificações ao longo do espaço canal (e zona envolvente) na Baixa de Coimbra, pelo facto de não ter havido investimento na conservação/reabilitação do edificado, o que é compreensível pelo desenvolvimento do projecto;*
- *O agravamento progressivo das condições de mobilidade na área de Coimbra, que viu aumentar de 18.177 (1991) para 43.500 pessoas/dia (2001) os números relativos aos movimentos pendulares (entrada) entre os municípios limítrofes e Coimbra;*
- *A não rentabilização do investimento já efectuado pela MM ao longo destes 12 anos, que atinge 11,5 milhões de euros (dos quais 3,77 milhões correspondem a imobilizações/expropriações e 4,24 milhões em Estudos e Projectos);*
- *Continuação dos encargos com o défice de exploração do Ramal da Lousã que corresponde a mais de 50 milhões de euros ao longo destes 12 anos;*
- *O retardamento dos processo de qualificação urbana associados (que se têm mantido suspensos) e, em particular, a intervenção entre Coimbra B e a Estação Nova, essencial, ainda, para a construção da nova Estação;*
- *A perda e não aproveitamento das verbas (FEDER) previstas no QCA (PO Centro) no valor de 55 milhões de euros.*

3. *O signatário teve a oportunidade de chamar a atenção para estes factos no decurso da Assembleia Geral da MM do passado dia 18 de Janeiro, nos seguintes termos:*

- *O Município de Coimbra está vinculado a este projecto, o qual foi discutido e aprovado pela Câmara, e manifesta o seu empenhamento total para que o projecto do Metro Ligeiro de Superfície se concretize rapidamente;*
- *Já passaram mais de treze anos desde que foram dados os primeiros passos com vista à realização deste projecto e cerca de doze desde a criação da Sociedade*

Concessionária. É tempo mais que suficiente para que o projecto passe à fase de execução. Tudo fará o Município de Coimbra para que o projecto se realize, e avance na criação de um sistema de Eléctrico Rápido, abrangendo os três Municípios. O Município de Coimbra não concorda com o desenvolvimento de outro projecto, que não seja o Metro Ligeiro de Superfície;

- *O projecto Metro Ligeiro de Superfície constitui-se como um factor de mobilidade não só para estes três concelhos, bem como, no futuro, para toda a Área Metropolitana. Está articulado com outros projectos de mobilidade e renovação urbana e deve sublinhar-se que, por isso, é também um projecto de requalificação urbana.*

É extremamente difícil entender e explicar todos os atrasos e indefinições e o porquê do projecto não avançar. Existe um agravamento progressivo das condições de mobilidade devido ao atraso do projecto.

Assim, e resumindo, deverá anotar-se que:

- *O Município de Coimbra entende o Metro Ligeiro de Superfície como um projecto com espírito de modernidade e essencial à mobilidade de Coimbra e renovação urbana. O projecto surgiu com a configuração de Metro Ligeiro porque se concluiu que o atravessamento da cidade pelos comboios era inaceitável;*

- *O Município de Coimbra considera que é importante que o accionista Estado dê, num intervalo de tempo igual – 20 dias – resposta aos assuntos que se tinha comprometido dar até Setembro de 2005. Se foi dado à Administração do Metro Mondego, S.A. um prazo de 20 dias para reformulação do orçamento, também é exigível que o accionista Estado dê resposta à reformulação do projecto no mesmo tempo.*

- *A solicitação da C.M. Lousã tive a oportunidade de esclarecer que os limites não foram questionados ou discutidos pela Câmara de Coimbra. Deve ser o Accionista Estado a clarificar essa posição, considerando que entende que o projecto deve ser o mais amplo possível. O Município de Coimbra nunca propôs nenhum corte ao limite previsto nem propôs acrescentar nesta fase nenhum outro troço de trajecto urbano, mesmo dos que verificam grandes movimentos pendulares (como a Pedrulha e a Margem Esquerda), afirmando que o denominador comum são as bases de concessão, onde é afirmado que o trajecto é entre Coimbra e Serpins).*

- *O Senhor Presidente da Mesa da Assembleia Geral e da Câmara Municipal de Coimbra informou, ainda, que desenvolveu todos os esforços para que o Metro Ligeiro de Superfície tivesse toda a extensão que estava definido no projecto inicial. Após verificar que não podia passar essa ideia junto da Parpública, informou o Sr. Presidente da Câmara Municipal da Lousã sobre esse facto. Dada a importância que o projecto do Metro Ligeiro de Superfície tem para a cidade e para a região, não podia deixar de abraçar este projecto.*
- *Na sequência do proposto foi, por unanimidade dos três municípios, declarada para a acta [Assembleia Geral] a seguinte posição:*

  – Os Municípios de Coimbra, Lousã e Miranda do Corvo, solicitam ao Accionista Estado, para que num prazo não superior a vinte dias, dê uma resposta sobre a reformulação e solução definitiva para o projecto do Metro Ligeiro de Superfície, de acordo com os limites das bases de concessão Serpins – Coimbra.

4. Assim, considero que a Câmara Municipal de Coimbra se deve pronunciar pela manutenção do modelo do projecto do MLS/Eléctrico Rápido, que em todo o percurso urbano se reveste de inquestionável significado e importância para a mobilidade em Coimbra e de requalificação urbana, ou seja, a solução tecnológica deve ser a mesma em todo o percurso urbano, dada a forma como a cidade se foi preparando nos últimos doze anos para a introdução dessa solução de transporte."

Convém salientar dois pontos: a informação dada à Câmara de que em Assembleia Geral e por unanimidade dos três municípios tinha sido fixado um prazo de vinte dias, ao accionista Estado, para dar uma resposta; a proposta constante do n.º 4 que defende a manutenção do eléctrico rápido em todo o percurso urbano.

A proposta acabou por ser aprovada por maioria, tendo votado contra os vereadores que representavam o Partido Socialista.

Os seus argumentos assentavam na condenação do desafio ao governo, medida que, assinale-se, tinha sido aprovada por unanimidade das três Câmaras Municipais em Assembleia Geral, e na consideração dos pontos de vista dos outros municípios que podiam conflituar com a solução apresentada.

Na resposta do Presidente ressalta a consideração de que o governo tinha prometido, na sua nota de Junho de 2005, uma resposta para Setembro desse ano e não a ter cumprido, estando naquela data – 23 de Janeiro de 2006 – passados mais de sete meses.

6. O SISTEMA DE MOBILIDADE DO MONDEGO

6.1. O anúncio

Finalmente, a 7 de Março de 2006, desloca-se a Coimbra a Senhora Secretária de Estado dos Transportes para anunciar aquilo que designou como o Sistema de Mobilidade do Mondego (SMM)[31]. Em anexo apresenta-se o desdobrável então distribuído descrevendo as características principais do sistema, no momento considerados.

A aposta parece ser a do *tram-train*. O que isto significa pode ser mais difícil de entender.

O projecto do eléctrico rápido é substituído por um conceito de interoperabilidade e marcam-se muito significativamente as duas fases da intervenção.

Na primeira, a intenção é a da modernização do ramal da Lousã, entre Serpins e Coimbra-Parque. Tal inclui:

- a instalação da bitola europeia entre Parque/Serpins;
- instalação do sistema de sinalização que garanta, no futuro, o comando e controle comum ao sistema do *tram-train*;
- Intervenções e reforços estruturais em taludes e túneis;
- Racionalização e melhoria das condições de atravessamento de nível com eliminação das passagens de nível;

---

[31] Diz o Tribunal de Contas no seu relatório de auditoria: *"... a então SET decidiu, tendo informado em Março que passariam a ser a REFER e a CP quem, em substituição da MM, iria dar execução à 1.ª fase do projecto (construção e operação da linha da Lousã) passando esta empresa a coordenadora da mesma. Tratou-se de uma decisão administrativa e unilateral do Estado, já que não foi tomada em, Assembleia Geral...".*

- Modernização e uniformização das paragens;
- Remodelação de interfaces – Ceira, Miranda do Corvo e Lousã;
- Adaptação do material circulante (UDD450) para bitola europeia;
- Reactivação das valências mínimas de manutenção em Serpins.

Na segunda, será construída a restante rede – Linha da Lousã até Coimbra B e Linha do Hospital e colocado em serviço o sistema de *tram-train*.

A primeira etapa iniciar-se-ia no primeiro semestre de 2006 e concluir-se-ia no primeiro semestre de 2009.

A segunda etapa iniciar-se-ia no primeiro semestre de 2007 e concluir-se-ia no primeiro semestre de 2010.

Os dados fornecidos sobre a solução tecnológica oferecem um ponto muito importante. A tracção pode ser eléctrica ou diesel e no caso de ser eléctrica os valores são de 750 VDC-25KV.

Ou seja, o modelo oferecia uma nítida *décalage* entre suburbano e urbano, exigiria dois PMO ou um PMO com duas valências e na versão mais clara significava utilizar as automotoras em serviço na linha da Lousã e adaptá-las à bitola europeia.

Como se verá, esta ideia apresentada foi substancialmente modificada ao longo do tempo subsequente.

Significou um tempo de paragem e uma tentativa de recolocar o problema voltando a discutir muito do já discutido.

Nada mais conveniente para o Governo que se mostrava empenhado em tentar reduzir o défice público.

Com o CA retomam-se as questões técnicas, as alterações ao traçado e os modelos concursais.

Entretanto, a Câmara Municipal de Coimbra na sequência do despacho e deliberação de 20 de Novembro de 2006 declara, no âmbito das suas competências em sede de protecção civil, a situação de estado de alerta – Lei n.º 27/2006, de 3 de Junho – *"por força do estado de degradação dos prédios ... após vistoria"*... e considerando ser *"fundamental adoptar medidas especiais para prevenir riscos"*. Esta situação de estado de alerta centra-se *"no princípio de prevenção"* e *"justifica-se face à eminência da ocorrência de acidente grave"*.

Tratava-se da intervenção de desconstrução em curso na Baixa de Coimbra, crítica pelo estado em que se encontravam grande parte dos edifícios.

Mas só em 12 de Abril de 2007, ou seja mais de um ano depois da apresentação do SMM, entra em funções o novo Conselho de Administração da Metro Mondego, presidido pelo Professor Álvaro Maia Seco.

6.2. O estudo de viabilidade para a reformulação do traçado do Ramal da Lousã

A 30 de Julho de 2007 é presente à Câmara um estudo de viabilidade para a reformulação do traçado do Ramal da Lousã, entretanto enviado pela Metro Mondego.

O Vice-Presidente João Rebelo apresentou o estudo recebido e, concordando na generalidade com o proposto, chamou a atenção para problemas resultantes do atravessamento da zona da Solum e da Praça 25 de Abril que poderiam levar a aumento dos custos com a integração funcional e urbanística e consequente renegociação desta matéria com o governo.

O Presidente, depois da intervenção dos vereadores Vítor Baptista e Gouveia Monteiro, ambos de acordo com a nova solução, colocou algumas objecções.

Concretamente, disse *"...ter cada vez mais receio que este projecto seja executável lá para o ano 2050"*.

Baseava-se nas alterações ao percurso que colocariam problemas de demora na aprovação dos estudos e empurrariam para mais tarde a execução.

E lança para cima da mesa um elemento que não deixa de ser curioso: *"...reportou-se a uma entrevista que o Senhor Presidente do Conselho de Administração do Metro Mondego deu à comunicação social em que aquele afirmava não fazer qualquer sentido, do ponto de vista económico, fazer a ligação Serpins – Lousã e que essa seria verdadeiramente uma ruína para o projecto e que só por uma opção política essa ligação se justifica"*.

E acrescentou: *"Imaginem o que era o Metro fazer o mesmo entre a Lousã e Serpins; sair do seu leito normal e passar nas localidades onde vivem as pessoas. O raciocínio é o mesmo, o corredor do Metro corre fora das populações servidas por ele."*

Colocou, ainda, a preocupação das consequências da nova localização do PMO em relação à futura expansão a norte.

E disse ter colocado uma questão fundamental à Administração do Metro que advinha da necessidade de ser efectuado novo estudo de impacte ambiental que deveria ser levado a efeito sem prejuízo do lançamento do novo concurso. Logo, as alterações deviam ser pensadas em alternativa ao actual percurso, sem o condenar de imediato.

Concordando com as questões levantadas em relação à requalificação urbana, aproveita para lembrar que *"Dantes, mal ou bem, tínhamos uma dimensão económica do projecto, mal ou bem, tínhamos fonte de financiamento assegurada. Nesta altura já se perdeu qualquer dimensão económica do projecto e não temos nenhuma fonte de financiamento assegurada".*

Tendo os Vereadores do Partido Socialista manifestado interesse em ouvir o Presidente do Conselho de Administração da MM, o Presidente concordou com essa ideia.

Acrescentou, contudo, outras dúvidas que por ele não poderiam certamente deixar de ser respondidas:

"...qual é o financiamento previsto para o projecto? É somente QREN ou também Orçamento de Estado? O financiamento do QREN é bebido nos PO regionais ou no nacional?"

Foi aprovada uma proposta do Presidente no sentido de receber o Prof. Álvaro Seco, em sessão extraordinária, no dia 13 de Agosto.

O Prof. Álvaro Seco, nessa reunião, deu conta dos principais aspectos a reter do projecto global que se subdividiria em vários troços:

- a linha da Lousã, que abrange as ligações suburbana (Serpins-Ceira) e urbana (Ceira-Coimbra B);
- a linha do Hospital, que promove a ligação entre Arnado-HUC/Pediátrico;
- as possíveis expansões urbanas futuras, em estudo: Coimbra B-Adémia/Santa Apolónia; Solum-Olivais-HUC; Carvalhosas-Pólo II--Solum; Pediátrico-Vale Meão-Casa do Sal; e Arnado-Sta. Clara--Condeixa;
- as conexões urbanas regionais: Linha do Norte – Aveiro-Pombal; Região da Figueira da Foz – Alfarelos-Figueira da Foz; Linha da Beira Alta – Pampilhosa-Santa Comba Dão; Região de Cantanhede – Pampilhosa-Cantanhede.

As intervenções abrangem, ainda, os interfaces de Ceira, Miranda do Corvo e Lousã, a mudança de bitola e a adaptação do material circulante.

Informou, ainda, que as intervenções seriam feitas faseadamente de modo a que o *tram-train* estivesse a funcionar em Maio de 2010.

O serviço urbano será prolongado até Ceira, haverá duplicação da linha a partir da Conraria e uma nova estação no Alto de S. João.

Ceira foi o local seleccionado para o PMO porque o anterior local deveria ser reservado para a nova estação do TGV.

A linha do Hospital seria prolongada até ao Hospital Pediátrico sendo construído um túnel na zona de Celas.

As alterações ao traçado implicariam, segundo o Prof. Álvaro Seco, um custo acrescido de 6 milhões de euros.

Uma vez que o governo ainda se não tinha pronunciado sobre a aceitação dessas alterações, o Presidente da Câmara questionou qual a receptividade do governo e insistiu em que se a demora adicional se situasse num horizonte de três meses nada teria a opor à aprovação das propostas.

O Vereador Vítor Baptista perguntou se o governo já se tinha pronunciado sobre as alterações ao material circulante que representariam um encargo de 50 milhões de euros e da estação de Celas que orçará em 30 milhões de euros.

O Prof. Álvaro Seco, em resposta, diz:

- dentro de um, mês e meio, terá o estudo apresentado à Secretaria de Estado e conseguirá o financiamento:
- caso contrário, será retomada a solução existente;
- a intervenção directa financeira do MM é muito pequena, sendo a CP responsável pelos investimentos no interface e a REFER pelos investimentos na infra-estrutura;
- a intervenção será feita por empreitadas separadas.

O Vereador Gouveia Monteiro questionou, em relação ao material circulante, as dimensões, soluções de energia e capacidade.

O Prof. Álvaro Seco esclareceu que os veículos serão de bi-tracção, de cerca de 37 ou 28 metros e em tudo semelhantes aos do metro do Porto. Serão os mesmos, caso se opte por efectuar a aquisição num mesmo concurso.

No final de discussão o Presidente da Câmara propõe que num documento escrito se reúnam os elementos essenciais para aprovação da Câmara.

É aceite esta sugestão.

Na reunião de 27 de Agosto de 2007 é votada e aprovada por unanimidade a seguinte deliberação:

"Emitir parecer favorável às propostas técnicas de alteração do traçado da linha do MM, no troço compreendido entre Coimbra-B e Vendas de Ceira, face ao proposto

por esta empresa, de acordo com os pareceres dos serviços e, ainda, tendo presentes os seguintes pressupostos, que deverão ser precisados no âmbito do desenvolvimento do projecto de execução:

– a electrificação do referido troço, já na primeira fase;
– no desenvolvimento do projecto, a adopção de adequadas soluções de integração urbana nas zonas cujo traçado se altera e que, passando a servir áreas mais urbanas, devem contribuir para a sua qualificação e valorização (designadamente: Praça 25 de Abril, Rua D. João III, Rua Humberto Delgado, Av. Elísio de Moura; Av. Fernando Namora e Av. Fernão de Magalhães) cuja responsabilidade cabe à MM, nos termos do projecto acordado desde o início;
– acordo entre a MM e os promotores que na Casa Branca vêm a solução urbanística anteriormente aprovada pela CMC ser alterada (a CMC continuará a colaborar com a MM na definição dos consensos e no desenvolvimento das necessárias alterações aos projectos aprovados, tendo em conta a melhor solução para a cidade);
– a cedência ao município da área liberta (não utilizada) da actual linha, a título gratuito, tendo presente, ainda, o protocolo entre a CMC e a MM em 28/6/2002;
– a possibilidade de proceder às alterações de circulação viária nos termos previstos nos estudos agora propostos pela MM, nomeadamente com a possibilidade de circulação na via rodoviária paralela à linha do MM, entre o Arnado e a Praça 8 de Maio/Rua da Sofia".

6.3. A clarificação das linhas urbanas (traçado e prazos de execução)

Ora, a verdade é que não foi possível cumprir o prazo limite previsto pelo Presidente do CA da MM e arrastou-se no tempo a concretização do projecto. Por esta mesma razão e pelas interrogações que se mantinham quanto ao lançamento da obra do traçado urbano, o Presidente da Câmara Municipal de Coimbra escreve, em 12 de Março de 2008, ao PCA da MM nos seguintes termos:

"Para deixar suficientemente clara a minha posição e não permitir que caiam no esquecimento obrigações assumidas em anteriores reuniões da Câmara Municipal, entendi dever escrever esta carta a V.ª Ex.ª.

E é exactamente pela reunião camarária de 13/7/2007 que devo começar.

Nessa reunião, o Senhor Presidente afirmou que "até final de Setembro, e não até final do ano, deverá ficar definido o canal que se irá utilizar".

O SISTEMA DE MOBILIDADE DO MONDEGO

Logo, e na sequência dessa afirmação, insistiu:

"Se daqui a cerca de um mês e meio, conseguir apresentar em Lisboa um projecto aprovado, com custos aceitáveis e com um valor acrescentado provado, conseguirá arranjar o financiamento necessário. Se assim não for, resta a solução inicial, sendo que o único custo será a MM e a Câmara Municipal terem dispendido algum esforço e trabalho que não virá a ser reconhecido.

Mas, em termos temporais nada se perderá uma vez que se retoma a situação existente, com as estações na zona da Casa Branca e de S. José."

Ora, desde 13 de Agosto de 2007 até hoje, já passaram mais de seis meses e estamos longe de assumir uma solução que consiga reunir a confiança necessária para ser aprovada em termos finais.

Qualquer situação neste domínio deve ser considerada um "mix" de solução técnica e de solução política. É uma regra a seguir em qualquer administração. Nem sempre, como o projecto do MM tem demonstrado abundantemente, as melhores e mais convenientes soluções técnicas são as soluções aprovadas.

Muito menos a consideração de caber ao Metro aproximar-se dos utentes potenciais. Em vários momentos do seu percurso parece, definitivamente, fugir deles.

Não pode, portanto, o Senhor Presidente presumir apenas o carácter e a exigência técnica do projecto. Essa está definitivamente abalada no seu equilíbrio.

Estranho mesmo muito, em função do que afirmou, e vem citado na página anterior, que V.ª Ex.ª venha comentar declarações à LUSA que lhe são imputadas: "admite abandonar o projecto, caso o traçado final não contemple uma boa solução urbana na cidade de Coimbra".

Por outro lado, na deliberação camarária de 27/8/2007, aprovada por unanimidade, ficou claríssimo o seu alcance e o seu condicionamento.

Diz ela: *"emitir parecer favorável às propostas técnicas de alteração do traçado da linha do MM no troço compreendido entre Coimbra B e Vendas de Ceira, face ao proposto por esta empresa, com o parecer dos serviços e, ainda, tendo presentes os seguintes pressupostos, que deverão ser precisados no âmbito do desenvolvimento do projecto de execução:*

– a electrificação do referido troço , já na primeira fase..."

Aliás, esta exigência vem plasmada em intervenção produzida na supracitada reunião pelo Sr. Vice-Presidente João Rebelo.

Sobre isto, dizia o Eng. João Rebelo: "um segundo aspecto tem a ver com a extensão a Coimbra B, que, no seu entender, é uma opção que a Câmara Municipal apoia e considera fundamental".

Tal questão essencial acabou vertida na primeira das condições colocadas.

Porquê esta insistência? Será fácil perceber.

A proposta inicial da Senhora Secretária de Estado era, de todo, irrazoável.

Far-se-ia uma intervenção na linha da Lousã para lá colocar as mesmas composições.

Depois foi necessário insistir-se na electrificação de toda a linha contra a ideia ainda defendida de prever duas motorizações para as composições: diesel/eléctrica, eléctrica.

Defende o Senhor Presidente do Conselho de Administração do MM a solução eléctrica.

Será admissível que, nesta base, a electrificação da linha pare no Parque? Só há metro (conceito eléctrico rápido) até aí?

É isto que a Câmara de Coimbra insiste em evitar.

Pronunciei-me nesse sentido em várias ocasiões e tenho feito corresponder essa posição a uma exigência clara.

A primeira fase deve abranger toda a linha existente.

Coimbra já fica particularmente penalizada pela sequência das intervenções; primeiro na linha da Lousã, depois na linha urbana até ao Hospital. É mesmo o resultado de uma inversão economicamente difícil de explicar.

Começa-se pelo percurso menos rentável e segue-se pelo percurso mais atractivo.

Antes da reunião de 10/3/2008 tive a preocupação de endereçar ao Senhor Presidente do MM vários pedidos de esclarecimento. De entre estes, realço a interrogação: "Irá a primeira fase prever a electrificação em toda aquela extensão (Serpins a Coimbra B)?"

A esta pergunta, respondeu o Senhor Presidente do Conselho de Administração.

"Como tem vindo a ser referido em várias ocasiões tem vindo a ser equacionado a viabilidade da integração do troço Parque – Coimbra B na 1.ª etapa do SMM. Tal possibilidade ainda não pôde ser confirmada mas é considerada desejável se possível".

Não chega.

O Senhor Presidente do Conselho de Administração ainda não provou, com um compromisso claro do governo, por escrito assumido, que este aceita as alterações do traçado sugeridas pela MM nem que aceita a electrificação de toda a linha Serpins--Coimbra B na primeira fase.

É por isso mesmo que a Câmara entende não estarem cumpridas as suas condições.

Se alguma dúvida permaneceu no espírito de V.ª Ex.ª depois da última reunião, espero que com esta carta fique definitivamente esclarecida.

Quero, todavia, reafirmar que em nenhum momento coloco em causa a capacidade técnica de V.ª Ex.ª nem a sua boa vontade. Só que, nem uma nem outra são, infelizmente, suficientes para conseguirmos avançar nestas condições.

Muito concretamente, entendo muito difícil conquistar a confiança das pessoas que consideravam estabilizada uma outra solução e insisto no compromisso escrito por parte do governo."

Na sequência da carta anterior, é recebida uma outra missiva da Secretária de Estado dos Transportes remetida ao Presidente da Câmara Municipal de Coimbra, datada de 26 de Março de 2008:

"Em vésperas da realização da próxima Assembleia Geral da MM, e face às notícias que têm vindo a ser publicadas em diversos órgãos de comunicação social, dirijo-me a V.ª Ex.ª para reafirmar o compromisso do governo em concretizar a modernização do ramal da Lousã, correspondente à primeira etapa do Sistema de Mobilidade do Mondego.

Como certamente é do conhecimento de V.ª Ex.ª tem sido com este objectivo que nos últimos meses temos vindo a trabalhar em conjunto com os três Municípios envolvidos.

Neste sentido, o projecto está a ser desenvolvido de forma a garantir que todo o ramal entre Serpins e Coimbra B tenha a mesma solução tecnológica, isto é material circulante de tipologia "tram-train", electrificação ao longo de todo o percurso e incorporação das opções que garantam a maior sustentabilidade possível ao sistema.

Dentro desta lógica, após ter obtido em Agosto p.p. parecer de princípio favorável de todo o executivo da Câmara Municipal de Coimbra, a empresa foi autorizada a avançar com os estudos necessários à concretização das denominadas variantes Solum e Avenida Fernão de Magalhães.

Aproveito ainda esta oportunidade para informar V.ª Ex.ª que, após terem começado em Janeiro deste ano, as obras dos três interfaces previstas para o Ramal – Lousã, Miranda do Corvo e Ceira – actual programação de trabalhos prevê que a modernização da via se desenvolva em três empreitadas, cujos lançamentos dos concursos obedecem à seguinte calendarização:

1. *Troço Serpins-Miranda do Corvo: Julho 2008;*
2. *Troço Miranda do Corvo-Alto de S. João: Setembro de 2008;*
3. *Troço Alto de S. João-Coimbra Parque: Outubro de 2008.*

O troço Coimbra Parque-Coimbra B encontra-se ainda em fase de estudo pelo que não é possível avançar neste momento com uma data para o lançamento do concurso, contudo estou certa de poder continuar a contar com a colaboração do Município de Coimbra, a que V.ª Ex.ª preside, para que rapidamente seja possível lançar o concurso deste troço tão importante para a população de Coimbra.

Espero que desta forma fique dissipada qualquer dúvida infundada que poderia subsistir relativa ao empenho deste governo no desenvolvimento do SMM."

COMO NÃO DECIDIR UMA OBRA PÚBLICA

Em 28 de mesmo mês, o Presidente da Câmara responde à carta recebida da Secretária de Estado, nos termos seguintes:

"...Creio, todavia, que baseando-se nas notícias que foram publicadas na comunicação social, ficou a faltar a substância da posição da Câmara Municipal e o modo como ela tem sido transmitida à MM e ao seu Presidente.

Para evitar repetições, tomo a liberdade de juntar cópias do texto da deliberação da Câmara Municipal de 13/8/2007 e de carta enviada ao Sr. Presidente da MM.

Através dela se perceberá melhor qual a nossa óptica quanto ao projecto.

Há uma coisa que não queremos, necessariamente. É obstaculizá-lo. Já basta o que basta e chamo a atenção para uma entrevista do Presidente da Câmara da Lousã ao confessar a sua intervenção bloqueadora no anterior processo concursal, na sua peculiar expressão: "apenas encravei o processo uma única vez" (Diário As Beiras, 28/3/2008), pelas razões que lhe diziam, a ele, respeito.

Para nós, o projecto Metro Mondego, tenha a designação Sistema de Mobilidade do Mondego ou outra qualquer, será sempre o desejo de ter um eléctrico rápido de superfície como solução moderna e ambientalmente correcta a circular na antiga Linha da Lousã e no percurso urbano de Coimbra com a obrigação de ser estudado o seu prolongamento em relação a outras áreas da cidade.

Justamente porque falamos da linha da Lousã, convém esclarecer que começa em Serpins e acaba em Coimbra B. E é o seu traçado que constitui o traçado sempre consensualmente aprovado para a linha do eléctrico rápido a ligar aqueles dois pontos.

Não faz, quanto a nós, qualquer sentido que o lançamento da primeira fase não englobe imediatamente todo o concurso entre aqueles dois pontos (Serpins-Coimbra B). Caso contrário, assistiríamos a uma ligação concursada Serpins-Coimbra Parque e depois a um hiato entre Coimbra Parque e Coimbra A e outra solução de Coimbra A a Coimbra B. Nunca poderia haver um circuito de composições senão quando todo este percurso estivesse completo. Será forma de esticar, no tempo, o projecto.

Insisto, pois, que o lançamento da primeira fase inclua este último troço e que, não se conseguindo chegar a acordo em relação a traçados alternativos, seja lançado com base no traçado agora estabilizado, como aliás o Presidente da MM, em tempos referia. Sendo caso disso, em qualquer momento se poderão realizar as alterações eventuais.

De outro modo, restaria para Coimbra um ónus incompreensível de ser deixado para o fim um ponto essencial do traçado. Precisamente aquele que permite falar em sistema de mobilidade ao serviço do município e é capaz de fazer a ligação com a rede nacional.

Solicito, pois, a V.ª Ex.ª, a revisão da posição transmitida."

Entretanto na reunião da Câmara Municipal de Coimbra de 16 de Junho de 2008 é aprovada, por unanimidade, a seguinte deliberação:

"Aprovar os estudos de integração funcional das estações de metro do Vale das Flores, Norton de Matos, Arregaça, Rainha Santa e Parque, considerando que os mesmos reúnem condições para passar à fase de projecto de execução sendo que a Camara Municipal de Coimbra deverá ponderar sobre a reformulação da Avenida da Lousã (situação actual de um sentido de trânsito passar para dois sentidos e nova rotunda na Av. Cónego Urbano Duarte), a curto prazo, de forma a definir-se qual o projecto que a MM deverá mandar elaborar para a paragem da Rainha Santa."

Na reunião de 14 de Julho de 2008 é aprovada, também por unanimidade, a deliberação que diz:

"Aprovar o estudo de integração urbana do MLM no troço Av. Emídio Navarro e Estação de Coimbra A, desde que observadas as condições constantes na informação acima referenciada".

Apesar do trabalho continuadamente realizado entre a MM e a Câmara Municipal de Coimbra, questões relacionadas com o traçado Metro e a sua aceitação e com a definição de prazos motivaram um pedido de reunião entre o Presidente da Câmara e a Secretária de Estado dos Transportes destinada a obter um documento claro ao qual a Câmara devesse ter acesso e sobre o qual se deveria pronunciar.

Deve assinalar-se, como já havia sucedido nos mandato dos CA anteriores, que em momento algum deixou de haver um trabalho e esforço profícuos entre a CMC e a MM, não sendo a esse nível que se podem carrear atrasos nas definições do projecto. Aliás importa, ainda, aproveitar o momento para assinalar a qualidade e dedicação dos técnicos da MM e da CMC, em particular os envolvidos neste esforço.

Na reunião de 17 de Novembro de 2008, questionado pelo Vereador Vítor Baptista, o Presidente esclareceu que teve duas reuniões com a Secretária de Estado dos Transportes e deu conta das seguintes informações:

"...Vai haver uma primeira intervenção, sobre a linha da Lousã, que constitui a 1.ª fase, segue-se a 2.ª etapa da 1.ª fase (linha da Lousã), estas obras vão ser financiadas essencialmente por recursos da CP e da REFER, bem como através de uma participação do QREN. A obra está dividida em duas partes principalmente por causa do movimento suburbano/urbano característico da linha e também pelas características do material circulante que entretanto vai ser concursado. Assim, na primeira fase o material circulante tem características suburbanas, enquanto que na segunda é mais urbano."

"A segunda fase da obra, que é fundamentalmente a linha do Hospital, realiza-se sob a égide da parceria público-privada, o que requer variadíssimos instrumentos e intervenções. Primeiro é necessário elaborar o projecto completo da linha (a sugestão que deu foi fazê-lo desde a linha da Lousã até ao Hospital mas entendeu-se prolongar a linha até ao Hospital Pediátrico, dadas as vantagens dessa ligação, e o Sr. Presidente concorda que é, de facto, um ganho estender-se o percurso. Existem ainda alguns pequenos problemas a resolver com vias na zona de Celas mas nada insuperável..."

"Há também problemas no atravessamento da Baixa, o mais grave dos quais já está resolvido com a aprovação do projecto do edifício na Rua da Sofia que serve de ponte para entrada na zona da Baixa."..."obteve essa informação IGESPAR e transmitiu à Secretaria de Estado dos Transportes. Há, ainda, trabalhos arqueológicos a fazer, bem como intervenções do ponto de vista da alteração da localização e há outros que têm de ser feitos a par em relação à demolição/reconstrução de edifícios naquela zona. Há trabalhos que resultam do acordo feito com a Farmácia Luciano e Matos e a Pastelaria Palmeira que têm dois anos de diferença entre a cessação e o início da actividade no novo edifício..."

"Disse que uma das primeiras coisas que exigiu que fizesse parte deste processo foi que se fizesse um estudo de procura do Metro actualizado, um estudo geral mas que se articulasse também com os SMTUC..."

Quanto à alterações do percurso, foram acordadas as seguintes alterações:

"...admitir que as alterações na zona da Solum fossem feitas com o novo projecto apresentado pela Metro... e prescindir da intervenção na Av. Fernão de Magalhães porque, do ponto de vista da Câmara Municipal, ela introduzia um conflito que poderia ser muito difícil de ultrapassar em relação à nova localização dos transportes colectivos e às redes de transportes colectivos na zona de Eiras."

6.4. A aprovação da CMC e o compromisso da SET

A deliberação favorável tomada foi aprovada por maioria e tinha o seguinte teor:

"Aprovar o traçado urbano da rede de metro ligeiro de superfície proposto, bem como os cronogramas com a calendarização para a implementação da 1.ª e 2.ª fases do Sistema de Mobilidade do Mondego correspondentes, respectivamente, à "Transformação da Linha da Lousã para implementação do Metro Ligeiro do SMM" e à "Implantação da nova linha do Hospital", os quais, dada a sua extensão, ficam apensos à presente acta fazendo parte integrante da mesma."

Esta deliberação foi, portanto, baseada num texto enviado à Câmara, no qual eram assumidos claros compromissos quanto às características e programação do projecto. É o resultado das diligências empreendidas pelo Presidente em relação à Secretaria de Estado dos Transportes.

Assim, o texto refere no ponto A3: *"Componentes – corresponde a todo o processo de reformulação da infraestrutura, aquisição do material circulante, construção e operacionalização do PMO, operacionalização do novo serviço suburbano Serpins-Coimbra B, e activação de um serviço urbano Ceira-Coimbra B."*

E, no ponto A4, acrescenta: *"compreende duas etapas, estando a primeira dirigida para a criação de três interfaces modais suburbanos localizados em Sobral de Ceira, Miranda do Corvo e Lousã, e a segunda para a reformulação estrutural da linha, aquisição do novo material circulante e a operacionalização dos novos serviços."*

São importantes, também os valores indicados quanto a esta fase.

A etapa em curso relativa aos interfaces correspondia a um investimento total de 3,9 M€ (milhões de euros)[32]

A segunda etapa, relativa às infra-estruturas de longa duração entre Serpins e Coimbra B, estava estimada no total (a preços constantes) de 297,7 M€ (milhões de euros)[33].

No texto que acompanhamos e antes de se apresentar o calendário, chama-se a atenção para alguns pontos que traduziam igualmente preocupações da Câmara, designadamente:

– a necessidade de actualizar o estudo de procura;
– a conclusão de um estudo de integração de redes de transportes públicos na cidade de Coimbra e a avaliação dos impactes do SMM na rede dos SMTUC;
– a celebração de um protocolo entre SMM/SMTUC/CP e a definição da bilhética e integração tarifária.

---

[32] Expropriações e indemnizações 1,6 M€; Empreitadas 2,2 M€; e Fiscalização 0,1 M€.

[33] Coordenação global do projecto (MM) 0,5 M€; Estudos, projecto e fiscalização 18,5 M€; Serviços rodoviários alternativos (2 anos) 6,2 M€; Material Circulante, Equipamentos Complentares e Bilhética para a 2.ª fase 65,0 M€; PMO, Edifício Administrativo e Equipamentos Especializados 36,0 M€; Infra-estruturas 171,5 M€. Acrescem 2 M€ relativos a sistemas técnicos da 2.ª fase.

Daí que, realizando-se os estudos (projectos de execução) até Junho de 2009, as outras datas significativas seriam:

– Lançamento dos Concursos entre Dezembro de 2008 e Junho de 2009
 – Material circulante (Dezembro 2008), PMO (Abril 2009) e Infra-
 -estruturas de Longa Duração (de Novembro 2008 a Junho 2009);
– Período de Obras – de Abril de 2009 a Agosto de 2011;
– Interrupção do serviço ferroviário

   no ramal – de Abril 2009 a Abril 2011
   entre Coimbra A e Coimbra B – Janeiro 2010 a Setembro 2011;

– Início/arranque da operação dos serviços

   suburbano entre Serpins e Coimbra cidade – Abril 2011
   suburbano a Coimbra B – Setembro 2011
   urbano entre Ceira e Coimbra B – Setembro 2011

Em comentário diríamos que correspondia ao máximo de resposta possível às demandas da Câmara Municipal de Coimbra com uma dilação de apenas 5 meses em relação ao desejável. O objectivo era a realização do serviço urbano e suburbano de Serpins a Coimbra B.

Para Coimbra era também essencial uma pressão forte em relação à realização da 2.ª fase e aos compromissos assumidos.

Foi igualmente apresentado um documento com a determinação do âmbito e custos do investimento, datas determinantes e cronograma.

Ao que se refere este texto é, concretamente, à linha do Hospital e à contratualização dos serviços de operação e manutenção.

A primeira indicação relevante é a de que esta nova fase, ao contrário da primeira, deveria ser desenvolvida em PPP.

As novidades, em relação ao momento anterior, advêm da considera-ção do acesso ao Hospital Pediátrico e à optimização da solução na zona de Celas. É mesmo mencionada uma economia nos custos de cerca de 5 milhões de euros.

A linha desenvolve-se ao longo de 4,070 km e compreende 11 esta-ções.

O SISTEMA DE MOBILIDADE DO MONDEGO

Os custos estimados de investimento são de 134 M€ (milhões de euros)[34].

A MM esclarece, depois, um cronograma com todas as acções necessárias a esta fase, nelas se compreendendo acções próprias e acções governamentais.

Eram elas as seguintes:

- Dezembro de 2008 – Conclusão do processo de enquadramento legal e regulatório relativo ao desenvolvimento do projecto;
- Janeiro de 2009 – Aprovações chave das soluções técnicas e estudos desenvolvidos para dar resposta a exigências contidas no DIA do projecto;
- Nomeação da comissão de acompanhamento da PPP;
- Abril de 2009 – Conclusão dos estudos e relatórios técnicos de suporte à PPP;
- Junho de 2009 – Conclusão dos documentos técnicos, jurídicos e financeiros de suporte ao processo da PPP e submissão à comissão de acompanhamento;
- Aprovação do Recape para as demolições da Baixa de Coimbra;
- Julho de 2009 – Aprovação dos documentos concursais pela comissão de acompanhamento;
- Agosto de 2009 – Despacho ministerial conjunto com aprovação do lançamento da PPP e publicações no Jornal das Comunidades e Diário da República;
- Setembro de 2009 – Adjudicação da PPP;
- Maio de 2011 – início das obras;
- Junho de 2013 – início da operação;
- Dezembro de 2014 – conclusão dos processos de reconstrução e reabilitação da Baixa de Coimbra.

A importância relativa deste documento (1.ª e 2.ª fases) corresponde ao interesse sempre manifestado pela Câmara de Coimbra da concepção

---

[34] Dos quais 11 M€ já realizados e relativos à libertação do canal da Baixa de Coimbra. Estudos, projectos e consultadorias, Fiscalização (1,5 M€); Libertação do Canal da Baixa de Coimbra (13,5M€: 11 M€ já realizados, 2,5 M€ já comprometidos e/ou previstos); Material Circulante, equipamentos complementares, bilhética (56M€); e Infraestruturas fixas – linha do Hospital (63M€).

do projecto com equilíbrio entre área urbana e suburbana desenhado na base de uma solução técnica adequada.

Daí a importância da pressão exercida e a exigência feita.

Um outro problema continuava sem ser solucionado entre a MM e a SRU Coimbra. Trata-se do acordo sobre a inclusão dos bens afectos à MM no primeiro quarteirão a reabilitar.

As trocas de correspondência e as razões da dilação no tempo entre a apresentação do projecto de alteração ao traçado e a aprovação do seu desenho final não são habitualmente referenciadas, não constando, por exemplo, das considerações do relatório do Tribunal de Contas que quase se limita a sublinhar os quatro anos que medeiam entre a apresentação feita pela Secretária de Estado e o início (lançamento) das obras.

Aqui ficam esclarecidos, não só a complexidade técnica das alterações e dos procedimentos administrativos, como as garantias e prazos que o Governo deveria apresentar e fazer cumprir.

O contrário de tudo isso era não cumprir as exigências que o próprio Tribunal de Contas entende serem exigíveis para clarificação do projecto.

Nem tudo esteve parado. Os interfaces de Ceira, Miranda do Corvo e Lousã foram entretanto levados a cabo com a participação da CP e das Câmaras Municipais. E obras essenciais à facilitação do trânsito dos transportes alternativos considerados necessários no período ulterior, foram realizadas pela Câmara Municipal de Coimbra, nomeadamente com a nova Ponte da Longra e a via central de Ceira.

6.5. O atraso na decisão de lançar a obra

É o próprio PCA da MM que interpreta a perplexidade gerada pelo atraso.

A 6 de Março de 2009, o CA da MM escreve ao Secretário de Estado do Tesouro e Finanças dando-lhe conta de, analisado o ponto de situação que em anexo envia, *"estarem reunidas as condições para, em respeito das directivas emanadas das tutelas técnica e financeira, se avançar para a concretização física da primeira fase do projecto SMM, nomeadamente através do arranque imediato dos relevantes concursos de empreitadas de obras públicas."*

Dando conta da insatisfação gerada pelos sucessivos atrasos na decisão, acrescenta: "É ainda convicção do CA da MM de que se tal não vier a acontecer a muito curto prazo a imagem e a credibilidade do projecto perante os cidadãos de Coimbra, Miranda do Corvo e Lousã ficará significativamente afectada."

Com efeito, o despacho n.º 1240/08 do Secretário de Estado do Tesouro, dava guarida às recomendações da Direcção Geral do Tesouro e Finanças sobre os projectos de protocolos apresentados e a assinar entre a REFER e a MM e entre a CP e a MM.

Nomeadamente quanto à eventual desconformidade entre o protocolo e as Bases de Concessão porque eram submetidos à aprovação do Secretário de Estado os protocolos a assinar com a CP e a REFER sem ter sido aprovada a revisão das bases de concessão.

Propõe-se que: "em ambos os protocolos seja retirada a afirmação *"assumindo o Estado os encargos decorrentes da disponibilidade e conservação das infra-estruturas de longa duração e dos equipamentos e material circulante, mediante contrato a celebrar com a concessionária""*. A justificação é a de que é nas Bases de Concessão que se deverão estabelecer os mecanismos de partilha de riscos e o modo como será fixada a remuneração.

No protocolo com a REFER, para além de uma recomendação específica em relação à articulação prévia ao lançamento dos procedimentos concursais entre esta e a MM, uma outra recomendação assim redigida:

"O lançamento dos procedimentos concursais inerentes às empreitadas fica dependente da aprovação de todos os projectos por todas as autarquias envolvidas no empreendimento."

E, ainda, para evitar exigências desproporcionadas das autarquias, um novo ponto:

"Os acréscimos de trabalhos e os correspondentes acréscimos de custo, que não estejam previstos nos projectos de execução ou que não resultem de impacto directo das empreitadas, exigidos pelas autarquias locais, serão objecto de protocolo a estabelecer com a REFER (dono da obra) e a respectiva autarquia, através do qual são definidos os trabalhos a realizar, os custos envolvidos e o modo de ressarcimento desses custos pela autarquia à REFER."

Mas, além destas propostas, insiste-se que estes protocolos se referem apenas à primeira fase do projecto e que se reserva *"para a segunda fase a implementação de um modelo mais adequado, eventualmente em PPP."*

A primeira referência ao projecto durante o ano de 2009 é feita na reunião de 27 de Abril, na Câmara Municipal de Coimbra.

Nela é aprovada, por unanimidade, a deliberação:

"Aprovar na generalidade o Estudo Prévio do troço Coimbra Cidade-Coimbra B, condicionado a que nas fases seguintes do projecto, sejam feitas as correcções

COMO NÃO DECIDIR UMA OBRA PÚBLICA

necessárias, para dar resposta às questões colocadas na informação acima referida, oficiando-se a MM nesse sentido."

Em 13 de Julho de 2009 é analisada uma proposta da MM sobre serviços alternativos que, naturalmente, inclui a necessidade de resolver os problemas das paragens e do conflito com o tráfego urbano.

Os Serviços pronunciam-se, os Vereadores dão sugestões, principalmente o Vereador Gouveia Monteiro que levanta o problema da necessidade de estudo dos inquéritos origem destino dos passageiros e o Vice-Presidente esclarece ser posição da Câmara que a interrupção do tráfego ferroviário entre Coimbra A e Coimbra B deva ser feita o mais tarde possível.

Neste sentido, a deliberação diz:

"Tomar conhecimento das sugestões apresentadas e solicitar à MM que proceda a uma análise das mesmas em conjunto com os serviços da autarquia, sendo certo que a supressão do serviço ferroviário entre Coimbra A e Coimbra B deve ocorrer o mais tarde possível e tendo em atenção os resultados do inquérito origem/destino".

Porventura um dos troços mais sensíveis do traçado do metro em Coimbra é o do atravessamento da Baixa.

Foi justamente o estudo do Troço designada por Aeminium/Câmara Municipal de Coimbra, em fase de estudo prévio, que a Câmara apreciou em 27 de Julho de 2009 e aprovou por unanimidade com as seguintes condições:

> *"– ...que a solução proposta para o troço Rio/Fernão de Magalhães seja assumida pela CMC como estudo de conjunto e esteja presente , como orientadora, na dinamização das intervenções públicas e privadas;*
> *– que a CMC aceite o corte e demolição no tardoz do edifício da Casa Aninhas, justificável pela qualidade do espaço urbano a criar, necessário à implantação da "paragem da CMC", importante no apoio à Baixa;*
> *– que o documento estratégico da SRU seja corrigido/adaptado relativamente a esta proposta, sendo que se verifica um défice total de cerca de 850 m2 relativamente à capacidade construtiva atribuída à CMC (70 m2 no edifício junto ao Bota-Abaixo, 780 m2 na Casa Aninhas), sendo que esta redução da área deverá ser objecto de negociação posterior quanto à justa repartição dos direitos e encargos;*
> *– que se promova uma reflexão e a adopção das melhores soluções de revestimento/pavimento entre a MM e a CMC, podendo cada uma das partes chamar à discussão quem julgar útil;*

– que se promova uma reflexão quanto às melhores soluções de acesso e saída dos parques de estacionamento, como expresso nas informações e despacho acima referenciados;
– a Câmara Municipal de Coimbra assumirá, em tempo oportuno, o nível do trânsito local que deverá ser permitido na Rua da Sofia".

6.6. O início da obra e o papel do novo SET

É já com o segundo governo Sócrates que a obra é iniciada em Dezembro de 2009, com o troço Serpins-Miranda do Corvo, e em Janeiro de 2010, com o troço Miranda do Corvo-Alto de S. João.

Tendo sido empossado, este governo, em 31 de Outubro de 2009 e mantendo-se as preocupações de Coimbra, o Presidente da Câmara Municipal entende solicitar uma reunião com os Secretários de Estado dos Transportes (SET) e do Tesouro e Finanças (SETF) por considerar que continua a assistir-se ao desequilíbrio do projecto com o adiamento da segunda fase. Tais audiências foram realizadas no principio de 2010.

O Secretário de Estado dos Transportes Correia da Fonseca desloca-se a Coimbra a 18 de Janeiro de 2010.

As suas palavras, captadas pelo Diário de Coimbra, não podem revelar maior optimismo.:

"O governo só está à espera que o MM conduza o estudo de procura e a análise do custo-benefício para lançar o concurso relativo à segunda fase da implementação do SMMM que prevê a construção da chamada linha do Hospital."

Tais estudos prevê-se que sejam conhecidos no fim de Fevereiro e é *"para avançar a toda a velocidade."*

"A garantia é total, assim se demonstre a viabilidade do projecto". E acrescenta: *"Pelo que conheço de Coimbra, pela mobilidade de Coimbra, do papel estruturante que esta linha do Hospital terá, a sua justificação será perfeitamente clara do ponto de vista da análise económica".*

Era o momento da apresentação do estudo de integração urbanística e projecto de execução, feita pelo Prof. Arquitecto Gonçalo Byrne, do atravessamento da Baixa de Coimbra entre o rio e a Câmara Municipal.

Noutra cerimónia, realizada no mesmo dia em Miranda do Corvo, (consignação da empreitada de reabilitação das infra-estruturas do ramal da Lousã entre Miranda do Corvo e o Alto de S. João) o PCA da MM desafiou todos os agentes dos concelhos abrangidos a deixar de se preocupar sobre a irreversibilidade do projecto e a Presidente da Câmara de Miranda

COMO NÃO DECIDIR UMA OBRA PÚBLICA

do Corvo declara o dia de festa e alegria e apela a que os concursos das empreitadas até Coimbra B e a linha do Hospital fossem concretizados o mais rápido possível.

Apesar disto e sem resposta directa do SET à Câmara, o Presidente da CMC, na intenção de documentar a posição assumida, escreve ao referido membro do governo, nos seguintes termos, em 15 de Abril de 2010:

"Como V.ª Ex.ª se recordará, a audiência que teve a bondade de me conceder ocorreu a 17 de Fevereiro último. Há, praticamente, dois meses.

Tendo aguardado desde então resposta às interrogações que coloquei e sem as ter obtido, gostaria de passar a escrito, quanto mais não seja para memória futura, o conjunto de observações que tive a oportunidade de transmitir.

O projecto do eléctrico rápido de superfície coloca-nos as maiores preocupações no estado em que se encontra.

Assistimos, ao tempo da intervenção do último governo, à mudança de um conceito que assentava numa parceria público-privada, com regras definidas em diploma próprio incluindo sistema de exploração e simultaneidade de construção das duas linhas principais, para um misto de soluções.

Através da primeira fase, a CP e a REFER, com base num empréstimo contraído no valor total de cerca de 300 milhões de euros, deram início a uma obra de transformação da Linha da Lousã a realizar em vários concursos sucessivos.

Consta do protocolo celebrado com a Metro-Mondego que a obra será realizada por estas empresas com a supervisão daquela e que será explorada pela REFER até transferência para a mesmo Metro.

Consta do referido documento que outro protocolo a celebrar regulará os termos de cedência da utilização da infraestrutura, incluindo as condições de remuneração da REFER relativas aos custos financeiros assumidos e à eventual manutenção.

É o primeiro problema. Todos sabemos que a exploração desta linha deverá ser deficitária. O percurso de Serpins à Lousã não tem qualquer rentabilidade e mesmo o Lousã – Miranda do Corvo é altamente desequilibrado.

Por este método, o ónus acabará por ser transferido da CP/REFER para a Metro, com a especial responsabilidade das Câmaras envolvidas.

Por outro lado, a segunda linha que deverá estabelecer a ligação ao Hospital Pediátrico está adiada e sob escrutínio da sua rentabilidade. Com a particular consideração de que se tratará, porventura, da linha presumivelmente mais rentável, toda desenvolvida em percurso urbano.

Entendo, desde logo, esclarecer que o projecto "Metro-Mondego" é obrigatoriamente constituído por intervenções a realizar na antiga Linha da Lousã, na ligação entre as actuais estações de Coimbra A e Coimbra B, e na nova linha a construir tendo como destino o Hospital Pediátrico de Coimbra.

Não parece, aliás, questionável que, na lógica do projecto ao qual aderimos, os percursos mais rentáveis, destinados ao verdadeiro equilíbrio económico da exploração, acabem por corresponder àqueles que se desenvolvem em ambiente urbano em Coimbra.

Logo, deverá existir urgência em torná-los possíveis. Não acreditamos que a linha da Lousã, reformulada, não necessite do complemento da linha urbana.

Dividir o projecto em duas fases, com regras distintas de exploração sob a égide da mesma empresa, sempre me pareceu uma solução menos boa.

Ora, quanto à segunda fase, existe uma completa ausência de definição das condições essenciais do concurso, da exploração, da articulação com a fase precedente.

A Câmara Municipal de Coimbra quer compreender como se desenrolará o processo, qual vai ser a sua quota parte de responsabilidade na gestão do sistema, nas eventuais compensações pelas perdas dos SMTUC e, principalmente, como se poderão solucionar questões que se prendem com o percurso da nova linha urbana e o atravessamento do centro histórico.

Neste aspecto é particularmente urgente a definição da participação da Metro Mondego no desenvolvimento da primeira unidade de intervenção no processo de reabilitação da Baixa a realizar sob a égide da Sociedade de Reabilitação Urbana.

Como V.ª Ex.ª recordará, o anterior governo comprometeu-se com uma data para a aprovação de um documento essencial para o futuro do eléctrico rápido de superfície.

Trata-se da necessária alteração às bases da concessão aprovadas e publicadas através do Decreto-Lei 10/02 de 24 de Janeiro, alterado pelo Decreto-Lei n.º 226/04 de 6 de Dezembro. Não me restou dúvida de que V.ª Ex.ª também o considera imprescindível.

Sendo certo que este é um novo governo, ele vem na continuidade do anterior, presidido pelo mesmo Primeiro Ministro e que mantém o mesmo Ministro das Finanças.

Era, o projecto do eléctrico rápido, um problema novo para V.ª Ex.ª Por essa mesma razão aguardei o tempo que me pareceu razoável.

Creio ser a ocasião para voltar a salientar a gravidade do problema e a urgência da sua definição".

Em anexo foi remetida a carta endereçada, em 12 de Março de 2008, ao Presidente do CA da MM.

Sendo certo que a carta endereçada ao Secretário de Estado não obteve resposta, percebia-se que aquele membro do governo estava preocupado com o desequilíbrio do projecto e começou a desenhar-se um afastamento entre o Presidente do CA da MM e a tutela, como a entrevista concedida

COMO NÃO DECIDIR UMA OBRA PÚBLICA

pelo presidente do CA ao jornal Diário de Coimbra, a 18 de Outubro, parece confirmar[35].

Apesar disso, a 4 de Maio de 2010, reúne a Assembleia Geral da MM na qual são eleitos os novos Órgãos Sociais. Mantêm-se os Presidentes da Assembleia Geral e do Conselho de Administração anteriores e entra como Vogal Executivo do Conselho de Administração o Eng. João Rebelo e Vogal não executivo o Eng.º António Simões.

Na mesma Assembleia, o Presidente da Assembleia Geral comunicou que, enquanto Presidente da Câmara Municipal de Coimbra, tinha mantido reuniões com o Senhor Secretário de Estado e que alertava os circunstantes para as consequências das alterações que na prática foram introduzidas, no modelo de execução do projecto, pelos protocolos celebrados entre a CP e a REFER e a MM, e para a urgência da definição do novo regime de bases de concessão – face ao modelo seguido na primeira fase e condicionador da solução a adoptar na segunda fase – bem como para as responsabilidades crescentes a assumir pela MM.

Os restantes pontos da Ordem de Trabalhos não chegaram a ser apreciados, na sequência de o accionista Estado ter apresentado a seguinte proposta, aliás aprovada por unanimidade:

"O representante do Estado delibera que os membros agora eleitos pelo CA devem apresentar aos accionistas, no prazo de 45 dias, novo plano de actividades e orçamento para 2010, bem como novo plano estratégico 2010-2012, devendo estes ter em conta:

- *a estratégia de promoção da intermobilidade entre os diversos modos de transporte da região de Coimbra e o estabelecimento de parcerias com municípios e associações de municípios para atingir esse objectivo;*
- *a delimitação da responsabilidade da empresa no âmbito da requalificação urbana e as respectivas fontes de financiamento;*
- *as preocupações de racionalidade e eficiência económica e financeira do projecto de acordo com a análise económica social (custo benefício) e os ajustes que se afigurem relevantes à calendarização do projecto;*
- *as directrizes constantes do Programa de Estabilidade e Crescimento 2010--2013.*

---

[35] *"Não podemos ter um governo que tem o mesmo primeiro ministro do governo anterior e só porque o secretário de Estado mudou, a política muda toda".*

Os planos reformulados devem ser acompanhados dos respectivos pareceres do órgão de fiscalização da empresa.

Deverá, ainda, em conformidade com os novos planos, ser apresentada nova proposta de alteração às bases de concessão que reflictam a estratégia do projecto".

Foi, no entanto, também aprovado por unanimidade[36] o protocolo relativo aos serviços alternativos no ramal da Lousã, a celebrar com a CP.

Nos meses de Maio e Junho de 2010 a Metro Mondego procede ao trabalhos de revisão e elaboração do *"novo plano de actividades e orçamento para 2010, bem como novo plano estratégico 2010-2012"* e concluiu e remete à tutela um conjunto de Memorandos e Propostas particularmente significativos, que continuam a aguardar resposta.

---

[36] A este propósito, o representante da CP, Eng. Armando Fonseca Mendes deu conta de que a CP não tinha nenhuma base legal para executar este serviço e de ter recebido um reparo do Tribunal de Contas e, sendo parte interessada, não participaria na votação.

7. DA PUBLICAÇÃO DO DESPACHO 510/2010, DE 1 DE JUNHO, À SITUAÇÃO DE INDEFINIÇÃO

2.º Governo Sócrates – 26/10/2009-21/6/2011

7.1. O Plano de Estabilidade e Crescimento (PEC 2010-2013)

Entretanto, na sequência da aprovação do Plano de Estabilidade e Crescimento (PEC 2010-2013)[37], o Secretário de Estado do Tesouro e Finanças (SETF) pelo despacho 510/2010 de 1 de Junho determina a todas as empresas não financeiras do sector empresarial do estado: *"observar os seguintes limites máximos de endividamento previstos no PEC ... 2010 – 7%, 2011 – 6%, 2012 – 5%, 2013 – 4% ... [e] ... relativamente a 2010, devem as empresas reformular os planos de actividade e de investimento ... devendo [os mesmos] ser remetidos ao MFAP para apreciação até 21 de Junho de 2011".*

Este despacho motiva uma primeira resposta na qual a MM dá conta da impossibilidade de cumprir a directiva aprovada em Assembleia Geral, no prazo indicado de 45 dias, *"devido à necessidade de estabilizar o quadro de calendarização e financiamento do projecto no âmbito do PEC".*

O CA chama a atenção para a natureza da sociedade MM, ainda sem operação do sistema de mobilidade, que a coloca como "empresa de projecto" pelo que entende que a aplicação, sem mais, do mesmo critério do aplicado às empresas prestadoras de serviços de transportes inviabilizaria qualquer desenvolvimento significativo do Projecto MM.

---

[37] Programa de Estabilidade e Crescimento 2010-2013 (conhecido como PEC 1) de Março de 2010. Revisto em Maio (PEC2) e Setembro (PEC3) de 2010. Actualizado em Março de 2011 (PEC 4/PEC 2011-2014).

COMO NÃO DECIDIR UMA OBRA PÚBLICA

E recorda a sua actividade de coordenação da 1.ª fase, com as obras em realização no quadro de empreitadas desenvolvidas pela REFER, ao abrigo do Despacho conjunto das Secretarias de Estado dos Transportes e do Tesouro e Finanças de 11 de Março de 2009.

Na execução deste, há obras em curso, empreitadas em adjudicação e desde Novembro de 2009 (na totalidade desde 2 de Janeiro de 2010), com a supressão do serviço ferroviário entre Serpins e Coimbra, há serviços alternativos rodoviários para compensar o fecho do ramal da Lousã.

O CA realça por outro lado: *"que o presente projecto sofreu já em 2005 um retrocesso traumático no seu desenvolvimento, que resultou num atraso no seu calendário de desenvolvimento definido à data e situado, neste momento, já em pelo menos 5 anos.*

Deste modo não se pode deixar de chamar à atenção que qualquer atraso adicional que seja agora decidido acrescerá necessariamente a estes 5 anos.

Finalmente, estando o Conselho de Administração (CA) da MM consciente de que o difícil enquadramento económico-financeiro que o País atravessa obriga a medidas difíceis, não se pode deixar de referir que se entende dever ser feito o máximo esforço para que estas resultem de opções que garantam que a credibilidade do projecto não fica irremediavelmente afectada não apenas no imediato em relação à sua imagem, mas particularmente no médio/longo prazo relativamente à sua capacidade para servir de catalisador de um novo paradigma de mobilidade na Região de Coimbra e mesmo para o País.

Acresce que se deverá garantir que os utentes do sistema não são desproporcionalmente afectados e que a Região de Coimbra não é obrigada a suportar mais do que a sua natural quota-parte do esforço de equilíbrio orçamental do Estado".

7.2. Os cenários apresentados pelo CA

Procede, no entanto, o CA ao estudo e desenvolvimento de três cenários de recalendarização do projecto, desenvolvidos em função do PEC, que envia à consideração da tutela, em oficio dirigido à SETF, com conhecimento à SET e que designa como cenários possível, indesejável e indefensável, considerando a necessidade de *"ajustamento orçamental da MM e do Projecto SMM às condicionantes PEC, sendo que apenas um deles* [que designou como indefensável] *permite um enquadramento estrito a estes critérios".*

Enquanto que o desenvolvimento normal do projecto ou o que se poderia designar cenário base correspondia *"genericamente ao planeamento do investimento de um projecto global único tal como assumido pelo Estado e restantes accionistas"* e tinha como *"datas fundamentais para operacionalização do sistema o final de 2012 para a 1.ª fase do projecto com a operação do serviço na nova linha da Lousã e o final de 2014 para a 2.ª fase do projecto com a operação integral do serviço urbano"*, aqueles cenários correspondiam a realizar um adiamento no investimento para o adequar ao prazo de aplicação do PEC, com o seguinte quadro:

– Cenário possível: *"Assume um deslizamento da operacionalização do projecto de cerca de 2 anos (para final de 2014) relativamente...ao cenário base..."*
– Cenário indesejável: *"Assume a operacionalização da 1.ª fase apenas em finais de 2014 sem operacionalização parcelar intercalar... "*.
– Cenário "indefensável": *"Assume a operacionalização da 1.ª fase apenas no final de 2015, com três anos de atraso relativamente ao cenário base, quatro relativamente ao calendário apresentado publicamente no final de 2009 e nove relativamente ao calendário apresentado em 2005."*

Todavia, o último dos cenários é apresentado, nas próprias palavras do CA como, *"... indefensável socialmente descredibilizando completamente o projecto do SMM e obrigando a assumir que este estaria objectivamente suspenso sine die"*. Defende *"que havendo um mínimo de folga orçamental se deveria adoptar o cenário "possível", que consegue gerar alguma folga orçamental em 2011 e 2012 sem pôr demasiado em causa a credibilidade e o impacto estrutural do projecto"*.

Avolumando-se as notícias que colocam em causa a continuação dos trabalhos da MM, gera-se, na opinião pública, o sentimento de incompreensão perante a situação em que é colocado o projecto, depois do início das obras e suspensão do serviço ferroviário entre Coimbra e Serpins, com total desrespeito perante os compromissos anunciados e assumidos, o que gerou naturais reacções e o aparecimento de movimentos de defesa.

7.3. O lançamento da petição
Entre aquelas merece referência especial o lançamento de uma petição, por iniciativa de um jovem estudante.

O estudante de mestrado Bruno Ferreira e um conjunto de amigos, na sequência das noticias vindas a público no DC do dia 21 de Junho de 2010, no próprio dizer das suas palavras, tiveram a ideia e a iniciativa *"de lançar uma petição para evitar que isso aconteça"*.

A notícia do DC tinha por título *"As obras do Metro Mondego estão em risco de parar"* e referia, ainda, que o *"Governo coloca em causa obras ..."* na

COMO NÃO DECIDIR UMA OBRA PÚBLICA

sequência do despacho do SETF de 1 de Junho, dando nota da realização de uma reunião entre o Presidente da MM e o SET no dia 18 de Junho e a elaboração pelo CA de um estudo sobre os cenários acima referidos. Notícia que tem grande impacto local e mesmo nacional.

Bruno Ferreira desencadeou a inscrição de uma "Petição contra a paralisação e/ou adiamentos no projecto do Metro Mondego"[38] no site "Petição Pública" com seguinte texto:

"O projecto do metro ligeiro de superfície no distrito de Coimbra já tem mais de três décadas. Depois de muitos avanços e recuos, finalmente o Governo deu luz verde e as obras já avançaram. Lousã, Miranda do Corvo e Coimbra são os concelhos por onde o metropolitano vai passar. Foram arrancados os carris da antiga Linha da Lousã e o Governo deixou pairar no ar um cenário de indefinição quando ao futuro do projecto. Porquê assinar esta petição? Porque estamos cansados de avanços e recuos, porque é inadmissível que a obra pare agora (numa altura em que já foram retirados os carris da antiga linha), porque Coimbra, Miranda do Corvo e Lousã precisam deste projecto para potenciarem o seu desenvolvimento e, principalmente, porque o Governo tem de honrar os seus compromissos e a sua palavra numa lógica de respeito pelos cidadãos. Motivos mais do que suficientes para levarmos esta petição à Assembleia da República."

O *Diário de Coimbra*, decide apoiar e promover a iniciativa. Na edição do dia 12 de Julho de 2010, o seu director, Adriano Lucas, escreve um artigo em defesa do Metro, assumindo explicitamente a sua voz na defesa da prossecução das obras do Metro Mondego. Distribui a petição para os leitores subscreverem, aceita nas suas instalações subscrições da petição e estende a iniciativa à rede de estabelecimentos que recebem o jornal.

A recolha de assinaturas para a petição regista um apoio generalizado e corresponde a um momento de adesão particularmente significativo.

A petição, com mais de 8600 assinaturas, é entregue no dia 23 de Julho de 2010 no Parlamento, pelo peticionário Bruno Ferreira e pelos director e director-adjunto do *Diário de Coimbra*.

A Comissão Parlamentar de Obras Públicas, Transportes e Comunicações (CPOPTC) inicia a discussão do tema da petição no dia 15 de Outubro de 2010. A relatora indigitada foi a deputada Carina João, do PSD.

---

[38] *In:* http://peticaopublica.com/PeticaoVer.aspx?pi=metro
Criam, igualmente, uma página no Facebook, sobre este assunto

Entre outros, são ouvidos em audição da CPOPTC o Presidente demissionário da MM (a 27 de Outubro de 2010), os Presidentes das Câmaras Municipais de Coimbra, Lousã e Miranda do Corvo (a 4 de Novembro de 2010).

O relato mereceu unanimidade na aprovação. A 19 e 21 de Janeiro de 2011 decorreram, respectivamente, a apresentação e discussão do tema que motivou a petição e a votação das resoluções apresentadas. São cinco as Resoluções aprovadas, no sentido da continuidade das obras do Metro Mondego e conclusão do projecto, que se apresentam em anexo.

7.4. O bloqueamento da actividade da MM

Ao Presidente da Assembleia Geral, em 22 de Junho de 2010, o PCA comunica o entendimento do CA quanto à impossibilidade de cumprimento da deliberação aprovada porque *"Sem que a Tutela aprove a calendarização base dos investimentos relativos à implementação das restantes empreitadas da 1.ª fase e da 2.ª fase do projecto SMM, a Comissão Executiva não poderá preparar os relevantes documentos para aprovação do CA e posterior submissão à apreciação em AG."*

Ainda em Junho de 2010, o CA da MM envia à Tutela e aos accionistas (Câmaras Municipais) dois Memorandos/Documentos de Trabalho que merecem destaque pelo significado que encerram: "Memorando de entendimento (Documento de Trabalho) entre a SET e as CM: Para uma Gestão Integrada e Optimista do Sistema de Transportes da Região de Coimbra" e "Sistema de Mobilidade de Qualidade *versus* uma Política Activa de Ordenamento do Território".

O primeiro inclui para além de um conjunto de Princípios Base e Âmbito, regras para o Financiamento do Sistema, a proposta de criação de uma Autoridade Regional de Transportes e de revisão das Bases de Concessão, bem como, relativos ao tarifário e bilhética, à gestão dos estacionamentos e da circulação. O segundo inserindo-se no que se designou como um novo Paradigma e dinâmicas de OT coordenado com a política de Mobilidade, integra uma Proposta de Programa Estratégico de Intervenção.

Em 28 de Junho de 2010 a Câmara Municipal de Coimbra aprova, por unanimidade, o projecto de execução do troço Coimbra B-Portagem, com as condições enunciadas na informação 25322 da Divisão de Planeamento Urbanístico.

A 16 de Julho, na sequência de requerimento apresentado pelo accionista Município de Miranda do Corvo, na ausência de qualquer decisão, o Presidente da AG convoca uma reunião, para o dia 29, com a seguinte

COMO NÃO DECIDIR UMA OBRA PÚBLICA

ordem de trabalhos: *"Ponto único: Recentes desenvolvimentos do projecto Sistema de Mobilidade do Mondego"*, na qual o Estado não se fez representar.

Depois de feita uma breve explanação pelo PCA quanto ao ponto de situação do projecto, o PAG manifestou o entendimento que, de acordo com a deliberação tomada em 4 de Maio, deviam ser apresentadas pelo Conselho de Administração os documentos nela determinados.

O PCA acaba por admitir, na reunião da Assembleia Geral de 29 de Julho de 2010, que *"a apresentação de novas propostas seguindo o PEC inviabilizaria o projecto da MM, mas que, por outro lado, não é possível ignorar as relevantes e competentes directivas emanadas pela tutela relativamente a esta matéria"*.

Logo, mesmo sem deliberação expressa, formou-se o consenso dos accionistas autarquias sobre este ponto.

Com data de 30 de Julho e recebida em 2 de Agosto, chega da Direcção-Geral do Tesouro, a seguinte comunicação:

"Considerando o ponto único...

   i) *tendo em conta que o mesmo não tem o objectivo de deliberação, na medida em que não foram disponibilizados quaisquer documentos preparatórios de acordo com o disposto no artigo 289.º do CSC;*

   ii) *que a convocatória da AGE está datada de 16 de Julho de 2010, sendo que nos termos do n.º 4 do artigo 377.º do CSC o prazo considerado deveria ser de pelo menos 21 dias,*

vem o accionista Estado informar que não se fará representar na referida AGE..."

Em 22 de Setembro de 2010 é realizada uma nova AG, na qual o Estado volta a não estar presente, enviando uma comunicação electrónica no momento da reunião e esclarecendo que não estava em condições de apreciar os pontos da convocatória em função das incertezas resultantes da elaboração do Orçamento para 2011. Nesta Assembleia o CA apresentava, nem mais, nem menos, os documentos obedecendo à deliberação de 4 de Maio proposta pelo accionista Estado. O PAG, na ausência do accionista Estado deu por concluídos os trabalhos.

Percebia-se como a situação do PCA se tornava absolutamente insustentável.

7.5. A demissão do PCA da MM

Em 17 de Outubro de 2010, na sequência das noticias que dão conta de que a proposta de Orçamento de Estado para 2011 incluía o estudo da proposta de extinção da Metro Mondego e sua integração na REFER, o PCA da MM apresenta a sua demissão com efeitos a partir de 30 de Novembro de 2010.

Esta notícia provoca a incredulidade porque essa proposta não foi apresentada, nos termos estatutários, à Assembleia Geral, nem previamente anunciada ao Conselho de Administração e às Câmaras Municipais.

Não podia o PCA da MM ser mais claro no momento do anúncio da sua demissão. A 18 de Outubro de 2010, declara ao Diário de Coimbra: *"De uma forma irresponsável, cínica e demonstrando um total desrespeito pelos cidadãos da Lousã, Miranda do Corvo e Coimbra e genericamente pelos cidadãos da província, o governo feriu de morte o projecto do MM"*. São passados sete meses da visita a Coimbra e a Miranda do Corvo e do optimismo do Secretário de Estado dos Transportes revelado nas palavras que anunciavam a irreversibilidade do projecto e um clima de euforia.

Entretanto é comunicada, em Novembro de 2010, à MM, a realização de uma auditoria ao projecto, a realizar pelo Tribunal de Contas, na sequência e completando o conjunto das auditorias a todas as empresas de transporte do sector empresarial do Estado.

Em 15 de Novembro de 2010 é comunicado, pela REFER, aos empreiteiros a supressão dos trabalhos de colocação dos carris e da catenária.

À TVI, a 1 de Dezembro de 2010, o Presidente da Câmara da Lousã acrescenta a acusação dirigida ao MOP e ao SET de terem um comportamento indecoroso e de falta de consideração ao suspenderem as obras na linha da Lousã. *"Se não concordava com a obra não a autorizava e não estava presente na cerimónia de consignação"*.

Afinal, o que se passou foi a aprovação de uma Resolução do Conselho de Ministros (RCM) n.º 101-A/2010, de 15 de Dezembro – que detalha e concretiza um conjunto de medidas de consolidação e controle orçamental, subjacente ao PEC e execução do OE para 2011, incluindo entre elas, a intenção de *"integração ... da Metro Mondego na REFER"* e encarregando esta de *"proceder aos estudos de demonstração de interesse e viabilidade da operação"* e a eventual aprovação de diploma legal *"Decreto-Lei regulador"* com esse objectivo *"até final de 2011"*.

Esta RCM veio, por outro lado, considerar o *"reforço da articulação de transportes públicos nas áreas urbanas, através da: ... ii) definição de redes de trans-*

COMO NÃO DECIDIR UMA OBRA PÚBLICA

portes urbanos na Área Metropolitana de Lisboa – Sul, Coimbra e Faro, preparando a contratualização da sua exploração", prevendo a *"constituição de grupos de trabalho"* para esse efeito *até Dezembro de 2010.*

7.6. Tentativas de esclarecimento e procura de soluções

O CA solicita reuniões às Secretarias de Estado dos Transportes e do Tesouro e Finanças e reforça esse pedido, com alguma insistência, no sentido de procurar dar conhecimento do desenvolvimento do projecto e solicitar resposta a um conjunto de dossiers e ofícios que aguardam resposta.

Para além da análise geral do projecto (incluindo as decisões pendentes de deliberação da Assembleia Geral), a insistência com a SETF prendia-se com a necessidade do parecer da SETF/DGTF sobre a metodologia proposta para "o processo de requalificação, reconstrução e alienação dos espaços MM" na Baixa de Coimbra, essenciais ao assegurar das condições de abertura do canal. Tal parecer acabou por ser emitido, no sentido favorável, e transmitido à SET em 10 de Janeiro de 2011.

Já a insistência com a SET tinha a ver com um conjunto muito significativo de dossiers relativos a um conjunto vasto de decisões pendentes de deliberação da Assembleia Geral e/ou de uma tomada de decisão por parte da Secretaria de Estado dos Transportes, bem como sobre as principais actividades em desenvolvimento durante o ano de 2011.

Entre estes pontos destaca-se: a realização da Assembleia Geral para discussão das matérias pendentes desde o agendamento/convocatória das AG de 28 de Julho e 22 de Setembro, em que o Estado não se fez representar; o ajustamento dos Órgãos Sociais da Metro Mondego; a recalendarização do desenvolvimento do projecto e o ponto de situação sobre a adjudicação das empreitadas com concursos já realizados e que faltam realizar, tendo como base de trabalho as propostas de cenários, oportunamente enviados; a possibilidade de contar nos primeiros anos com as viaturas disponíveis do Metro do Porto; a decisão sobre *"o processo de requalificação, reconstrução e alienação dos espaços MM"* na Baixa de Coimbra, essencial ao assegurar das condições de abertura do canal, já com parecer favorável da DGTF, incluindo a participação (em espécie) da Metro Mondego, SA no fundo imobiliário proposto pela SRU Coimbra Viva e a aprovação dos Acordos com as entidades localizadas com frente para a Rua da Sofia – Farmácia Luciano e Matos, Palmeipan, SA e Restaurante Democrática; a eventual criação e implementação de uma "Autoridade Regional de Transportes na região de Coimbra", como sugerido no Documento de trabalho "Para uma gestão integrada e optimizada do sistema de transportes da região de Coimbra"; a aprovação das alterações à Declaração de Impacto Ambiental, enviada à Agência Portuguesa do Ambiente (APA) e para aprovação de Sua Excelência o Senhor Secretário de Estado do Ambiente; e a continuação da prestação dos serviços alternativos.

Recorde-se que o Estado fez o anúncio da possível extinção da MM, sem ter analisado esta proposta com os restantes accionistas, nomeadamente, as Câmaras Municipais, matéria que, para ser decidida, não pode deixar de ser objecto de deliberação em Assembleia Geral.

Esta necessitará, seguramente, de uma proposta detalhada de extinção e possível integração na REFER, para discussão com os restantes accionistas, e que aproveite e salvaguarde a capacidade técnica e conhecimentos da equipa existente, que se considera nível muito elevado e com conhecimentos específicos do projecto e da realidade local, essenciais ao sucesso de qualquer iniciativa de mobilidade na região de Coimbra.

O MOPTC inseriu, entretanto, nas páginas do Portal do Governo e do Ministério das Obras Públicas, um comunicado sobre o Metro Mondego que, reconhecidamente, apresentava um conjunto de desconformidades factuais, como reconhecido, e cuja correcção foi solicitada pelo CA da MM.

A reunião com o senhor Secretário de Estado dos Transportes acaba por ter lugar em 20 de Janeiro de 2011.

A questão do financiamento do projecto sempre esteve ligada à tentativa de obtenção de fundos comunitários. Por isso é alarmante a notícia publicada nos jornais no dia 27 de Janeiro, que dá conta de que "não se sabe onde param os 52 milhões para o Metro Mondego" e "52 milhões em lado nenhum", na sequência de uma intervenção do Presidente da CCDRC na Comissão Parlamentar do Desenvolvimento Regional.

Em reunião efectuada com o Presidente da CCRC e gestor do PORC, Prof. Alfredo Marques, realizada no início do mês de Fevereiro de 2011, este confirma ter sido feita uma previsão de cerca de 54 milhões de euros, igual à verba do anterior PORC para o MM. E que ulteriores desenvolvimentos, por decisão da tutela do PORC, levaram à utilização de todas as verbas inscritas no eixo 2 (onde esta verba destinada ao MM se incluía) para a regeneração urbana, nomeadamente de apoio à iniciativa Jessica.

COMO NÃO DECIDIR UMA OBRA PÚBLICA

O Presidente da CCRC adiantou que o PORC/Mais Centro questionou a tutela, no executivo Sócrates, no sentido do Projecto Metro Mondego ser assegurado pelo POVT ideia que, apesar de ter a concordância do SEDR, nunca terá sido levado a efeito.

O CA da MM solicita e promove a realização de uma reunião conjunta das Administrações da MM e da REFER com a gestora do POVT, que tem lugar no dia 23 de Março de 2011. Na sequência, o CA da MM oficia à gestora do POVT e ao SET propondo fundamentadamente a inclusão do projecto do MM na reprogramação do POVT, tendo presente o atrás referido e o facto de este projecto se enquadrar nos objectivos do seu eixo prioritário. Ao MOPTC, também, tutela política do POVT, solicita a realização de uma reunião.

E, apesar do CA da MM referir a importância do financiamento comunitário, dadas as circunstâncias do País, nunca o CA da MM obteve resposta à sua demanda[39].

Era manifesta a falta de esclarecimento entre o SET e as Câmaras Municipais, o que motivou pedidos de reunião das Câmaras Municipais envolvidas.

Estas reuniões acabaram por ter lugar em 7 de Janeiro e 2 de Fevereiro.

De imediato, o MOPTC publica um comunicado no qual, tendo por título "O Governo garante o Sistema de Mobilidade do Mondego", apresenta como resultado da reunião com as Câmaras Municipais:

"1. Continuar as obras em curso [incluindo] *o troço Alto de S. João/São José;*

2. Lançar o concurso S. José/Portagem;

3. Criar uma comissão que integre as autarquias e o MOPTC para encontrar soluções de redução não essenciais do projecto, desde que não sejam essenciais ao SMM;

4. Criar uma comunidade inter-municipal para coordenar e proceder a uma gestão integrada de transportes da região de Coimbra."

Como comentário deve dizer-se que, enquanto a troço referido no ponto 1 não iniciou obra, o concurso do ponto 2 não foi lançado.

---

[39] Mais tarde é anunciado pelo novo governo que o projecto não fora incluído na primeira lista, deixada pelo executivo anterior e posteriormente enviada para a reprogramação do POVT. Em Novembro de 2011 o actual Secretário de Estado das Obras Públicas, Transportes e Comunicações (SEOPTC) afirma, em entrevista ao jornal As Beiras que *"...o projecto está na primeira prioridade para..., e que sem esse financiamento não será possível..."*

7.7. A criação dos Grupos de Trabalho e a Assembleia Geral de Março de 2011

Na sequência da reunião havida entre o Ministro das Obras Públicas, o Secretário de Estado dos Transportes e os Presidentes das três câmaras envolvidas, o SET, em 16 de Fevereiro de 2011, procede à criação de dois grupos de trabalho:

- o primeiro com o objectivo de apresentar uma proposta de revisão dos termos do projecto e exploração do sistema de metro ligeiro de superfície do Mondego; e
- o segundo com o objectivo de apresentar uma proposta de actuação para o quadro da implementação e gestão de um sistema de transportes de âmbito supra-municipal, por uma autoridade regional de transportes, nos concelhos das Comunidades Intermunicipais do Baixo Mondego e do Pinhal Interior Norte, com base na transferência e gestão conjunta e supra municipal de competências entre a administração central e local.

Enquanto que o segundo grupo de trabalho não chegou a reunir, o primeiro veio a elaborar um relatório final com data de 15 de Junho de 2011 e entregue ao governo então, ainda, em funções.

A recalendarização proposta teve em atenção o compromisso assente entre o MOPTC e as CM.

Este relatório acaba por chegar *"a um valor global de investimento, com o projecto do Sistema de Mobilidade do Mondego, de 447,1 M€ (Milhões de Euros)* [incluindo o material circulante]. *Este valor traduz-se numa redução do volume do investimento de pouco mais de 62,1 milhões de euros, tomando como termo de comparação as estimativas actualizadas e os preços-base dos concursos. Este valor decompõe-se em 7,3 milhões, decorrentes de alterações nas especificações do projecto e poupanças alcançadas, e em 54,8 milhões resultantes da revisão das estimativas iniciais ou preços-base.*

Do volume global do investimento a que se chegou..., cerca de 134,4 M€ reportam-se a investimentos realizados ou comprometidos, sendo os investimentos ainda por comprometer da ordem dos 312,7 ME.

Para a Linha do Hospital prevê-se um investimento de cerca de 88,5 milhões de euros, relativo às ILD (incluindo as expropriações, indemnizações, demolições e edifício ponte, relativos a abertura do canal, projectos e assessorias, bem como

COMO NÃO DECIDIR UMA OBRA PÚBLICA

a realização das Infra-estruturas de Longa Duração e inclusão das quatro linhas de estacionamento, no PMO), do qual 13,7 milhões correspondem a investimentos já realizados.

Assinale-se que existe um retorno que se estima em 8,2M€ resultante da alienação dos prédios não necessários ao canal, pelo que as necessidades efectivas de recursos para investimento se reduzem para 80,3M€.

Nos últimos valores [parcelares] *atrás indicados ... não se consideraram os encargos com o material circulante* [mas já incluído no valor total de 447,1M€] *cuja aquisição deverá atingir 123 M€, valor que* [no entanto] *poderá ser reduzido caso se concretize a cedência de MC do MdP, porque o seu montante carece de confirmação no quadro das negociações com a MdP. Caso a cedência possa ter um carácter definitivo será apenas necessário proceder-se a aquisição dos veículos para a Linha do Hospital (e reforço do serviço urbano da Linha da Lousã), reduzindo-se assim o valor indicado, sem prejuízo do acréscimo do valor que vier a ser atribuído aos veículos cedidos definitivamente. Este cenário é preferível porque deverá representar uma poupança que não é viável quantificar devidamente, neste momento".*

"Deve ter-se em consideração, por outro lado, que as necessidades de Material Circulante (número de veículos previstos no concurso lançado em 2009) foram apuradas tendo por base as frequências consideradas no estudo de exploração, podendo o seu número variar de acordo com a alteração dos pressupostos adoptados".

Ou seja, o investimento reduzir-se-ia para cerca de 447 milhões de euros, enquanto o investimento já realizado/comprometido importava em cerca de 134 milhões.

Não se entra em linha de conta com os valores a deduzir, possivelmente, com a opção de aluguer temporário de equipamento, ou aquisição, à Metro do Porto, nem com a possibilidade de redução do número de veículos face às frequências a determinar.

Entretanto, na Assembleia Geral de 29 de Março de 2011 o Estado faz-se representar, mas é manifesta a incomodidade pela omissão e de bloqueamento da discussão de pontos essenciais, por parte do accionista Estado. São exemplos a impossibilidade de apreciar matérias como:

- a participação da Metro-Mondego no Fundo de Investimento Imobiliário para reabilitação urbana – SRU – Coimbra Viva;
- a alteração dos órgãos sociais de acordo com o despacho n.º 1315/10-SEFT (redução em 20% do número de membros dos órgãos sociais);

– os termos previstos de celebração de Protocolos entre a Metro-Mondego e as Câmaras de Programas de Reestruturação e Qualificação Urbana em envolventes das Estações do SMM;
– as propostas de alteração das bases de concessão do Metro-Mondego.

Especificamente, quanto ao primeiro ponto e a pedido expresso da CM Coimbra, volta a realizar-se em 26 de Abril nova Assembleia Geral em que o Estado adopta a mesma posição ao considerar *"tomar devida nota mas... não ser oportuno decidir"*.

Ora, trata-se de uma posição duplamente incompreensível. O mesmo Estado tinha acabado de reforçar o capital da SRU de Coimbra para a constituição do Fundo Imobiliário e, por outro lado, a participação da Metro Mondego significava obtenção de receita.

Ainda em 2011 prossegue e é concluída a elaboração do Modelo de Transportes para a região de Coimbra, cuja versão final foi remetido em 7 de Outubro de 2011 à tutela e que contribui seguramente para o objectivo de possibilitar uma gestão sustentada e integrada do(s) sistema(s) de transporte(s) públicos (não exclusivamente do MM) na região de Coimbra.

7.8. As consequências do resgate financeiro

As dificuldades crescentes do País levam o Governo, depois da aprovação do Orçamento para 2011, a solicitar apoio financeiro ao Banco Central Europeu, ao FMI e à União Europeia e a realizar a assinatura, em 17 de Maio, de um acordo – Memorando de Entendimento sobre as Condicionantes de Política Económica – que integrava a concordância de dois Partidos da oposição PSD e CSD/PP.

O Governo fica condicionado à obrigatória revisão de todos os grandes projectos nacionais e parcerias público-privadas, pela comissão criada ao tempo da aprovação do Orçamento de 2011.

Segue-se a demissão do Governo e a realização de eleições.

Governo Passos Coelho – A partir de 21/6/2011

O Governo Passos Coelho inicia, depois, os trabalhos de aplicação do memorando de entendimento com a "troika" e de elaboração dos Orçamentos rectificativos de 2011 e do Orçamento de 2012.

Entre aqueles o Governo ficou obrigado a rever o Plano Estratégico de Transportes, o que faz através da aprovação da Resolução do Conselho de Ministros n.º 45/2011 de 10 de Novembro.

A menção feita ao MM, que no fundo é a posição formal do Estado Português, é a seguinte:

"4.8 – Metro do Mondego

O projecto do Metro do Mondego nasceu nos anos 90, com uma estimativa original de investimento de cerca de 55 milhões de euros. Porém, sucessivas alterações ao âmbito do projecto conduziram à sua versão actual, orçada em perto de 450 milhões de euros.

Os estudos de procura que estiveram na base das decisões relativas ao actual projecto, apontavam para uma procura do Metro do Mondego de cerca de 65 000 passageiros por dia útil. Porém, os estudos mais completos e realizados mais recentemente indicam que aquele valor estará, afinal, sobrestimado.

Por outro lado, pese embora a empresa Metro do Mondego, S. A., ter uma estrutura accionista constituída pelo Estado Português (53%), as Câmaras Municipais de Coimbra, Miranda do Corvo e Lousã (com um total de 42%), a REFER (2,5%) e a CP (2,5%), o modelo de financiamento previsto para este projecto atribui a responsabilidade pela execução das obras de construção da rede e a responsabilidade pela aquisição do material circulante necessário aos seus accionistas minoritários, respectivamente a REFER e a CP, através, mais uma vez, do recurso ao endividamento bancário, agravando ainda mais as suas já criticas situações financeiras.

Em face destas questões, e sem prejuízo da necessidade de ser assegurada a mobilidade das populações, o Governo irá rever os pressupostos que estiveram na base das decisões relativas a este projecto, adequando o seu âmbito às possibilidades do País decorrentes da actual conjuntura económico-financeira, no quadro de uma definição clara de partilhas de responsabilidades entre os accionistas da sociedade Metro do Mondego, S.A."

Em 8 de Novembro de 2011, o SEOPTC veio declarar, em Coimbra uma posição quanto ao projecto que se traduz na declaração da impossibilidade de o Estado Português assumir, apenas com os seus recursos, o projecto da Metro Mondego. A condição que coloca é a de ser admissível, no quadro dos fundos europeus, o financiamento em 95% do total do investimento. Acrescentando que no diálogo com a União Europeia o projecto está no topo da agenda.

Ulterior notícia dá conta de ter sido aprovado no Parlamento Europeu a possibilidade de financiamento de projectos para Portugal a 95%.

8. SÍNTESE ACTUALIZADA DO PROJECTO

Antes de reflectirmos sobre o futuro do projecto e da mobilidade em Coimbra é oportuno apresentar uma síntese e ponto de situação do projecto.

Referimo-nos, em concreto, ao *"ponto de situação dos projectos, concursos e empreitadas"*, ao *"mapa síntese sobre os custos/investimento previsível do projecto ao longo da sua evolução histórica"* e ao *"quadro relativo às datas mais importantes"* para melhor entender o histórico e razão de ser do projecto.

8.1. Datas mais importantes

1974 (30 de Março) – Relatório do Grupo de Trabalho criado pela CMC para estudar *"a problemática que o Caminho de Ferro da Lousã encerra relativamente a Coimbra e que defende a adopção da solução definitiva"*, ou seja, *"a que diz respeito ao trajecto enterrado do caminho de ferro na zona urbana* [Portagem]*"*

1984 – Supressão do serviço ferroviário entre Coimbra Parque e a Estação Nova

18 de Junho de 1989 – Assinatura do Protocolo entre a CMC e a CP para a construção de um túnel entre Coimbra-Parque e a Rua do Arnado (Túnel da Portagem)

1991 – Anteprojecto do Túnel da Portagem

Outubro de 1992 – Estudo Preliminar de "Integração do Light Rail no Ramal da Lousã" (apresentado em Abril de 1993, ou seja, em data anterior à definição dos termos gerais em que poderia ser atribuída a concessão e a exploração do MLS nos municípios de Coimbra, Miranda do Corvo e Lousã)

Março de 1994 – Publicação do Decreto-Lei 70/94, de 3 de Março – Definição dos termos gerais em que será atribuída a concessão e a explo-

COMO NÃO DECIDIR UMA OBRA PÚBLICA

ração do MLS nos municípios de Coimbra, Miranda do Corvo e Lousã. Diploma, entretanto, alterado pelo DL 179 n.º A/2001, de 18 de Junho

20 de Maio de 1996 – Constituição da Sociedade Metro-Mondego, S.A. (após a assinatura, em 21 de Maio de 1994, de um Protocolo para a constituição da MM)

Abril de 1997 – Estudo de viabilidade técnico-económico (Ferbritas/ Ferconsult)

Maio de 1999 – Adjudicação da Elaboração do Anteprojecto após processo de concurso público

Junho de 2001 – Entrada do Estado na nova estrutura accionista

Julho de 2001 – Aprovação do Anteprojecto

24 de Janeiro de 2002 – Publicação do **Decreto-Lei n.º 10/2002, de 24 Janeiro: Atribuiu à Metro-Mondego, S.A., a concessão**, em regime de serviço público, da exploração de um sistema de MLS do Mondego – **Aprova** as **Bases de Concessão (1.ª)** e os **Estatutos da MM, S.A.**

Setembro de 2003 – Constituição da Comissão de Acompanhamento da Exploração do Sistema de MLS do Mondego – Despacho Conjunto n.º 945/2003, de 8 de Setembro

Dezembro de 2004 – Publicação do Decreto-Lei 226/2004, de 6 de Dezembro – Novas Bases (2.ª) de Concessão – Procede à alteração ao DL 10/2002, de 24 de Janeiro (e adapta-o ao regime procedimental previsto para o lançamento do concurso ao DL 86/2003, de 26 de Abril (PPP)

Fevereiro/Junho de 2005 – Abertura/Anulação por extinção do **Concurso Publico Internacional (PPP) do Sistema de Transporte do Metro Mondego**

Maio de 2005 – Início das demolições na Baixa de Coimbra (linha Amarela ou do Hospital)

Março de 2006 – **Anúncio do Sistema de Mobilidade do Mondego SMM e alteração do modelo de concursos** (dos diversos) com a REFER e CP a lançarem os principais concursos de execução das obras

2007 a 2008 – Construção dos Interfaces de Lousã, Miranda do Corvo e Sobral de Ceira (1.ª Etapa da 1.ª Fase)

2007 a 2009 – Elaboração dos projectos base e de execução e respectivas aprovações, para o lançamento dos concursos das várias empreitadas (1.ª Fase – Linha Verde ou da Lousã – 13 concursos)

Junho de 2008 – Lançamento do primeiro concurso para o Material Circulante (CP)

Março de 2009 – Despacho conjunto das tutelas técnica e financeira autorizando a REFER a investir, com recurso a empréstimo, no SMM

Dezembro de 2009/Janeiro de 2010 – Interrupção do serviço ferroviários/Início das obras (Serpins e Miranda do Corvo/Miranda do Corvo e Alto de S. João) numa extensão total de 30,6 Km

Junho de 2010 – Preparação de cenários para nova nova calendarização do Projecto, na sequência do Despacho 510/2011, de 1 de Junho

Dezembro de 2010 – Resolução do Conselho de Ministros 101-A/2010, de 27 de Dezembro, relativa à execução do OE 2011: prevê o estudo da viabilidade da operação de extinção da MM, S.A., e sua integração na REFER, sucedendo esta no objecto social e a publicação de diploma nesse sentido, até Dezembro de 2011

Fevereiro de 2011 – Despachos do SET criando os GT para: a revisão do calendário e redução de investimento (Relatório entregue em 15 de Junho); e o estudo e criação de uma entidade regional de transportes (não chegou a iniciar funções)

Fevereiro de 2011 – Resoluções da Assembleia da República n.os 13/2011 e 15 a 18/2011, aprovadas em 21 de Janeiro, recomendando ao Governo a conclusão do projecto

8.2. Ponto de situação da execução dos Projectos e das Obras (Concursos e Empreitadas)[40]

A. REALIZAÇÃO DAS OBRAS (Concursos e Empreitadas)

1. Encerramento do Serviço Ferroviário

Ligação Miranda do Corvo a Serpins – encerrada a 2 de Dezembro de 2009

Ligação Parque a Miranda do Corvo – encerrada a 4 de Janeiro de 2010

Ligação Coimbra B a Coimbra Cidade – encerramento dependente do início da obra neste troço

2. Serviços Alternativos

Troço Miranda do Corvo a Serpins – serviço iniciado a 2 de Dezembro de 2009

Troço Portagem a Serpins – serviço iniciado a 4 de Janeiro de 2010

---

[40] Fonte Metro Mondego.

COMO NÃO DECIDIR UMA OBRA PÚBLICA

3. **Empreitadas Construção das Infra-estruturas:**
   a. **Interfaces multimodais (1.ª Fase): Sobral de Ceira, Miranda do Corvo e Lousã:**
      Investimento: 4.283.121,77 €
      Obra concluída (realizada entre Janeiro e Outubro de 2008
   b. **Infra-estruturas de Longa Duração (ILD) entre Miranda do Corvo – Serpins**
      Investimento (valor da adjudicação): 22.694.395,54 €[41]
      Em execução/Obra iniciada a 25 de Novembro de 2009
      Conclusão de obra (previsão) – 1.º Trimestre de 2012
   c. **Atravessamentos de Miranda de Corvo e Estação de Casal de Santo António**
      Trabalhos previstos (1.100.000€) cancelados e a realizar mais tarde, excepto os necessários para permitir a futura compatibilização de infra-estruturas
   d. **Infra-estruturas de Longa Duração (ILD) entre Alto S. João-Miranda do Corvo**
      Investimento (valor da adjudicação): 29.039.776,41 €[42]
      Em execução/Obra iniciada a 18 de Janeiro de 2010
      Conclusão da obra (previsão) – 1.º Trimestre de 2012
   e. **Infra-estruturas de Longa Duração (ILD) entre S. José-Alto S. João**
      Investimento previsto (valor da proposta mais favorável): 16.952.347,13€[43]
      Concurso a decorrer: Acto Público e abertura de propostas realizado a 12 de Março de 2010; Emissão de relatório final – Aguarda definição
      Início de Obra – Aguarda definição. Previsão anterior: Agosto de 2010
      Prazo de execução: 18 meses

---

[41] Inclui 6.536.635,58 € referentes a trabalhos entretanto suprimidos pela REFER. A supressão de trabalhos é relativa às especialidades de Via-férrea e Catenária. O Consórcio de Construção apresentou um pedido de indemnização, motivado pela supressão de trabalhos.

[42] Inclui 6.734.169,90 € referentes a trabalhos entretanto suprimidos pela REFER. A supressão de trabalhos é relativa às especialidades de Via-férrea e Catenária. O Consórcio de Construção apresentou um pedido de indemnização, motivado pela supressão de trabalhos.

[43] Inclui o importante Interface da Praça 25 de Abril, com um investimento inicial previsto de 4.900.000,00 €. O Grupo de Trabalho apresentou propostas de redução de custos por alteração de especificações de projecto no valor de 1.300.000,00 €.

SÍNTESE ACTUALIZADA DO PROJECTO

f. **Infra-estruturas de Longa Duração (ILD) entre Portagem-S. José**
Investimento previsto (estimativa orçamental do projecto):
18.048.191,34 €[44]
Conclusão do Projecto de Execução: Dezembro de 2010
Concurso ainda não lançado. Previsão anterior: Setembro de 2010
Prazo de execução: 24 Meses

g. **Infra-estruturas de Longa Duração (ILD) entre Coimbra B-Portagem:**
Investimento previsto (estimativa orçamental do projecto):
11.252.284,52 €
Concurso a decorrer: Aberto a 19 de Abril de 2010
Não houve pronúncia sobre os erros e omissões apresentados
Prazo de execução: 21 meses

4. **Material Circulante**
Preço base do Concurso: 66.200.000,00 € (veículos para Linha da Lousã)
e 57.000.000,00 € (fornecimento adicional para Linha do Hospital)
Concurso Público (3.º) lançado a 29 de Julho de 2009
Acto Público e abertura das Propostas realizado a 3 de Novembro
de 2009
Emissão de relatório final a 1 de Fevereiro de 2011 (exclusão de todos
os concorrentes e propostas): o concurso ficou deserto
Prazo para fornecimento: dos 11 primeiros veículos – 26 meses após
adjudicação; dos 20 primeiros veículos – 29 meses após adjudicação

5. **PMO**
Investimento previsto (estimativa orçamental do projecto):
28.350.443,70€
Projecto de execução concluído
Concurso ainda não lançado. Previsão anterior: Julho de 2010
Início de Obra – Dependente do cenário a implementar

---

[44] Inclui o fecho de rampas fluviais (885.299,87 €) e a estação e o importante Interface da
Portagem. Estão previstas obras e montantes adicionais da responsabilidade de terceiros
(a protocolar com outras entidades): Águas do Mondego – 8.765.000,00 €; Águas de Coimbra – 532.000,00 €.

COMO NÃO DECIDIR UMA OBRA PÚBLICA

Condições para parqueamento Material Circulante – 16 meses após adjudicação
Condições para montagem do PCC – 12 meses após adjudicação
Conclusão da empreitada – 21 meses após adjudicação.

6. Outras especialidades:
  a. Sinalização
     Investimento previsto (estimativa): 18.000.000,00€
     Concurso de concepção/construção/manutenção: a decorrer
     Acto Público e abertura de Propostas realizado a 22 de Janeiro de 2010
     Adjudicação – Aguarda definição
     Prazo de execução: 24 meses (fase de construção)
  b. Telecomunicações
     Investimento previsto(valor da proposta mais favorável): 10.514.084,00€
     Concurso de concepção/construção/manutenção: a decorrer[45]
     Acto Público e abertura de Propostas realizado a 30 de Março de 2010
     Adjudicação – Aguarda definição
     Prazo de execução: 24 meses (fase de construção)
  c. **Energia e Subestação**
     Investimento previsto(valor da proposta mais favorável): 11.087.000,00 €
     Concurso de concepção/construção/manutenção: a decorrer
     Acto Público e abertura de Propostas realizado a 6 de Maio de 2010
     Adjudicação – Aguarda definição
     Prazo de execução: 23 meses (fase de construção)
  d. **Bilhética**
     Investimento previsto (estimativa estudo prévio – em reavaliação): 4.698.000,00 €
     Concurso concep./construção ainda não lançado. Previsão anterior: Setembro de 2010 Estudo para análise de alternativas e dimensionamento do Sistema: concluído em Dezembro de 2010

---

[45] O Grupo de Trabalho propôs o lançamento de novo concurso com um custo estimado de 7.500.000 € (que inclui uma reformulação/redução das especificações de projecto).

Elaboração das Especificações Técnicas para o Caderno de Encargos – Não foi iniciado trabalho: prazo para a elaboração das especificações: 2 meses (assessoria externa)
Prazo de execução: 18 a 24 meses (previsão)

e. **Equipamentos e Mobiliário Urbano de Estações**
Investimento previsto (estimativa): 5.000.000,00€[46]
Elaboração das Especificações Técnicas – Não foi iniciado trabalho
Concurso de concepção/construção ainda não lançado
Previsão Anterior: Outubro de 2010

7. **Entrada ao Serviço do Sistema de Mobilidade do Mondego**
Dependente do cenário de calendarização a implementar
Proposta do Grupo de Trabalho (naturalmente já desactualizada):
Dezembro de 2014: Serpins-Portagem
Dezembro de 2015: Portagem-Coimbra B
Dezembro de 2017: Linha do Hospital

B. EXECUÇÃO DE OUTROS ESTUDOS E PROJECTOS
1. Estudos/Assessorias e elaboração de Projectos de execução
2. Assessoria à Gestão (de projecto e de obra) da REFER
3. Fiscalização e Coordenação de Segurança das Empreitadas
4. Aquisição de terrenos (expropriações) – Linha da Lousã
5. Libertação do canal da Baixa – Linha do Hospital
6. Alguns Outros Estudos (já realizados):
Análise de Custos – Benefícios do SMM
Modelo de Planeamento de Transportes do SMM
Modelo Tarifário para o SMM
Custos de Operação do SMM

---

[46] O Grupo de trabalho propôs a transferência para as Câmaras Municipais dos edifícios das estações desactivadas e não utilizadas pelo MM (ficando aquelas responsáveis pelos trabalhos de beneficiação dos edifícios),reduzindo o valor do investimento estimado para 4.000.000 €.

8.3. Breve descrição do Projecto Metro Mondego[47]

2 Linhas: Linha Verde ou da Lousã (38,5 km) e Linha Amarela ou do Hospital (4 km).

Oferta de 2 serviços (variando as frequências): Suburbano (e 27 km) e Urbano (em 15,5 km).

[47] Fonte Metro Mondego.

As empreitadas actualmente em execução (Serpins-Miranda do Corvo e Miranda do Corvo-Alto de S. João) reportam-se à realização das ILD numa extensão de 30,6 km, correspondentes aos troços de via única e incluem 7 túneis, 9 pontes e a realização de 11 pontos de cruzamento.

	Serviço Suburbano	Serviço Urbano	
Linhas/Rede	Serpins-Sobral de Ceira	Sobral de Ceira-Gare Intermodal	Aeminium-Hospital
Extensão	27 km	11,5 km	4 km
Número de estações	13	20	11
Distância média entre paragens	2.250 m	550 m	400 m

Número de circulações por sentido previstas em hora de ponta:

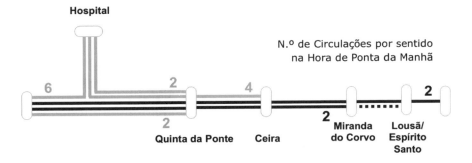

De acordo com o Estudo da Procura da Ferbritas (2009) e o Modelo de Transportes a estimativa da repartição da procura e da receita, aponta para:

– a procura suburbana (diária e anual) em função do total dos passageiros transportados (PT) no Sistema MM é de

Só com a operação da LL (1.ª Fase Coimbra B-Serpins) – 31% do total
Com a operação das duas linhas LL + LH (2.ª Fase) – 12% a 15% do total

– a procura urbana será responsável por 71% das receitas totais, com a operação das duas linhas LL + LH (2.ª Fase) e de 46% na 1.ª Fase – só com a LL (Coimbra B-Serpins) a operar.

Os Diagramas de Carga relativos à hora de ponta e dia útil, por troço total (2 sentidos), dão uma ideia dos tráfegos gerados em cada troço:

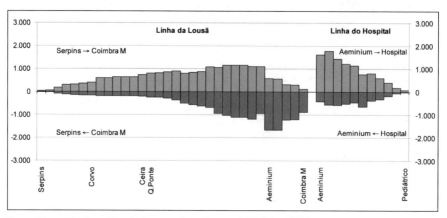

Fonte: Metro Mondego. Estudo Procura (hora de ponta). Ferbritas 2009

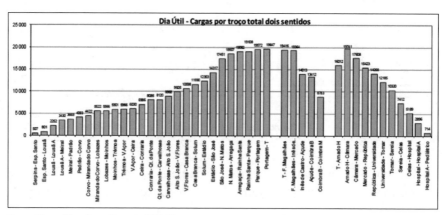

Fonte: Metro Mondego. Procura (diária)

SÍNTESE ACTUALIZADA DO PROJECTO

8.4. Evolução do investimento previsto desde o ante-projecto do túnel

Ano	Designação	Preços Constantes [€]	Coef. Actualização	Preços Correntes 2011	Observações
1991	Ante-projecto do túnel da Portagem	**24,9**	1,933	**48,2**	Só túnel para via única. Sem beneficiação e electrificação da linha.
1992	Estudo preliminar de "integração do *Light Rail*" no Ramal da Lousã"	**55,0**	1,766	**97,1**	Via única e sem electrificação Não incluiu o troço entre a Estação Nova e Coimbra B, nem a Linha do Hospital.
1993	Revisão do Ante-projecto do túnel da Portagem	**74,8**	1,655	**123,8**	Valor anunciado quando é abandonada a solução túnel. Já com via dupla.
1997	Estudo Preliminar do Metro Mondego	**122,7**	1,429	**175,3**	Incluiu a linha do Hospital (que aparece pela primeira vez). Traçado ainda não estabilizado na Linha do Hospital. 18 comboios
	Linha da Lousã	91,8	1,429	131,2	25 Estações; menos pontos de cruzamento
	Linha do Hospital (via Carmelitas)	30,9	1,429	44,2	11 Estações
2001	Anteprojecto	**185,0**	1,265	**234,0**	
	LL ou Linha Verde	75,7		95,7	Serpins a Coimbra B
	LH ou Linha Amarela	20,2		25,5	Beira Rio até Hospital Universitário
	Outros	89,6		113,3	
2002	Revisão da MM ao Anteprojecto	229,5	1,221	**280,1**	Inclui 25,0 M€ para requalificação urbanística
	Revisão da Ferbritas ao Anteprojecto	**228,5**	1,221	**278,9**	Inclui 25,0 M€ para requalificação urbanística
2004	Revisão após publicação do Dec.Lei das PPP	**239,5**	1,154	**276,5**	
2005	Outline Business Case – PPP	**302,5**	1,129	**341,4**	Pressupostos: Concepção, construção, fornecimento, montagem e manutenção para um período de 30 anos; exploração concessionada para 9 anos; Troço Lousã – Serpins com serviço rodoviário e possibilidade de implementação de modo de transporte alternativo em troços a definir.

COMO NÃO DECIDIR UMA OBRA PÚBLICA

Ano	Designação	Preços Constantes [€]	Coef. Actualização	Preços Correntes 2011	Observações
2006	Apresentação do SMM SET – Eng. Ana Paula Vitorino	**298,0**	1,095	**326,3**	Pressupostos: Adaptação de UDD na 1.ª fase (Serpins/ Coimbra-Parque). Motorização mista. Introdução de Tram-Train na 2.ª fase (Serpins/Coimbra B e LH)
2009	SMM/Investimento protocolado com RE-FER e CP	**438,0**	1,050	**460,1**	Pressupostos: REFER – Infra-estruturas + Sistemas Técnicos; CP – MC, Bilhética e PMO Prevê a Electrificação total e inclui a alteração do traçado – variante da Solum e extensão ao Hospital Pediátrico
	LL ou Linha Verde	304,0	1,050	319,3	
	LH ou Linha Amarela	134,0	1,050	140,8	
	Adenda ao Protocolo REFER	**458,0**	1,050	**481,1**	Reavaliação do montante do investimento para empreitada de sinalização
2011	Revisão GT nomeado pela SET	**420,3**	1,000	**420,3**	Fonte: Relatório GT: Com os Planeamento e estrutura e transportes alternativos (não considerados nas estimativas anteriores +26,8) teríamos 447,1
	LL ou Linha Verde	282,9	1,000	282,9	
	LH ou Linha Amarela	137,4	1,000	137,4	

9. FUTURO DO PROJECTO DE MOBILIDADE: UM RISCO NA NOITE OU UMA NOITE SEM RISCO?

Foi nossa intenção assumida reunir toda a informação disponível sobre o desenvolvimento do processo da MM e fazer uma análise crítica do problema e da situação actual.

Percebe-se que tudo começa como ideia algo incipiente de modernizar a linha da Lousã e de acabar com o conflito do atravessamento do centro de Coimbra.

A primeira interrogação sobre esta ideia limitada era a de saber se se justificava o investimento com a beneficiação (incluindo electrificação) feito numa linha que gerava um considerável prejuízo anual e se era aceitável juntar-lhe um túnel com um significativo encargo de construção, pela proximidade do rio e extensão do mesmo e dimensão, incluindo as rampas. Refira-se que quando é abandonada a solução do túnel da Portagem, em 1993, o valor do custo deste era de 123,8 milhões de euros, a preços correntes de 2011.

Discutia-se, no fundo, como fazer o balanço entre o custo e o benefício a alcançar com o aumento da atractividade e procura, essencial para justificar o investimento e sustentabilidade da operação. É uma discussão com uma história longa, desde os anos cinquenta, e que se acentua a partir dos anos setenta. São feitos diversos inquéritos e estudos.

A saída para este impasse acabou por ser a concepção de um projecto que, pela criação de um serviço urbano, contribuísse para uma nova solução (resposta a novas necessidades) de transportes para Coimbra e que pudesse dar sustentabilidade a uma ligação suburbana de maior qualidade técnica e ambiental.

COMO NÃO DECIDIR UMA OBRA PÚBLICA

Com efeito, a cidade de Coimbra tinha vindo a modificar a sua disposição geográfica e as zonas de habitação e de serviços tornavam-se mais distantes para o tempo e a cadência de transportes nas soluções tradicionais.

No fundo, nada que se não tenha presenciado noutras cidades em crescimento com características metropolitanas ou proto-metropolitanas.

A solução foi evoluindo ao longo do tempo de acordo com as várias sensibilidades e com a importância de servir os crescentes tráfegos urbanos de Coimbra e dos vários novos centros de procura que desenvolveu.

Se, no início, o peso estava na zona urbana adjacente à linha da Lousã, a consideração da nova localização (1987) dos HUC, do IPO, do Pólo de Ciências da Saúde – que se pode considerar ter tido o seu início em 1994, com a instalação do IBILI e, mais recentemente, das Faculdades e outros institutos – e do Hospital Pediátrico, bem como as novas zonas habitacionais, educativas, comercial e desportiva da Solum acabou por proporcionar o estudo de outras soluções.

Porque a decisão sobre a realização do investimento foi muito prolongada no tempo e porque, muito compreensivelmente, se tentou definir a melhor solução para, ao menos no tecido urbano de Coimbra, se promover o equilíbrio e sustentabilidade do investimento e o projecto foi evoluindo, também para responder às novas exigências em matéria ambiental.

As populações servidas pela linha da Lousã insistiam em argumentos que tinham na sua base a pré-existência de uma solução ferroviária, a natural luta contra o esquecimento e o abandono e a vocação de dormitório de alguns territórios municipais e a melhoria da solução do ponto de vista ecológico. Este era, no entanto, e ao mesmo tempo, elemento dificultador da decisão.

O elemento coesão territorial chocava e choca com a eficiência económica do projecto. E, desde que se concluiu que o projecto devia ser um todo e ter em toda a sua extensão a mesma solução tecnológica, mais difícil era a resposta ao problema.

Claro que, na lógica da tentativa do primeiro concurso (2001), que não chegou sequer a ser lançado, a saída era a que decorria de umas Bases de Concessão e de uma lei de Parcerias Público Privadas viradas para a generosidade do Estado.

Mas, mesmo assim, o problema agudizava-se quando se tentava encontrar resposta para o financiamento da obra, mesmo sem ter em conta qualquer preocupação de enquadramento orçamental da despesa futura na manutenção e operação.

Apesar disso, diga-se, que noutros grandes centros, foi encontrada sem grande dificuldade a solução gastadora. E o cortejo de défices das empresas públicas de transporte ampliou-se de modo preocupante: no caso do MP face à necessidade de suportar o pagamento dos empréstimos (solução de endividamento) mas com sucesso assinalável quanto à operação e exploração; no caso do MST com défices de exploração assinaláveis). A necessidade de não repetir os avultados investimentos com integrações urbanísticas, acusação que era feita ao metro do Porto, correspondeu a outro alerta para o MM.

Em Coimbra, não se verificaram essas facilidades: a solução para um problema mais pequeno devia ser exemplar.

Que ao governo (aos vários governos) era difícil decidir não restam dúvidas.

O segundo governo de António Guterres não conseguiu formular o despacho conjunto, mesmo em tempo eleitoral.

Mas, também desde o início, que Coimbra procurou alternativas de financiamento equilibradoras.

Foi o caso da negociação dos terrenos da REFER e da sua valorização urbanística com a mudança da Estação e substituição do serviço ferroviário pelo MLS e a construção desejada do Interface intermodal (Centro de Transportes) e foi o caso da insistência na ligação ao reforço (requalificar e recentrar) do tecido urbano com a reabilitação pretendida do centro da cidade. As duas iniciativas juntavam-se ao obviamente necessário financiamento por parte dos fundos comunitários e chegava-se a tentar uma abordagem ao BEI para utilizar os seus préstimos a fundo perdido.

Por outro lado, mais tarde, as tentativas de alteração do traçado urbano, que serviam melhor o projecto e Coimbra, eram igualmente reconhecidas como importantes para o equilíbrio económico e sustentabilidade do todo e do aumento das cargas de procura.

Com o governo Durão Barroso iniciou-se um período mais exigente em relação às condições de lançamento do concurso e à exploração.

Enquanto era alterado o diploma sobre as parcerias público privadas, com a participação mais activa do Ministério das Finanças e da Parpública, não sem grande êxito saliente-se, em função das recentes notícias sobre o endividamento resultante com todas as que foram assumidas posteriormente, eram igualmente alteradas as Bases da Concessão e os pressupostos

COMO NÃO DECIDIR UMA OBRA PÚBLICA

de lançamento do concurso com a mais clara definição do que competiria ao Estado, aos Municípios e aos eventuais privados no investimento e na exploração e constituição, em 2003, da Comissão de Acompanhamento da Exploração do MLS (PPP).

E, com toda a exigência reforçada, o facto é que as Embaixadas dos países fornecedores de equipamentos não paravam de tentar obter esclarecimentos sobre a intenção de avançar com o investimento.

Depois de, já no governo de Santana Lopes, o concurso ser aberto – aviso enviado para publicação no Jornal das Comunidades e no Diário da República em 17 de Fevereiro de 2005 – e logo a seguir impedido pela discordância dos municípios da Lousã e de Miranda do Corvo, que o governo não quis ultrapassar, surge, ou melhor, é anunciada por iniciativa do novo governo José Sócrates – que iniciou funções em 12 de Março de 2005 – uma solução que poderemos considerar híbrida, a dois sistemas e tempos e baseada em condições de execução particularmente complexas.

O projecto acaba por ficar subsumido à designação pretensamente integradora de Sistema de Mobilidade do Mondego. Abrangia a linha da Lousã, Coimbra e várias outras soluções de mobilidade da região para este efeito definida. Percebeu-se que se pretendia reequacionar tudo.

A palavra mágica *"tram-train"* procurava concitar a concordância geral na solução tecnológica a seguir, mas sem se garantir a electrificação de toda a linha.

No essencial, desenhavam-se duas soluções, uma urbana, outra suburbana, com cadências diferentes e acentuou-se a declaração da consideração de Serpins como ponto a servir pelo sistema de forma directa.

Depois, foi um tempo de refazer projectos, de contratar mais assessorias, de rediscutir várias questões, algumas delas importantes e elaborar projectos de execução.

Co-existiu este momento com a fase de contenção orçamental do primeiro governo José Sócrates. Não fazemos juízos de intenção. Limitamo-nos a constatar o facto.

Superados todos os entraves, decidiu-se lançar a obra.

Primeiro a linha da Lousã, em tranches, em concursos separados e sucessivos. Iniciando-se com a construção dos interfaces da Lousã, Miranda do Corvo e Ceira (1.ª fase), depois a requalificação do canal e a construção das infraestruras de longa duração (ILD), posteriormente a electrificação, o PMO e o material circulante. Passa-se de um único concurso (de

PPP) para a realização de 13 concursos, quase todos a cargo da REFER e da CP, com recurso ao crédito bancário.

Solução adiada, a segunda fase que dizia respeito à linha e troços urbanos mais importantes. Provavelmente, recorrendo a parceria público privada.

Quando a Câmara de Coimbra insiste em prazos para esta segunda fase, recebe um princípio de calendarização, mas sujeito a algumas condicionantes.

Quando a Câmara Municipal de Coimbra insiste na participação da MM no Fundo Imobiliário destinado à reconstrução da Baixa (primeiro quarteirão), recebe uma resposta positiva de princípio, mas que ainda se não concretizou tantos anos depois.

A solução expedita para a criação de condições de financiamento foi o recurso à contracção de empréstimos para a execução da obra, por parte da REFER e da CP, também, responsáveis pelo lançamento das empreitadas.

Só para a 1.ª fase (agora até Coimbra B), teríamos um investimento 304M€ (de um total de 461M€). De acordo com os protocolos assinados: 198 M€ da Refer e o restante a CP. Problema que parece não ter sido considerado foi a situação financeira destas empresas.

Quando a 18 de Janeiro de 2010, no segundo governo de José Sócrates, é consignada a obra relativa à segunda empreitada de construção das ILD (Miranda do Corvo e Alto de S. João) e apresentado o estudo de integração do canal na Baixa de Coimbra, entre o rio e a Câmara Municipal, na presença do Secretário de Estado dos Transportes (SET), já se mostravam sinais de um período de grande conturbação financeira do Estado português.

Apesar disso, arranca-se uma parte significativa da linha (numa extensão 30,6 Km) e começam obras, numa declaração de optimismo e irreversibilidade do projecto. Assume-se o compromisso público da adjudicação das empreitadas com concursos em curso e o lançamento dos concursos em falta para a 1.ª fase e de que o metro estará a operar (para esta 1.ª fase) em 2012.

Confrontado com a Câmara de Coimbra, o Secretário de Estado de então apercebe-se da gravidade da situação criada. Sem a execução da 2.ª fase – linha do Hospital – isto é, mesmo que as obras em curso fossem todas concluídas de acordo com o calendário anunciado, seguir-se-ia um largo período de acumulação de prejuízos de exploração em função do adiamento da parte urbana.

O Secretário de Estado dos Transportes (SET) *"garante financiamento para Linha do Hospital"* referem os jornais. E *"o governo só está à espera que a MM conclua o estudo de procura e a análise de custo/benefício para lançar o concurso relativo à segunda fase"* e que *"esses estudos deverão ser conhecidos no final de Fevereiro"*, e que o mesmo só poderá ser positivo, conhecendo Coimbra. Mas também que *"da parte do governo há o compromisso de que nenhum financiamento estará garantido sem que os projectos se justifiquem a si próprios"*.

Nesta altura inicia-se a saga dos PEC e em 1 de Junho de 2010 o Secretário de Estado do Tesouro e Finanças (SETF) assina o Despacho 510, de 1 de Junho, impondo *"limites ao endividamento por parte das empresas públicas"*. É determinada a recalendarização e reprogramação de novos investimentos.

Não existe uma decisão comunicada de parar as obras, mas na prática as novas adjudicações não ocorrem, enquanto os trabalhos das empreitadas em curso continuam a decorrer, não sem ser suprimida a colocação dos carris e da catenária.

A questão para o Projecto do Metro Mondego põe-se de um modo particular: estando em causa empreitadas de uma mesma "Obra" – o Metro Mondego, trata-se ou não de um novo investimento? O projecto não é, seguramente, "um novo investimento", mas as diversas e distintas empreitadas levam à necessidade de propor novas calendarizações.

Apanhada na voragem da insustentabilidade da sua situação financeira, mais do que esgotada a sua capacidade de recurso ao crédito, a REFER é, na prática impedida de continuar a lançar concursos e a CP anula mais um concurso de material circulante (o terceiro!), não aceitando nenhum concorrente.

Com a aprovação do OE para 2011 a posição prevista é o estudo *"da demonstração de interesse e viabilidade da operação"* de integração da MM na REFER, sucedendo esta na realização do seu objecto social, e a publicação, até final de 2011, de diploma legal nesse sentido.

Não sem, antes, o Estado protagonizar vários episódios caricatos de não comparência ou adiamento das reuniões das Assembleias Gerais.

Diversas são as reacções e movimentos. Destaque-se, pelo seu significado, o lançamento de uma Petição contra a paralisação e/ou adiamentos no projecto do Metro Mondego, o Movimento de Utentes da Linha da Lousã e o boicote eleitoral.

O Presidente do CA demite-se em Outubro (com efeitos a partir de 30 de Novembro de 2010) como protesto, face ao anúncio da possível extinção da MM, denunciando *"a irresponsabilidade de deitar para o lixo um projecto relevante onde já foram investidas muitas dezenas de milhões de euros"*.

No final de Janeiro de 2011 e na sequência do debate sobre a Petição, a Assembleia da Republica aprova um conjunto de Resoluções recomendando ao Governo a conclusão do Projecto do Metro Mondego, com prioridade para os troços correspondentes à Linha da Lousã.

As Câmaras são finalmente recebidas pelo MOPTC e SET.

Por Despacho, de 16 de Fevereiro de 2011, o Secretário de Estado dos Transportes, após a realização da reunião entre o MOPTC, o SET e os três presidentes de CM, procede à constituição de 2 grupos de trabalhos. O primeiro relatório é entregue ao Governo em 15 de Junho de 2011.

O Governo solicita a intervenção do FMI, do BCE e da União Europeia (Fundo de Resgate). O Governo cai, na sequência do pedido de demissão do Primeiro-Ministro.

A não decisão sobre o MM continua, sendo já diversos os dossiers que aguardam decisão.

A situação não pode ser mais absurda.

Uma parte significativa da linha está levantada e os trabalhos relativos às infra-estruturas de longa duração (ILD) na perspectiva do «tram-train»/metro ligeiro prosseguem.

Outra parte da linha continua a enferrujar na cidade de Coimbra.

Os transportes alternativos em autocarro substituíram o serviço ferroviário à conta da MM.

Os protestos das pessoas e do movimento cívico incrementam-se e alguns pedem o que agora é dificilmente possível, sem encargos avultados e sem nada resolver, que é o da reinstalação de uma solução ferroviária na linha. Numa linha que, ao longo da sua existência, acumula prejuízos, observe-se. E num momento em que o Estado encerra linhas sem viabilidade económica.

Que solução e recalendarização, com que material circulante, compatível ou não com as características da obra já feita, são as interrogações a formular.

Depois de cerca de cento e trinta milhões de euros investidos (incluindo as obras em curso, os estudos e projectos de execução, as expropriações e demolições, os custos de estrutura e os transportes alternativos).

E, entretanto, todas as verbas comunitárias inicialmente previstas deixaram de existir no PO MaisCentro. A MM propõe a candidatura ao POVT e a utilização dos veículos disponíveis no MP.

COMO NÃO DECIDIR UMA OBRA PÚBLICA

Coimbra continua à espera do contributo para a reabilitação urbana. E, de modo idêntico, as ideias sobre a Estação e os terrenos da CP foram literalmente por água abaixo.

O Administrador Executivo[48] da MM,SA dá nota em entrevista ao *Diário de Coimbra* publicada a 08 de Agosto de 2011 da necessidade e urgência de decisões, lamentando *"os vários momentos de ausência de decisões que se têm verificado no projecto"* ... *"as consequências, também financeiras, da "não decisão" ou do protelar e arrastamento das questões". Mas, também, da "dificuldade em compreender que se volte à estaca zero ou a uma «solução» que não seja eficaz e geradora de maior procura do transporte público de passageiros e sustentada na operação. Ou que não se resista à tentação de realizar investimentos provisórios não rentabilizando os investimentos já realizados".*

E mais adiante: *"é preciso que a região tenha capacidade de demonstrar a importância do projecto e o que traz de ganho, eficácia e melhoria da qualidade de vida e da economia regional e nacional. Mas, também me parece importante reter que a situação do Metro Mondego é uma questão sui generis. Não estamos a falar de um projecto novo ou que ainda não tenha começado. Estamos a falar de um projecto que tem mais de 30 quilómetros de obra e um investimento realizado correspondente a cerca de um terço do total. Que com a realização das obras se suspendeu um serviço de transporte público ferroviário, substituído por um serviço rodoviário alternativo, até à entrada em operação do metro. Não é um projecto novo. Está em curso, admito, há demasiados anos. Temos empreitadas novas, com concursos realizados, que aguardam adjudicação".*

E relativamente às criticas aos "custos" do projecto, considera que *"as inflexões e indecisões são a meu ver mais significativas. Não realizar o Metro Mondego é desperdiçar os milhões de que já falámos e é agravar o problema de mobilidade, porque a ausência de um sistema moderno e eficaz só pode acentuar a transferência da procura para o modo privado, como já ocorria em 1994 e actualmente está a acontecer com os transportes alternativos rodoviários"* ... *"Aí sim, há gastos e energias que deviam ter sido reaproveitados de outra maneira".*

E informou, ainda, que *"a Metro Mondego identificou a oportunidade de financiamento pelo POVT e em articulação com a Refer, oficiou nesse sentido ao então Ministro das Obras Públicas e Transportes"*, tutela técnica do projecto e responsável político pelo POVT.

---

[48] Eng. João Rebelo.

Sabe-se que o Tribunal de Contas elaborou um relatório sobre o projecto da MM. Naturalmente que ele sempre iria referir o óbvio, independentemente de outros pormenores mais ou menos acessórios que, como habitualmente, foram os mais citados.

O Projecto é apresentado como um projecto que tropeçou no tempo, que foi pensado numa era de liberalidade do Estado e que, quando adequado às circunstâncias, foi vítima da obstaculização de quem queria tudo para afinal ficar com nada, que estará dependente da existência de verbas públicas, do Estado, ou melhor, da possibilidade de financiamento comunitário, da capacidade de investimento de privados interessados e da vontade de co-responsabilização das autarquias.

Mas, para além da necessidade de esclarecimento quanto à evolução dos diferentes valores de investimento do projecto, decorrentes quer da correcção monetária, quer quanto ao conteúdo do projecto decorrente da sua evolução no tempo, há elementos muito importantes a notar em termos comparados com outros projectos idênticos realizados em Portugal.

São citados os Metros do Sul do Tejo e do Porto. Um demorou 10 anos a iniciar, outro demorou 13.

Os dados susceptíveis de comparação entre investimento e custo de passageiro transportado são claramente favoráveis ao Metro Mondego (MM), na sua integralidade. Onde as coisas se complicam é justamente na linha da Lousã que apresenta um mais elevado custo por passageiro na versão ferroviária e que manifesta um abrandamento de custos na versão realizada em transportes alternativos rodoviários. Refere-se no relatório da auditoria: *"O transporte alternativo rodoviário da linha da Lousã apresenta-se como menos oneroso." "Tendo como referência os custos da produção, ainda que com redução da procura, os serviços alternativos geraram , em 2010, um prejuízo por passageiro de 1,76 euros, face aos 2,11 euros de prejuízo registado em 2009, quando estava em circulação o modo ferroviário."*

Um dado muito importante diz que, se na linha da Lousã 0,9 milhões de passageiros geram um défice anual de 0,9 milhões de euros, em Coimbra 26 milhões de passageiros dos SMTUC geram um défice de cerca de 6 milhões de euros.

Mas, entretanto, o Tribunal de Contas salienta que os transportes públicos alternativos acarretaram, em 2010, um prejuízo de 1,76 euros por passageiro, enquanto que no concelho de Coimbra (transporte rodoviário dos SMTUC) se verifica um prejuízo de 0,24 euros por passageiro.

COMO NÃO DECIDIR UMA OBRA PÚBLICA

O estudo de procura da Ferbritas pré-anunciava um prejuízo de 0,29 euros por passageiro, em todo o sistema no primeiro ano de operação.

O Tribunal de Contas dá-se conta da verdadeira essência do problema.

E, por isso mesmo, além das demais conclusões tiradas, recomenda ao Governo uma célere decisão quanto ao assunto.

O investimento realizado de 130 milhões de euros precisa de mais 50 ou 70 milhões de euros para recuperar a funcionalidade da linha da Lousã, voltar à situação anterior e continuar a gerar prejuízos. Para quem? Para o Estado.

Uma outra solução poderia deslocar parte significativa da responsabilidade para Câmaras e privados.

O Tribunal de Contas dá mostras de considerar positiva a decisão tomada aquando do concurso público aberto em 2005 no que dizia respeito às economias a realizar no projecto, na óptica do Estado financiador, perante o modo de o levar a cabo entre Serpins e Coimbra. Embora as alternativas tecnológicas estivessem limitadas por outros considerandos no caderno de encargos reportado às bases de concessão, como vimos antes, é verdade que de Serpins à Lousã se recorreria a autocarros e só de Lousã a Ceira poderia ser proposta a tal outra alternativa condicionada. Pelo que se mantinha a ideia da ligação entre Lousã, Miranda do Corvo e Coimbra pelo mesmo sistema. Muitas áreas de Coimbra não seriam por ele servidas, como outras de Miranda, como outras da Lousã. Diz o relatório da auditoria: *"aquela decisão das autarquias obstou a que pudessem ter sido apresentadas propostas que baixassem o custo do investimento a financiar pelo Estado e o custo da operação que, em respeito ao Acordo Parassocial e às Bases de Concessão, seria financiado também pelas autarquias dos concelhos beneficiários do sistema de metro"*.

É preciso decidir com urgência diz o Tribunal de Contas!. *«Quanto mais tardar a decisão que se impõe, que deverá ser aquela que restabeleça o equilíbrio entre a necessidade de mobilidade e de serviço de transporte público na região, por um lado, e os princípios de economia e de contenção de despesa pública, mais perdurará a estagnação do projecto decorrente da incapacidade de decisão, mas, ainda assim, sempre a gerar custos ao erário público"*.

O Estado nunca deu a prioridade incontestável a este projecto de modo a torná-lo determinante, diz também o mesmo relatório.

Podíamos repetir esta conclusão em muitos outros projectos nacionais e em muitos períodos mortos que as decisões tiveram.

Muito provavelmente é esta uma das razões do insucesso de tantos deles e do incremento do custo final.

E, todavia, foram feitos estudos, foram alteradas condições com base em legislação própria para o efeito aprovada, foram estimadas soluções de financiamento, foram reservadas verbas de fundos comunitários.

O problema é que, quando havia fundos estava o projecto parado, quando se ultrapassavam os impasses faltava o apoio financeiro ou regressavam os fantasmas da revisão das opções.

Foi, essencialmente, esta a razão de ser das várias faces do projecto, ou dos vários projectos em que se transformou a ideia inicial ao longo do tempo.

E daqui nasceram as consequências da evolução crescente dos valores necessários para a sua execução.

Mas, antes do mais, convém saber do que estamos a falar quando citamos e comparamos números.

A ideia de que a primeira previsão do metro apontava para duzentos milhões de euros e de que o projecto teria derrapado para quinhentos milhões não é absolutamente exacta porque o projecto é outro. Aliás, o Tribunal de Contas fala mesmo em *"enriquecimento com novas soluções tecnológicas"* a par do aumento de custos resultantes do arrastamento da decisão e mudança de modelos.

A linha da Lousã representa um investimento de 282,9 milhões de euros[49].

Até ao ponto intervencionado (realizado e comprometido) de 93,9 milhões de euros.

O projecto em 2002 previa um investimento de 229,5 milhões de euros, (280,1 a preços de 2010), numa falsa parceria público-privada.

O investimento em 2005, no concurso público internacional lançado para parceria público privada, atingia[50] 350 milhões de euros (395,2 milhões a preços correntes de 2011) dos quais 175 milhões da responsabilidade directa do Estado (que poderiam reduzir-se a 135 no caso da utilização dos fundos comunitários previstos).

---

[49] Relatório do grupo de trabalho.

[50] O *Outline Business Case* – PPP apresentava o valor de 302,5 milhões de euros (341,4 milhões a preços correntes de 2011). Valor que foi, mais tarde, ajustado para 350 milhões de euros, ou melhor, que se alcança, por se ter determinado a comparticipação pública (até 50% dos custos do investimento inicial) até 175 milhões de euros.

O modo utilizado nesta outra decisão do anterior governo para o sistema de mobilidade do Mondego leva a intervenção directa do Estado na primeira fase (só a Linha da Lousã) no total de mais de 300 milhões de euros (320 milhões a preços correntes 2011) que, na Revisão do GT se reduz a 283 milhões, e em possível parceria público privada no total de 137,4 milhões de euros na segunda fase (Linha do Hospital).

De qualquer forma a evolução do valor do investimento passa, a preços correntes de 2011 e para o que pode ser, basicamente, comparável, de 280,1 milhões de euros (Anteprojecto 2002) para 341,4 milhões de euros (PPP 2005) e 420,3 milhões (SMM revisão do GT, este já com a extensão ao Hospital Pediátrico e variante da Solum, o que não sucedia nos anteriores). Fazer outras comparações é comparar o incomparável.

Porém talvez interesse bem mais perceber o que significa este projecto em relação a outros metros de superfície, em termos de operação do sistema. Uma coisa é proceder à análise do investimento nas diferentes configurações do projecto e outra, porventura mais significativa, a tentativa de descobrir o resultado em termos de sustentabilidade. Aliás, relevando mesmo as cautelas alegadas pelo Tribunal de Contas em função do comparável na execução dos outros dois sistemas, o quadro apresentado na auditoria é muito importante:

QUADRO 11 – BENCHMARKING ENTRE O SMM, A MP E O MST

2009	SMM (previsão para o 1º ano de operação)	MP	MST
Custos Operacionais (mil €)	12.321	50.475	21.829
Km de rede	42	59,6	12,1
N.º de passageiros (mil)	16.524	52.600	7.690
Custo op./passageiro(€)	0,75	0,96	2,84
Passageiros PKT (mil) (Volume de Tráfego)	76.454	261.117	24.726
Custos Op./Passageiro x Km (€)	0,16	0,19	0,88

Legenda: SMM – Sistema Metro Ligeiro do Mondego; MP – Metro do Porto; MST – Metro Sul do Tejo.
Fonte: Relatório e Contas de 2009 da MP.

Em legenda dir-se-ia, como o TC nota, que:

"O SMM teria um custo por passageiro de 0,75 euros, face aos 0,96 euros do metro do Porto e 2, 84€ do metro do sul do Tejo.

O SMM registaria um custo operacional por volume de tráfego de 0,16 euros, quando o metro do Porto alcançou 0,19 euros e o metro do sul do Tejo 0,88 euros".

Não se ignora que um dos principais problemas que, aliás, repete muitas outras decisões, foi, como o Tribunal de Contas também nota, a desorçamentação do Estado para as empresas públicas. Do Orçamento do Estado para o recurso ao endividamento das empresas públicas. Quis-se fazer a quadratura do círculo.

Depois, o Estado substituiu um prejuízo de 4 milhões de euros/ano pelos encargos dos transportes alternativos, do pessoal ao serviço e dos encargos dos empréstimos contraídos.

É urgente decidir, portanto.

Mas, difícil ou fácil, não é para isto mesmo que os governos existem? Percebe-se que pode ser cómoda a não-decisão.

Ou, então, tentar evitar o mal maior.

Perante a crise financeira instalada, um caminho convidativo para alguns poderá ser a suspensão por tempo ilimitado do projecto. Convém perceber que se o Estado não tem dinheiro e o financiamento para o sector público não existe e se não existirem privados interessados ou, existindo, também não tenham capacidade de recurso ao crédito, então adeus projecto. Aliás, o anuncio da suspensão de todas as PPP pode terminar com a única forma possível de o considerar, desde que respeitado o interesse público.

Manter-se-ão, neste caso os custos dos transportes alternativos, ou suprimir-se-ão? Não podemos ignorar o que o TC salienta.

Para outros o caminho possível seria o regresso da ferrovia pesada à via na sua maior parte alterada. Era deitar fora mais de 130 milhões, sem contar com os investimentos necessário para a sua reinstalação e ter a dificuldade em decidir qual o tipo de equipamentos a utilizar numa linha preparada para outro tipo até à zona mais intensamente urbana do percurso. Era voltar ao início. Era continuar a admitir o prejuízo anual da linha, agora necessariamente aumentado.

Outros, ainda, defenderão o caminho de reequacionar todo o projecto cortando o que não se pode considerar gerador de equilíbrio e sustenta- bilidade e valorizar o restante – gerador de equilíbrio e sustentabilidade. No fundo, actualizando os estudos e reforçando a eficiência do sistema. Tentando estimar e fixar um prazo limite para a sua execução. Mas, se o recurso a fundos comunitários é admissível, como precaver a sua utiliza- ção e a execução da obra até ao limite temporal previsto?

Ou, então, a solução mais radical.

O projecto não se justificaria do ponto de vista económico, as soluções existentes seriam satisfatórias, Coimbra refaria, independentemente dos custos, todo o seu planeamento, o centro histórico (a Baixa em particular) e a sua reabilitação esperariam por melhores dias.

Também estaríamos perante uma solução que traria paz a todos.

Só que, pela desistência e inconsideração manifestas, para além dos custos associados, ficaria na história como o modo de corrigir um erro com um erro maior.

Como já referimos a solução não pode ser uma forma de substituir um sistema obsoleto (e com um prejuízo anual de cerca de 4,2 milhões de euros da CP e REFER) por um investimento absurdo que, apenas, e sem mudança de horizonte e de estabilidade, o aumente até ser considerado inaceitável.

A solução que se defende é o sistema de Metro Ligeiro do Mondego e passa, como atrás se referiu, por se entender o projecto como um todo, capaz de promover o equilíbrio e a sustentabilidade necessários.

A solução que se pretende corresponde uma preocupação de integração das políticas de mobilidade com o ordenamento do território, podendo constatar-se mesmo um pioneirismo nesta singularidade.

A solução a instituir deve ficar ligada à constituição de uma Autoridade Regional de Transportes que lhe dê coerência global.

ANEXOS

1. Plano Almeida Garret (1955)
2. Protocolo entre a CMC e a CP de 12 de Junho de 1989 – Relativo ao desnivelamento da Linha da Lousã (Túnel da Portagem)
3. DL 70/94, de 3 de Março – Reconhece e define os termos gerais em que será atribuída a concessão e a exploração do MLS nos municípios de Coimbra, Miranda do Corvo e Lousã
4. DL 179-A/2001, de 18 de Junho – Alteração ao DL 70/94 de 3 de Março
5. DL 10/2002, de 24 de Janeiro – Atribuiu à Metro-Mondego, S.A., a concessão, em regime de serviço público, da exploração de um sistema de MLS/Aprova as Bases de Concessão (1.ª) do MLS do Mondego/Aprova os Estatutos da MM, S.A.
6. DL 226/2004, de 6 de Dezembro – Alteração ao DL 10/2002, de 24 de Janeiro: adapta-o ao regime das PPP; e 2.ª Bases de Concessão do MLS do Mondego
7. Parecer sobre as alternativas de reabilitação do Ramal da Lousã no contexto do projecto do MLM – CESUR/Prof. Fernando Nunes da Silva. Fevereiro de 2002
8. Notas para a reformulação do projecto de Metro Mondego – Par-pública. 8 de Outubro de 2002
9. Despacho do SET de 05 de Agosto de 2003 que autoriza a preparação da PPP; Despacho do SETF de 28.07.2003; Notas conjuntas SETF/SETC de 04.10.2004, 15.11.2004 e 23.11.2004
10. Despacho Conjunto n.º 945/2003, de 8 de Setembro de 2003 – Comissão de Acompanhamento da Exploração do Sistema de MLS (Concurso Público Internacional/PPP)

COMO NÃO DECIDIR UMA OBRA PÚBLICA

11. Parecer dos representantes do Ministério das Finanças na Comissão de Acompanhamento do concurso para o MLM e Despacho do SETF de 26.01.2005

12. Aviso de abertura do Concurso Público Internacional (PPP) para o Metro Mondego – Publicado no Diário da República e no Jornal das Comunidades em 17 de Fevereiro de 2005

13. Concurso Público Internacional do Sistema de Transporte do Metro Mondego (17.02.2005) – Programa de Concurso (artigos 1.º, 17.º, 56.º e 57.º)

14. Nota do MOPTC à comunicação social, datada de 2 de Junho de 2005, sobre a anulação, por extinção do concurso da Metro Mondego

15. Apresentação do SMM pela Senhora Secretária de Estado dos Transportes, em 07 de Março de 2006

16. Despacho do SETF de 17.03.2009 concordando com o desenvolvimento do SMM, de acordo com o calendário e orçamento previsto e parecer da DGTF de 17.12.2008 – Concorda com a celebração dos Protocolos previstos com a REFER e a CP após a introdução de algumas correcções

17. Resolução do Conselho de Ministros n.º 101-A/2010, de 15 de Dezembro – Detalha e concretiza um conjunto de medidas de consolidação e controle orçamental, subjacente ao PEC e para a execução OE para 2011, incluindo entre elas: *"a definição das redes de transportes urbanos na AML-Sul, Coimbra e Faro, preparando a contratualização da sua exploração"*; e a *"integração da ... Metro Mondego na REFER"*, encarregando esta de "proceder aos estudos de demonstração de interesse e viabilidade da operação" e prevendo a (eventual) aprovação de diploma legal *"Decreto-Lei regulador"* com esse objectivo *"até final de 2011"*

18. Comunicado do MOPTC no final da reunião, realizada no dia 2 de Fevereiro de 2011, com os Presidentes da CM de Coimbra, Lousã e Miranda do Corvo (sobre as conclusões da mesma)

19. Cronograma da distribuição temporal das entidades envolvidas.

ANEXO 1
Plano Almeida Garret (1955)

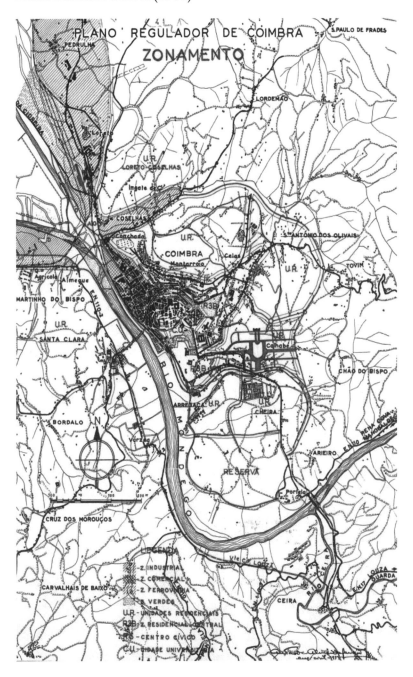

ANEXO 2
Protocolo entre a CMC e a CP de 12 de Junho de 1989 – Relativo ao desnivelamento da Linha da Lousã (Túnel da Portagem)

PROTOCOLO

A Câmara Municipal de Coimbra e os Caminhos de Ferro Portugueses, E.P., reconhecendo a necessidade da urgente resolução do problema da ligação, sem restrições, entre o Ramal da Lousã e a Rede Geral integrado num projecto a médio e longo prazo que rendibilize a exploração entre a Estação de Coimbra B e Cetra através de uma utilização intensamente urbana e consequente aproveitamento dos novos espaços conquistados para a cidade, decidiram procurar a solução possível a curto prazo, sem prejuízo de um eventual desenvolvimento no futuro.

Nesse sentido as duas entidades reconhecem:

a) - Que a actual oferta da CP é de 570 lugares por hora, no período de ponta;

b) - Que após a construção do túnel em via única, com a construção do semi-términus das Carvalhosas, a electrificação e a sinalização podem ser oferecidos, numa hora, 2 808 lugares;

c) - Que, ainda com a via única e a construção de uma pequena linha de resguardo, a CP poderá atingir uma oferta de 5 616 lugares/hora;

d) - Que, com o projecto a desenvolver, a CP garantirá uma capacidade de oferta futura, de transporte urbano, que superará as necessidades previsíveis a longo prazo.

1 - Nesse sentido a CP vai integrar no seu Plano de Modernização e Reconversão, no âmbito dos investimentos de longa duração, o projecto correspondente à passagem desnivelada em túnel subterrâneo entre o Km 1,140 do Ramal da Lousã (Rua do Arnado) e a Estação de Coimbra-Parque.

2 - Desta forma as actuais condicionantes da travessia da Portagem pelo Ramal da Lousã serão ultrapassadas com a construção de um túnel que atravessará o espaço existente entre os pontos anteriormente assinalados.

Este túnel deverá ter uma cota de soleira com o mais baixo nível que for possível, condicionada pela garantia de operacionalidade da Estação de Coimbra (Cidade) não implicando altamente no actual nível das ruas em toda a sua extensão.

O mesmo túnel será prolongado para os dois lados por rampas que seguirão, com ligeiras correcções, o traçado actual do Ramal;

O túnel ficará previsto para a electrificação do Ramal a considerar no âmbito do desenvolvimento das futuras electrificações da rede ferroviária;

O traçado preconizado para o túnel e rampas considerará a construção da Avenida Marginal e da Avenida da Lousã;

O projecto, numa 1ª. fase, desenvolver-se-á em via única devendo o túnel ser estudado de modo a possibilitar no futuro a ampliação para as duas vias, em termos de obras de construção civil.

3 - A CP, em colaboração com a Câmara Municipal de Coimbra irá ainda providenciar quanto à elaboração do projecto, com vista a iniciar a respectiva obra logo que existam dotações orçamentais, o que se prevê possa acontecer em 1990.

Esta será a condição necessária para o rebaixamento da linha ficar pronto até 1992 e o semi-términus, sinalização e electrificação até 1994.

A Câmara Municipal de Coimbra desenvolverá os necessários estudos, relativos ao desvio de condutas de água, colectores de esgotos e de condutores eléctricos decorrentes da construção do túnel e rampas em colaboração com a E.D.P. e CTT, sendo as obras integradas na obra geral a realizar pela CP.

4 - É ainda acordado que a Câmara Municipal de Coimbra, em colaboração com a CP, desenvolva o estudo correspondente à urbanização do espaço que venha a ser desactivado na Estação de Coimbra (Cidade) como consequência desta obra e da futura modernização da Estação de Coimbra B.

5 - Fica ainda estabelecido que a CP vai desenvolver os estudos necessários à criação duma Estação com a função de semi-términus na zona das Carvalhosas e à sinalização do troço entre este semi-términus e Coimbra B com vista a vir a estabelecer-se nele um serviço de maior intensidade.

6 - À Câmara Municipal de Coimbra deverá ser presente o respectivo projecto para apreciação e aprovação.

Coimbra, 12 de Junho de 1989.

O Presidente da Câmara Municipal de Coimbra

O Presidente, do Conselho de Gerência dos Caminhos de Ferro Portugueses

ANEXOS

ANEXO 3
DL 70/94, de 3 de Março – Reconhece e define os termos gerais em que será atribuída a concessão e a exploração do MLS nos municípios de Coimbra, Miranda do Corvo e Lousã

MINISTÉRIO DAS OBRAS PÚBLICAS, TRANSPORTES E COMUNICAÇÕES

—

Decreto-Lei n.º 70/94

de 3 de Março

O ramal da Lousã assegura a ligação ferroviária das zonas de Serpins, Lousã, Miranda do Corvo e Ceira a Coimbra e à linha do Norte.

Esta ligação foi bastante afectada pelas difíceis condições de atravessamento do centro de Coimbra, nomeadamente devido à confluência de tráfegos rodoviário e ferroviário no cruzamento da Avenida de Emídio Navarro com a Ponte de Santa Clara e o Largo da Portagem, o que originou uma progressiva transferência dos fluxos pendulares de passageiros deste ramal para o modo de transporte rodoviário, público e privado.

Por esta razão, foi necessário deslocar o terminal das circulações do ramal para Coimbra-Parque, não existindo hoje nenhuma circulação de passageiros entre este terminal e Coimbra-B, que sirva a parte central da cidade.

Este quadro recomenda que se criem condições para dar uma resposta mais cómoda e eficaz para o transporte dos passageiros das zonas em questão e da própria cidade de Coimbra, através de uma solução mais moderna e flexível que o transporte ferroviário tradicional, totalmente inadequado a este fim.

Face aos condicionalismos preexistentes, a solução adequada é a do metropolitano de superfície, um meio de transporte que, pelas suas características técnicas, se adapta não só a uma circulação urbana com capacidade para os fluxos de passageiros esperados como, também, a uma maior rapidez, horários mais flexíveis e melhor articulação com os outros meios de transporte existentes.

O disposto no presente diploma mereceu a concordância das Câmaras Municipais de Coimbra, Miranda do Corvo e Lousã, que para o efeito foram ouvidas.

Assim:

Nos termos da alínea a) do n.º 1 do artigo 201.º da Constituição, o Governo decreta o seguinte:

Artigo 1.º A exploração, nos municípios de Coimbra, Miranda do Corvo e Lousã, em regime de exclusivo, do metropolitano ligeiro de superfície é atribuída a uma sociedade anónima, de capitais exclusivamente públicos, a criar nos termos da lei comercial, desde que obedeça às seguintes condições:

a) O capital social ser detido pelas Câmaras Municipais de Coimbra, Miranda do Corvo e Lousã, sem prejuízo do disposto no artigo seguinte;

b) A sociedade ter por objecto principal a exploração do metropolitano de superfície nos municípios de Coimbra, Miranda do Corvo e Lousã, no corredor Coimbra-B-Serpins, pelo ramal da Lousã.

Art. 2.º — 1 — A CP — Caminhos de Ferro Portugueses, E. P., pode participar em espécie no capital social da sociedade referida no artigo anterior até 30 % do seu total.

2 — O Metropolitano de Lisboa, E. P., pode participar no capital social da sociedade referida no artigo anterior até 5 % do seu total.

Art. 3.º — 1 — A sociedade referida no artigo 1.º apenas adquire o exclusivo de exploração se, após a sua constituição, efectuar depósito do contrato social na Direcção-Geral de Transportes Terrestres e, por despacho do director-geral de Transportes Terrestres, for declarada a sua conformidade com as disposições do presente diploma.

2 — O despacho referido no número anterior é publicado no *Diário da República*.

Art. 4.º A realização dos estudos, concepção, planeamento e projectos e a construção das infra-

Art. 5.º — 1 — A sociedade referida no artigo 1.º pode ceder a exploração a entidade privada, mediante concurso público.

2 — O programa de concurso para a exploração e respectivo caderno de encargos carecem de homologação pelo director-geral de Transportes Terrestres.

3 — A cedência prevista no n.º 1 pode, nos termos que vierem a constar do respectivo caderno de encargos, ser estabelecida mediante condições que obriguem o cessionário a proceder à modernização e ou à construção de linhas ou troços de linha, existentes ou novos.

4 — Os preços a praticar, bem como o respectivo regime, são os constantes do contrato a que se refere o artigo seguinte.

Art. 6.º A adjudicação da cedência é feita pela sociedade referida no artigo 1.º, sendo formalidade essencial a outorga do contrato por escritura pública.

Art. 7.º — 1 — A CP cederá o uso do ramal da Lousã à entidade que explore o metropolitano ligeiro de superfície, nos termos que vierem a constar de protocolo a celebrar entre as duas empresas.

2 — Do protocolo a que se refere o número anterior pode ainda constar a cedência pela CP de imóveis desafectados do domínio público ferroviário, nos termos do Decreto-Lei n.º 269/92, de 28 de Novembro.

Art. 8.º Compete ao director-geral de Transportes Terrestres:

a) Autorizar o início de exploração;

b) Propor ao Ministro das Obras Públicas, Transportes e Comunicações a cessação do exclusivo, quando não sejam cumpridas as condições constantes do presente diploma;

c) Ouvir a Direcção-Geral da Concorrência e Preços no que respeita ao disposto no n.º 4 do artigo 5.º

Art. 9.º A CP assegura a manutenção do serviço ferroviário prestado no ramal da Lousã até à entrada em funcionamento do metropolitano ligeiro de superfície.

Visto e aprovado em Conselho de Ministros de 20 de Janeiro de 1994. — *Aníbal António Cavaco Silva — Eduardo de Almeida Catroga — Luís Francisco Valente de Oliveira — Joaquim Martins Ferreira do Amaral — Fernando Manuel Barbosa Faria de Oliveira.*

Promulgado em 11 de Fevereiro de 1994.

Publique-se.

O Presidente da República, MÁRIO SOARES.

Referendado em 15 de Fevereiro de 1994.

O Primeiro-Ministro, *Aníbal António Cavaco Silva.*

COMO NÃO DECIDIR UMA OBRA PÚBLICA

ANEXO 4
DL 179-A/2001, de 18 de Junho – Alteração ao DL 70/94, de 3 de Março

3544-(2)   *DIÁRIO DA REPÚBLICA — I SÉRIE-A*   N.º 139 — 18 de Junho de 2001

MINISTÉRIO DO EQUIPAMENTO SOCIAL

Decreto-Lei n.º 179-A/2001

de 18 de Junho

O projecto de metropolitano ligeiro de superfície a implantar nos municípios de Coimbra, Miranda do Corvo e Lousã é um elemento importante no desenvolvimento daquela região.

A concretização deste projecto, integrado num processo de modernização e articulação dos sistemas de transportes, permite viabilizar novas actividades económicas geradoras de maior riqueza e bem-estar social, bem como a melhoria das condições de planeamento e de ordenamento urbano.

Contudo, as bases sobre as quais assentou a elaboração e o desenvolvimento deste projecto, consagradas no Decreto-Lei n.º 70/94, de 3 de Março, mostram-se actualmente ineficazes para o seu desenvolvimento e concretização, pelo que se torna necessário introduzir elementos que promovam maior dinamismo e flexibilidade operacional, designadamente permitindo ao Estado também passar a deter o capital social da sociedade de capitais públicos que explora o sistema do metropolitano, bem como permitir a participação da REFER — Rede Ferroviária Nacional, E. P., com vista à dotação da sociedade dos meios adequados à prossecução do respectivo objecto social.

Acresce ainda o facto de terem sido criadas novas empresas e organismos associados às questões do transporte ferroviário que importa agora integrar no quadro legal do sistema do referido metropolitano de superfície, dos quais se destaca o Instituto Nacional do Transporte Ferroviário, através do Decreto-Lei n.º 299-B/98, de 29 de Setembro.

O disposto no presente diploma mereceu a concordância das Câmaras Municipais de Coimbra, de Miranda do Corvo e da Lousã, que para o efeito foram ouvidas.

Assim:

Nos termos da alínea *a*) do n.º 1 do artigo 198.º da Constituição, o Governo decreta o seguinte:

Artigo 1.º

Alteração ao Decreto-Lei n.º 70/94, de 3 de Março

Os artigos 1.º, 2.º, 4.º e 5.º do Decreto-Lei n.º 70/94, de 3 de Março, passam a ter a seguinte redacção:

«Artigo 1.º

1 — A exploração do sistema de metropolitano ligeiro de superfície nos municípios de Coimbra, de Miranda do Corvo e da Lousã é atribuída à sociedade Metro-Mondego, S. A., em exclusivo e em regime de concessão de serviço público.

2 — A Metro-Mondego, S. A., é uma sociedade anónima de capital exclusivamente público que se rege pela lei comercial e pelos seus estatutos, salvo no que o presente diploma ou disposições legais especiais disponham de modo diferente.

3 — O capital social da sociedade Metro-Mondego, S. A., é detido pelas Câmaras Municipais de Coimbra, de Miranda do Corvo e da Lousã e, maioritariamente, pelo Estado, sem prejuízo do disposto no artigo seguinte.

Artigo 2.º

No capital social da Metro-Mondego, S. A., podem ainda participar a CP — Caminhos de Ferro Portugueses, E. P., o Metropolitano de Lisboa, E. P., e a REFER — Rede Ferroviária Nacional, E. P.

Artigo 4.º

1 — A realização dos estudos, concepção, planeamento e projectos e a construção das infra-estruturas necessárias à concretização do empreendimento cabe à Metro-Mondego, S. A.

2 — Para efeitos do disposto no número anterior, pode a Metro-Mondego, S. A., proceder à contratação, por concurso, das prestações que considere necessárias, designadamente no que concerne à concepção e projecto, realização de obras de construção, fornecimento, montagem e manutenção do material circulante e demais equipamentos que constituem o sistema de metro e a sua exploração.

Artigo 5.º

1 — ....

2 — O programa de concurso para a exploração e respectivo caderno de encargos carecem de homologação do Instituto Nacional do Transporte Ferroviário.

3 — ....

4 — ....»

Artigo 2.º

Revogação

São revogados os artigos 3.º e 8.º do Decreto-Lei n.º 70/94, de 3 de Março.

Artigo 3.º

Entrada em vigor

O presente diploma entra em vigor no dia seguinte ao da sua publicação.

Visto e aprovado em Conselho de Ministros de 8 de Junho de 2001. — *António Manuel de Oliveira Guterres — Joaquim Augusto Nunes Pina Moura — José António Fonseca Vieira da Silva — José Sócrates Carvalho Pinto de Sousa.*

Promulgado em 12 de Junho de 2001.

Publique-se.

O Presidente da República, JORGE SAMPAIO.

Referendado em 15 de Junho de 2001.

O Primeiro-Ministro, em exercício, *Guilherme d'Oliveira Martins.*

ANEXO 5

DL 10/2002, de 24 de Janeiro – Atribuiu à Metro-Mondego, S.A., a concessão, em regime de serviço público, da exploração de um sistema de MLS/Aprova as Bases de Concessão (1.ª) do MLS do Mondego/Aprova os Estatutos da MM, S.A.

486   *DIÁRIO DA REPÚBLICA — I SÉRIE-A*   *N.º 20 — 24 de Janeiro de 2002*

Artigo 15.º

Entrada em vigor

O presente diploma entra em vigor no dia 1 de Fevereiro de 2002.

Visto e aprovado pelo Conselho de Ministros de 9 de Novembro de 2001. — *António Manuel de Oliveira Guterres* — *Luís Garcia Braga da Cruz* — *Luís Manuel Capoulas Santos* — *Júlio Domingos Pedrosa da Luz de Jesus* — *António Fernando Correia de Campos* — *José Sócrates Carvalho Pinto de Sousa* — *Alberto de Sousa Martins* — *José Manuel Lello Ribeiro de Almeida* — *António José Martins Seguro.*

Promulgado em 15 de Janeiro de 2002.

Publique-se.

O Presidente da República, JORGE SAMPAIO.

Referendado em 17 de Janeiro de 2002.

O Primeiro-Ministro, *António Manuel de Oliveira Guterres.*

MINISTÉRIO DO EQUIPAMENTO SOCIAL

Decreto-Lei n.º 10/2002

de 24 de Janeiro

O projecto de metropolitano ligeiro de superfície a implantar nos municípios de Coimbra, Miranda do Corvo e Lousã é um elemento determinante para o desenvolvimento daquela região, integrando a sua concretização um processo de modernização e articulação dos sistemas de transportes, contribuindo para a melhoria das acessibilidades, viabilizando novas actividades económicas geradoras de maior riqueza e bem-estar social, bem como a promoção das condições de planeamento e de ordenamento urbano.

Através do Decreto-Lei n.º 70/94, de 3 de Março, estabeleceu-se o primeiro regime jurídico de exploração do metropolitano ligeiro de superfície nos municípios de Coimbra, Miranda do Corvo e Lousã, que, essencialmente, consagrava a atribuição da exploração desse sistema, em exclusivo, a uma sociedade anónima de capitais exclusivamente públicos, a qual veio a ser constituída no dia 20 de Maio de 1996, sob a firma Metro-Mondego, S. A., cujo capital social era maioritariamente detido pelos referidos municípios.

Contudo, as bases sobre as quais assentou a elaboração e o desenvolvimento do projecto tal como inicialmente consagradas mostraram-se ineficazes para a sua concretização, tendo-se tornado imprescindível introduzir novos elementos que promovessem maior dinamismo e flexibilidade operacional, designadamente, através da participação do Estado e da Rede Ferroviária Nacional — REFER, E. P., no capital social da sociedade, dotando-a dos meios necessários e adequados à prossecução do seu objecto, para o que se procedeu à alteração do Decreto-Lei n.º 70/94, de 3 de Março, através do Decreto-Lei n.º 179-A/2001, de 18 de Junho, com a concordância das Câmaras Municipais envolvidas.

Houve, pois, que repensar o quadro legal existente, adaptando-o à nova realidade, por forma a consolidar a participação do Estado e da Rede Ferroviária Nacional — REFER, E. P., no capital social da Metro-Mondego, S. A., estabelecendo um novo regime jurídico e fazendo aprovar as bases de concessão da exploração e os novos estatutos da sociedade.

O disposto no presente diploma mereceu a prévia concordância das Câmaras Municipais de Coimbra, Miranda do Corvo e Lousã.

Foram ainda ouvidos a Associação Nacional de Municípios Portugueses, as Comissões de Trabalhadores da CP — Caminhos de Ferro Portugueses, E. P., e da Rede Ferroviária Nacional, REFER E. P., bem como os sindicatos representativos dos trabalhadores do sector.

Assim:

Nos termos da alínea *a*) do n.º 1 do artigo 198.º da Constituição, o Governo decreta o seguinte:

Artigo 1.º

Concessão de serviço público

1 — O Estado atribui à Metro-Mondego, S. A., em exclusivo, a concessão em regime de serviço público, da exploração de um sistema de metro ligeiro de superfície nos municípios de Coimbra, Miranda do Corvo e Lousã.

2 — A concessão rege-se pelas bases da concessão que constam do anexo I ao presente diploma e que dele fazem parte integrante.

3 — A concessão é atribuída pelo prazo de 30 anos, o qual pode ser prorrogado nos termos previstos nas bases da concessão.

Artigo 2.º

Do concedente

O Estado, enquanto concedente, é representado, consoante os casos, pelo Ministro das Finanças ou pelo Ministro do Equipamento Social, ou por quem actue ao abrigo de poderes delegados por despacho conjunto dos mesmos ministros.

Artigo 3.º

Da concessionária

1 — A Metro-Mondego, S. A., é uma sociedade anónima de capitais exclusivamente públicos que se rege pela lei comercial e pelos seus estatutos, salvo no que o presente diploma ou disposições legais especiais disponham diferentemente.

2 — Com o presente diploma, são aprovados os novos estatutos da Metro-Mondego, S. A., cujo texto consta do anexo II do presente diploma, que dele faz parte integrante.

3 — A Metro-Mondego, S. A., fica dispensada da outorga de escritura pública para as alterações estatutárias resultantes do documento mencionado no número anterior, servindo a presente publicação no *Diário da República* como título bastante para a perfeição e validade destes actos e, bem assim, para o respectivo registo.

Artigo 4.º

Contratação e fiscalização

1 — Para a prossecução do objecto da concessão pode a Metro-Mondego, S. A., proceder à contratação, nomeadamente através da subconcessão global ou parcial, por concurso, das prestações necessárias à concepção e projecto, à realização das obras de construção,

COMO NÃO DECIDIR UMA OBRA PÚBLICA

N.º 20 — 24 de Janeiro de 2002   *DIÁRIO DA REPÚBLICA — I SÉRIE-A*   487

ao fornecimento, montagem e manutenção do material circulante e dos demais equipamentos que constituem o sistema de metro, e à sua exploração.

2 — A Metro-Mondego, S. A., pode também por concurso contratar empresas para a fiscalização das prestações referidas no número anterior, sem prejuízo dos deveres de fiscalização das actividades da concessionária cometidas a esta ou a outras entidades nos termos das bases da concessão.

Artigo 5.º

Do pessoal

1 — Podem ser autorizados a exercer funções na Metro-Mondego, S. A., em regime de requisição ou comissão de serviço, nos termos da lei, funcionários e agentes do Estado, dos institutos públicos, das autarquias locais e trabalhadores de empresas públicas e de capitais exclusiva ou maioritariamente públicos, os quais conservarão todos os direitos e regalias inerentes ao seu quadro de origem.

2 — Os trabalhadores da CP — Caminhos de Ferro Portugueses, E. P., e da Rede Ferroviária Nacional — REFER, E. P., que em função da redução do serviço público de transporte ferroviário e de gestão da infra-estrutura e da sua cessação fiquem progressivamente excedentários são integrados na Metro-Mondego, S. A., ou na sua subconcessionária, com a salvaguarda dos seus direitos e regalias.

3 — Consideram-se excedentários os trabalhadores que a CP — Caminhos de Ferro Portugueses, E. P., e a Rede Ferroviária Nacional — REFER, E. P., após as diligências de integração desenvolvidas, não tenham sido comprovadamente recolocados nas respectivas empresas, nomeadamente através de processos de reconversão ou requalificação profissional ou com os quais não tenham acordado a revogação dos contratos de trabalho ou a passagem à situação de reforma.

4 — Os encargos suportados pela CP — Caminhos de Ferro Portugueses, E. P., e pela Rede Ferroviária Nacional — REFER, E. P., com as medidas de revogação de contratos de trabalho ou reforma são assumidos pelo Estado, no âmbito da programação financeira do sistema de metro ligeiro dos municípios de Coimbra, Miranda do Corvo e Lousã.

5 — Aos trabalhadores integrados na Metro-Mondego, S. A., poder-se-ão aplicar as medidas previstas no n.º 4, devendo o Estado assegurar os encargos decorrentes da sua aplicação.

Artigo 6.º

Regime transitório de exploração

1 — A CP — Caminhos de Ferro Portugueses, E. P., e a Rede Ferroviária Nacional — REFER, E. P., mantêm, nos termos definidos nos números seguintes, o regime de serviço público de exploração e de gestão do ramal da Lousã até que as obras de construção do sistema de metro inviabilizem a exploração ferroviária.

2 — Cabe à Metro-Mondego, S. A., assegurar a realização de transportes alternativos durante a fase de construção e implementação do sistema de metro, até à entrada em funcionamento deste.

3 — Para assegurar o disposto no n.º 1, a Metro-Mondego, S. A., convencionará, nos termos a fixar por despacho conjunto dos Ministros das Finanças e do Equipamento Social, as seguintes prestações de serviços:

a) A realização pela CP — Caminhos de Ferro Portugueses, E. P., do serviço de transporte ferroviário na área de implantação do sistema de metro;

b) A realização pela Rede Ferroviária Nacional — REFER, E. P., dos serviços de gestão da infra-estrutura ferroviária.

4 — Quando as obras inviabilizarem a prestação do serviço ferroviário será o mesmo substituído por transporte alternativo rodoviário assegurado pela Metro-Mondego, S. A.

5 — Se, até à data da celebração das prestações de serviços referidas no n.º 3, a CP — Caminhos de Ferro Portugueses, E. P., ou a Rede Ferroviária Nacional — REFER, E. P., tiverem de realizar investimentos ou de incorrer em encargos face à ocorrência de casos de força maior ou de alterações imprevistas às circunstâncias que determinaram as obrigações de manutenção de serviço público, nos termos do n.º 1, o Estado assegura a adequada compensação à empresa que tenha realizado o investimento ou sofrido o encargo.

6 — No caso de ser manifestamente impossível à Metro-Mondego, S. A., suportar, total ou parcialmente, os encargos decorrentes das obrigações a que se referem os n.ºˢ 2, 3 e 4, quer através dos seus recursos próprios, quer pela imputação desses encargos à subconcessionária, o Estado assegura à Metro-Mondego, S. A., os meios necessários ao ressarcimento dessas obrigações.

Artigo 7.º

Contratos ou acordos

Cabe ao Instituto Nacional do Transporte Ferroviário dirimir, pela via da conciliação, os conflitos ou litígios decorrentes da celebração ou da execução dos contratos referidos no n.º 3 do artigo anterior e, nos casos em que tal não se mostre possível, promover a sua resolução pelo recurso à arbitragem nos termos da Lei n.º 31/86, de 29 de Agosto.

Artigo 8.º

Bens do domínio público

1 — Os bens do domínio público ferroviário sob gestão da Rede Ferroviária Nacional — REFER, E. P., a serem afectos ao sistema de metro devem ser objecto de autos de entrega subscritos por representantes da Rede Ferroviária Nacional — REFER, E. P., e da Metro-Mondego, S. A., e homologados pelo Instituto Nacional do Transporte Ferroviário, autos estes que devem ser executados até ao lançamento do concurso previsto no n.º 1 do artigo 4.º

2 — O troço denominado ramal da Lousã, entre Coimbra-B e Serpins, é desclassificado da rede ferroviária nacional e passará a ser gerido pela Metro-Mondego, S. A.

3 — Os bens de domínio público ferroviário sob gestão da Rede Ferroviária Nacional — REFER, E. P., não contemplados nos autos de entrega referidos no n.º 1 e que sejam incluídos no ramal da Lousã transitam por despacho conjunto do Ministro das Finanças e do Equipamento Social para os domínios privativos das empresas referidas nesse número.

ANEXOS

488   *DIÁRIO DA REPÚBLICA — I SÉRIE-A*   N.º 20 — 24 de Janeiro de 2002

4 — É retirado da relação das linhas e ramais mencionada no n.º 1 do artigo 2.º dos estatutos da CP — Caminhos de Ferro Portugueses, E. P., o troço indicado no n.º 2, podendo esta empresa continuar a utilizar o troço entre Coimbra-A e Coimbra-B até que a implementação do sistema de metro ligeiro o inviabilize.

5 — Na estação de Coimbra-B deve a Rede Ferroviária Nacional — REFER, E. P., assegurar a necessária intermodalidade com o sistema de metro.

6 — O Estado assegura à Rede Ferroviária Nacional — REFER, E. P., a adequada compensação pelas infra-estruturas transferidas para a Metro-Mondego, S. A., sendo o valor desta compensação fixado por despacho conjunto dos Ministros das Finanças e do Equipamento Social.

Artigo 9.º

Revogação

É revogado o Decreto-Lei n.º 70/94, de 3 de Março, com as alterações que lhe foram introduzidas pelo Decreto-Lei n.º 179-A /2001, de 18 de Junho.

Visto e aprovado em Conselho de Ministros de 29 de Novembro de 2001. — *António Manuel de Oliveira Guterres — Guilherme d'Oliveira Martins — Eduardo Luís Barreto Ferro Rodrigues — José Sócrates Carvalho Pinto de Sousa — Alberto de Sousa Martins.*

Promulgado em 4 de Janeiro de 2002.

Publique-se.

O Presidente da República, JORGE SAMPAIO.

Referendado em 10 de Janeiro de 2002.

O Primeiro-Ministro, *António Manuel de Oliveira Guterres.*

ANEXO I

(a que se refere o artigo 1.º)

Bases da concessão do sistema de metro ligeiro de superfície do Mondego

SECÇÃO I

Disposições e princípios gerais

Base I

Objecto

1 — A concessão tem por objecto a exploração de um sistema de metro ligeiro de superfície nas áreas dos municípios de Coimbra, Miranda do Corvo e Lousã.

2 — A concessão compreende ainda a concepção, projecto, realização das obras de construção, fornecimento, montagem e manutenção do material circulante e dos demais equipamentos que constituem o sistema de metro.

Base II

Actividades da concessionária

1 — A concessionária tem como objecto e actividade principal a realização das prestações inerentes à concessão, ou seja, a concepção, projecto, realização das obras de construção, fornecimento e montagem do material circulante e dos demais equipamentos que constituem o sistema de metro e a sua exploração.

2 — A concessionária pode ainda exercer as seguintes actividades autónomas:

a) Exploração comercial, directa ou indirecta de estabelecimentos comerciais, escritórios, salas de exposições, máquinas de venda de produtos e serviços de publicidade aposta nas instalações do sistema ou no material circulante;

b) Promoção, directa ou indirecta, da construção ou venda de edifícios para fins comerciais, industriais ou residenciais nos terrenos ou edifícios que integrem o seu património, nomeadamente, devido a entradas dos accionistas;

c) Prestação de serviços, nomeadamente de consultadoria e de apoio técnico;

d) Transferência de tecnologia e de *know-how.*

3 — As actividades autónomas referidas no n.º 2 são acessórias do objecto da concessão e destinam-se a assegurar os fins sociais do sistema de transporte concessionado e o equilíbrio comercial da sua exploração.

4 — A concessionária pode, para o desenvolvimento das actividades autónomas referidas nesta base, ou outras, criar empresas total ou parcialmente por si detidas, ou tomar participações no capital de outras empresas, mediante autorização prévia dos Ministros das Finanças e do Equipamento Social.

Base III

Regime da concessão

A concessão é exercida em regime de serviço público e de exclusividade.

Base IV

Prazo da concessão

1 — A concessão tem a duração de 30 anos contados a partir da data de entrada em vigor do diploma que aprova as presentes bases.

2 — Quando o interesse público ou a lei vigente o não impeçam, o prazo do número anterior pode ser prorrogado por períodos sucessivos de 5 anos, até um máximo de 20 anos.

3 — A prorrogação deve ser requerida pela concessionária com a antecedência mínima de um ano sobre o termo da concessão ou do prazo de prorrogação e comunicada a esta com uma antecedência mínima de seis meses sobre tal termo.

4 — A prorrogação do prazo de concessão depende de decisão conjunta dos Ministros das Finanças e do Equipamento Social.

Base V

Características gerais do sistema

O sistema de metro concessionado tem as seguintes características gerais, que devem ser asseguradas pela concessionária:

a) A rede compreende uma linha axial, de cariz suburbano, e uma linha urbana a implantar no

COMO NÃO DECIDIR UMA OBRA PÚBLICA

N.º 20 — 24 de Janeiro de 2002 — **DIÁRIO DA REPÚBLICA — I SÉRIE-A** — 489

concelho de Coimbra; a construção e exploração destas linhas poderá ter lugar em fases distintas;

b) A rede deve conter instalações que garantam condições de interface com os diferentes modos de transporte nos pontos de intersecção com maior afluxo de clientes;

c) O serviço de transporte deve ser efectuado de forma regular e contínua, de acordo com os horários preestabelecidos e anunciados junto do público e só pode ser interrompido em caso de força maior, designadamente, insurreição, sedição, cataclismo, catástrofe natural ou por ordem das autoridades;

d) A energia utilizada na tracção deve ser tecnológica e ambientalmente adaptada aos melhores padrões de inserção no tecido urbano e suburbano;

e) Os padrões de segurança e de qualidade do sistema devem ser mantidos em níveis elevados e sujeitos a actualizações;

f) As instalações, as infra-estruturas e o material circulante devem estar sujeitos a vigilância por forma a garantir a sua integridade e a adequada protecção dos passageiros e dos funcionários do sistema de metro.

SECÇÃO II

Dos bens e meios afectos à concessão

Base VI

Estabelecimento e bens afectos à concessão

1 — Consideram-se afectos à concessão, para além dos bens que integram o seu estabelecimento, todos os bens móveis ou imóveis, corpóreos ou incorpóreos, assim como todos os direitos ligados directa ou indirectamente à implantação e exploração do sistema.

2 — A concessionária é obrigada a manter em bom estado de funcionamento, de conservação e de segurança, a expensas suas, todos os bens e direitos afectos à concessão.

3 — A concessionária deve elaborar e manter actualizado um inventário de todos os bens afectos à concessão, a ser enviado anualmente ao concedente até ao final do mês de Janeiro devidamente certificado por auditor por este aceite.

4 — A concessionária não pode alienar ou onerar, parcial ou totalmente e sob qualquer forma, os bens e os direitos que estejam afectos à exploração do sistema, salvo mediante autorização prévia do Ministro do Equipamento Social ou nos casos em que a lei aplicável aos bens do domínio público ferroviário o preveja, bem como quando se tratem de bens consumíveis ou da mera substituição de bens perecíveis ou deterioráveis.

5 — Durante a vigência da concessão, a concessionária é titular do direito de propriedade dos bens que lhe sejam afectos e não pertençam ao domínio público.

6 — No termo da concessão os bens a que se refere o número anterior revertem, sem qualquer indemnização, para o Estado, livres de quaisquer ónus ou encargos e em perfeitas condições de operacionalidade, utilização e manutenção, podendo haver lugar a indemnização quanto a bens cuja vida económica ao tempo da reversão ou respectiva data de investimento justifique o justo ressarcimento da concessionária, indemnização que será calculada segundo os critérios do n.º 4 da base XXVIII.

7 — A reversão deve ocorrer sem qualquer formalidade que não seja uma vistoria *ad perpetuam rei memoriam,* para a qual é convocado um representante da concessionária; do auto de vistoria deverá constar o inventário dos bens e equipamentos afectos à concessão, assim como a descrição do seu estado de conservação e da respectiva aptidão para o desempenho do sistema.

Base VII

Servidões e expropriações

1 — Compete à concessionária, como entidade expropriante, actuando em nome do Estado, realizar as expropriações e constituir as servidões necessárias à construção do sistema, nos termos deste diploma e do Código das Expropriações.

2 — A concessionária suporta os custos inerentes à condução dos processos expropriativos e o pagamento das indemnizações ou de outras compensações aos expropriados e aos titulares dos prédios servientes, bem como os custos decorrentes da aquisição por via do direito privado dos bens imóveis e direitos a eles inerentes no que respeita aos prédios e parcelas a expropriar ou a adquirir a particulares.

3 — Compete ao Ministro do Equipamento Social a prática do acto que individualize os bens a expropriar nos termos do n.º 2 do artigo 10.º do Código das Expropriações, o qual deve conter a declaração de utilidade pública com carácter de urgência, no prazo de 45 dias a contar da apresentação pela concessionária da documentação exigida para esse efeito.

4 — Compete à concessionária apresentar atempadamente ao Estado todos os elementos e documentos necessários à prática do acto de declaração de utilidade pública, de acordo com legislação em vigor.

5 — O Ministro do Equipamento Social pode designar uma entidade que coordene e fiscalize a condução dos processos expropriativos ou relativos à aquisição de bens pela via do direito privado.

SECÇÃO III

Regime financeiro

Base VIII

Financiamento das actividades da concessionária

1 — Os accionistas da concessionária devem dotá-la dos recursos necessários para a prossecução e funcionamento da sua actividade e para suporte dos custos das prestações inerentes à concepção, projecto, construção, fornecimento de equipamento e de material circulante e exploração do sistema de metro que não possam ser suportados em regime de autofinanciamento a cargo do subconcessionário, bem como para suporte dos custos da fiscalização dessas prestações e ainda dos custos referidos no n.º 2 da base VII.

2 — Para efeitos do n.º 1, os accionistas da concessionária podem ser chamados a realizar fundos próprios na concessionária nas proporções das suas participações no capital desta.

ANEXOS

490   *DIÁRIO DA REPÚBLICA — I SÉRIE-A*   *N.º 20 — 24 de Janeiro de 2002*

3 — As disposições dos números anteriores não prejudicam o recurso pela concessionária a financiamentos a conceder por terceiras entidades, nomeadamente instituições financeiras nacionais ou internacionais, mediante consulta prévia aos Ministros das Finanças e do Equipamento Social, sempre que tal coloque em risco os rácios de solvabilidade da concessionária julgados aceitáveis segundo uma gestão prudente e criteriosa.

Base IX

Regime tarifário

1 — A concessionária deve fixar anualmente as tarifas a cobrar aos clientes do sistema assegurando um esquema de complementaridade com os vários meios de transporte colectivos da área e a emissão e comercialização de títulos de transporte próprios e intermodais.

2 — Na fixação anual das tarifas, a concessionária deve atender aos índices de preços dos vários serviços de transporte público colectivo praticados na área.

3 — A concessionária deve também atender às reduções de preço e isenções impostas por lei ou regulamento.

4 — A entrada em vigor das tarifas depende da verificação pelo Instituto Nacional do Transporte Ferroviário e pela Direcção-Geral dos Transportes Terrestres de que as mesmas respeitam os limites das presentes bases e o quadro legal que lhes seja aplicável.

5 — Quando a exploração do sistema esteja subconcessionada, a fixação das tarifas, para além da obediência aos requisitos dos números anteriores, deve conformar-se com o contrato celebrado com o subconcessionário.

Base X

Indemnizações compensatórias pelo serviço público

1 — Caso a exploração do sistema de transporte concessionado em regime de serviço público se revele comercialmente inviável o Estado pode atribuir indemnizações compensatórias à entidade que tenha a cargo a exploração, na medida em que estas indemnizações, adicionadas às receitas da exploração, levada a cabo segundo critérios de eficiência, eficácia e economicidade, se revelem necessárias ao funcionamento do sistema de transporte em regime de serviço público.

2 — O disposto no número anterior não prejudica a adopção pela concessionária de disposições contratuais com vista à protecção do interesse público subjacente à concessão, à optimização das condições de exploração do serviço de transporte e à manutenção do equilíbrio financeiro das prestações subconcessionadas; para estes efeitos, a concessionária poderá designadamente convencionar com o subconcessionário, e desde que tal não acarrete para ela, concessionária, uma transferência anormal de risco:

    a) O resgate da subconcessão, suas consequências e respectivos prazos de exercício;

    b) O sequestro e a rescisão da subconcessão, suas causas e consequências;

    c) Sistemas de equilíbrio financeiro da subconcessão, dependentes do volume de tráfego verificado ou de outros factores de exploração;

    d) Sistemas de reequilíbrio da subconcessão nos casos de força maior, alteração superveniente das circunstâncias ou modificação unilateral das condições da subconcessão.

SECÇÃO IV

Relações com o concedente

Base XI

Obrigações de informação da concessionária

1 — A concessionária deve dar conhecimento imediato ao Ministro do Equipamento Social de qualquer evento que possa vir a prejudicar ou impedir o cumprimento pontual e atempado de qualquer das obrigações emergentes das presentes bases, bem como ao Ministro das Finanças quando tais eventos tenham implicações de natureza económica e financeira.

2 — A concessionária deve elaborar para todos os anos civis um plano de actividades e um orçamento, contemplando as áreas de gestão e de investimento, cujo projecto deve enviar aos Ministros das Finanças e do Equipamento Social até ao dia 15 de Dezembro do ano anterior a que respeitem.

3 — Sempre que os orçamentos prevejam a libertação de verbas pelo Estado à concessionária, a aprovação dos orçamentos deve ser precedida da confirmação pelos ministros referidos no n.º 2 da disponibilização dessas verbas.

4 — A concessionária deve remeter aos Ministros das Finanças e do Equipamento Social, até ao dia 31 de Março de cada ano, relatório de gestão, contas, certificação legal de contas e do parecer fiscal único relativo ao exercício anterior.

5 — A concessionária deve elaborar um sistema da qualidade relativa ao período inicial de operação, a aprovar pelo Instituto Nacional do Transporte Ferroviário até três meses antes da entrada em operação do primeiro troço, contemplando as metas e parâmetros para as diferentes áreas de actividade, nomeadamente quanto ao nível de fiabilidade e disponibilidade.

6 — A concessionária deve elaborar um sistema integrado de segurança tendo em vista os passageiros, o pessoal próprio ou alheio, o público em geral, o material circulante e outros meios de operação e manutenção do sistema, o qual será aprovado pelo Instituto Nacional do Transporte Ferroviário até três meses antes da entrada em operação do primeiro troço.

7 — Os sistemas referidos nos n.ºs 5 e 6 devem ser revistos anualmente pela concessionária e a revisão aprovada pelo Instituto Nacional de Transporte Ferroviário.

8 — A concessionária deve fornecer prontamente a qualquer organismo ou representante do Estado todos os elementos relacionados com o exercício da concessão que lhe sejam solicitados por escrito.

9 — Antes de iniciar quaisquer procedimentos ou negociações tendentes à modificação dos contratos referidos no artigo 4.º do decreto-lei que aprova as presentes bases, nomeadamente quanto aos respectivos preços ou às condições e termos referentes ao seu objecto, a concessionária deve solicitar autorização conjunta dos ministros referidos nos números anteriores, identificando as causas e objectivos da modificação pretendida.

COMO NÃO DECIDIR UMA OBRA PÚBLICA

N.º 20 — 24 de Janeiro de 2002   *DIÁRIO DA REPÚBLICA — I SÉRIE-A*   491

Base XII

Fiscalização

1 — A fiscalização das obrigações da concessionária inerentes ao exercício da concessão é efectuada pelas seguintes entidades:

a) Direcção-Geral do Ambiente;
b) Inspecção-Geral de Finanças;
c) Laboratório Nacional de Engenharia Civil;
d) Instituto de Desenvolvimento e Inspecção das Condições de Trabalho;
e) Serviço Nacional de Protecção Civil;
f) Direcção-Geral dos Transportes Terrestres;
g) Instituto Nacional do Transporte Ferroviário, a quem, para além das suas atribuições conferidas por lei ou regulamento, cabe também coordenar as actividades de fiscalização das entidades enumeradas nas alíneas anteriores.

2 — Os representantes dos organismos referidos no número anterior devem reunir periodicamente com a concessionária.

SECÇÃO V

Obrigações diversas da concessionária

Base XIII

Obrigações de segurança, de acesso e de informação

1 — Sem prejuízo das obrigações do Estado em matéria de segurança pública, a concessionária deve velar pela segurança dos clientes e dos bens que estes transportem, nomeadamente assegurando a cobertura dos riscos inerentes mediante seguro.

2 — A concessionária deve cobrir ou assegurar a cobertura, mediante seguro, da responsabilidade civil extracontratual por danos causados a terceiros emergentes da sua actividade relacionada, directa ou indirectamente, com a concessão.

3 — A concessionária deve assegurar a implantação, nos locais adequados, de painéis de informação visual e de sistemas de informação sonora indicando o horário e destino das composições, bem como de diagramas da rede com identificação das estações e paragens e outras especificações necessárias para o pronto esclarecimento dos clientes.

4 — A concessionária assegura também a efectiva acessibilidade e o conforto das pessoas de mobilidade reduzida.

Base XIV

Obrigações respeitantes à sociedade concessionária

1 — A concessionária deve manter como seu objecto social principal a exploração do sistema de metro e a sua sede social num dos concelhos dos municípios seus accionistas.

2 — As participações sociais no capital da concessionária só podem ser oneradas ou transmitidas a terceiros mediante autorização prévia por parte dos Ministros das Finanças e do Equipamento Social, sob pena de nulidade.

3 — Os estatutos da concessionária, constantes do anexo II ao diploma que aprova as presentes bases, só podem ser alterados mediante autorização conjunta dos Ministros das Finanças e do Equipamento Social, sob pena de nulidade.

4 — Constitui ainda obrigação da concessionária o rigoroso cumprimento das obrigações previstas no contrato ou contratos referidos nos artigos 4.º e 6.º do diploma que aprova as presentes bases.

Base XV

Proibição de transmissão

Para além das subconcessões previstas nas presentes bases são proibidas quaisquer formas de transmissão, parcial ou total, da concessão.

SECÇÃO VI

Escolha do subconcessionário

Base XVI

Concursos — Regras gerais

1 — As prestações relativas à concepção, projecto, realização das obras de construção, fornecimento e montagem do material circulante e dos demais equipamentos que constituem o sistema de metro e a sua exploração podem ser subconcessionadas, global ou parcelarmente, devendo a escolha do subconcessionário ou dos subconcessionários ser realizada mediante concurso.

2 — Os concursos podem seguir os trâmites adequados aos limites previstos na legislação nacional e comunitária e, em qualquer dos casos, podem incluir uma fase de negociação com os dois concorrentes melhor classificados.

3 — Caso haja fase de negociação, esta deve incluir a negociação do contrato de subconcessão a celebrar e deve terminar com a aceitação, por parte do concorrente, da minuta final deste.

4 — Da fase de negociação não podem resultar:

a) Alterações às regras do caderno de encargos;
b) Adopção de soluções mais desvantajosas para a concessionária do que as inicialmente propostas pelos concorrentes;
c) Aproveitamento por um concorrente de soluções contidas na proposta de outro concorrente.

Base XVII

Natureza e estrutura do concurso

1 — Os concursos referidos na base anterior são lançados pela concessionária e correm na sua dependência; compete por isso à concessionária realizar todos os actos relativos à condução e organização dos concursos tais como a elaboração dos respectivos anúncios, programas de concurso e cadernos de encargos, bem como decidir sobre a qualificação ou admissão de concorrentes, sobre a selecção de concorrentes para a fase de negociação, se a ela houver lugar, e sobre a adjudicação final das propostas.

2 — Os anúncios, programas de concurso, cadernos de encargos, selecção de concorrentes para a fase de negociação e a adjudicação final das propostas carecem,

ANEXOS

492   DIÁRIO DA REPÚBLICA — I SÉRIE-A   N.º 20 — 24 de Janeiro de 2002

todavia, como requisito de eficácia, de homologação conjunta por parte dos Ministros das Finanças e do Equipamento Social.

Base XVIII

Natureza das entidades concorrentes e da futura concessionária

1 — Aos concursos podem apresentar-se empresas ou agrupamentos de empresas sob qualquer modalidade de associação.

2 — As empresas e agrupamentos referidos no número anterior só são admitidos aos concursos se se verificar que, quer as primeiras, quer as componentes destes últimos, se encontram regularmente constituídas, têm situações contributivas regularizadas e exercem actividades compatíveis com o objecto da subconcessão, sem prejuízo dos demais requisitos que constem do programa de concurso ou que resultem da legislação aplicável à exploração do sistema de metro.

3 — No âmbito dos concursos, uma entidade não pode fazer parte de mais de um agrupamento concorrente, nem concorrer simultaneamente a título individual e integrada num agrupamento.

4 — Os contratos de subconcessão devem ser celebrados com uma sociedade comercial, a qual deve ter por objecto a prossecução da actividade subconcessionada e deve ser constituída pelas empresas componentes do agrupamento ou pela empresa vencedora do respectivo concurso.

Base XIX

Conteúdo mínimo obrigatório da regulamentação

1 — Nos programas de concurso devem constar obrigatoriamente, de forma detalhada, os requisitos respeitantes a experiência, capacidade e aptidão técnica, financeira e empresarial que os concorrentes devem satisfazer de forma a serem admitidos ao concurso.

2 — Para além do disposto no número anterior, deve constar ainda do programa de concurso, pelo menos:

a) O elenco dos critérios de apreciação das propostas, com vista à selecção para a fase de negociações, se a ela houver lugar, e para a escolha do subconcessionário;
b) As normas relativas à tramitação processual do concurso;
c) As cauções a apresentar pelos concorrentes.

3 — Nos cadernos de encargos deve constar, pelo menos:

a) A duração da subconcessão;
b) As exigências especiais que a concessionária entenda fazer na definição da organização e estatutos da sociedade subconcessionária, bem como sobre eventuais acordos parassociais entre os accionistas e acordos entre cada um ou alguns deles e a concessionária, com vista a salvaguardar a estabilidade e solidez da concessão;
c) As condições ou especificações relativas à concepção, realização de obras de construção, fornecimento de material circulante e outros equipamentos que constituem o sistema de metro, bem como as respectivas garantias para o cum-

primento permanente e total das obrigações emergentes do contrato ou dos contratos de subconcessão.

Base XX

Critérios de atribuição da subconcessão

1 — Quer a decisão final de selecção dos subconcessionários, quer a escolha dos concorrentes para a fase de negociações, se a ela houver lugar, têm por base a avaliação das propostas segundo os seguintes critérios gerais:

a) Qualidade da proposta no que respeita à concepção, projecto, realização das obras de construção, ao fornecimento e montagem do material circulante e dos demais equipamentos que constituem o sistema de metro;
b) Qualidade da proposta no que respeita à exploração, à manutenção e à conservação do material circulante e restante equipamento;
c) Esforço financeiro associado ao investimento nas infra-estruturas de longa duração;
d) Esforço financeiro associado à exploração, à manutenção e à conservação do sistema de metro.

2 — A ordem dos critérios constante do número anterior não representa hierarquização dos mesmos.

3 — Os critérios constantes do n.º 1 podem ser desenvolvidos e a sua aplicação sujeita a metodologias de avaliação, desde que esses desenvolvimentos e metodologias sejam patenteados aos concorrentes antes de findo o prazo de entrega das respectivas propostas.

Base XXI

Direito de não atribuição da subconcessão

A concessionária pode interromper qualquer concurso, dá-lo por concluído ou encerrar as negociações com qualquer dos concorrentes, caso os resultados até então obtidos não se mostrem satisfatórios para o interesse público ou se as respostas ou contrapropostas dos concorrentes na fase de negociação forem manifestamente insuficientes ou evasivas ou ainda se não forem prestadas nos prazos fixados.

Base XXII

Validade das propostas

Nenhum concorrente é obrigado a manter válida a sua proposta por período superior a 18 meses contados da data do acto público de abertura das propostas.

Base XXIII

Prémios

A concessionária pode deliberar a atribuição de prémios a um ou mais concorrentes preteridos nos concursos cujas propostas, ainda assim, tenham qualidade manifesta, mas o seu montante deve ser sujeito a aprovação dos Ministros das Finanças e do Equipamento Social.

COMO NÃO DECIDIR UMA OBRA PÚBLICA

N.º 20 — 24 de Janeiro de 2002 — DIÁRIO DA REPÚBLICA — I SÉRIE-A — 493

Base XXIV

Aprovação do contrato

A minuta do contrato de subconcessão deve ser aprovada por despacho conjunto dos Ministros das Finanças e do Equipamento Social, o qual deve ser precedido de parecer do Instituto Nacional do Transporte Ferroviário.

SECÇÃO VII

Sanções

Base XXV

Multas

1 — Pelo incumprimento de qualquer das obrigações inerentes à concessão pode a concessionária ser punida com multa diária, pelo tempo que durar o incumprimento, de montante a fixar entre € 498,80 e € 49 879,79, segundo a sua gravidade.

2 — É da competência do Instituto Nacional do Transporte Ferroviário a aplicação das multas previstas na presente base.

3 — O projecto de decisão sobre a multa a aplicar deve ser notificado por escrito à concessionária, sendo-lhe conferido o direito de apresentar a sua defesa escrita no prazo de 20 dias.

4 — A decisão final de aplicação da multa, com os respectivos fundamentos, deve ser notificada também por escrito à concessionária, e dela cabe impugnação a interpor no prazo de 15 dias úteis para o tribunal competente para dirimir os litígios emergentes da concessão.

5 — A dedução de impugnação nos termos do número anterior não suspende a obrigação de pagamento da multa.

6 — Os limites das multas referidos no n.º 1 são automaticamente actualizados em 1 de Janeiro de cada ano, de acordo com o índice de preços no consumidor publicado no *Boletim do Instituto Nacional de Estatística*.

7 — O pagamento das multas previstas na presente base não isenta a concessionária da responsabilidade criminal, contra-ordenacional, regulamentar e civil em que incorrer, nem exclui a fiscalização, controlo e poder sancionatório de outras entidades que decorram da lei ou regulamento.

SECÇÃO VIII

Sequestro, resgate e extinção da concessão

Base XXVI

Sequestro

1 — O Estado, através do Ministro do Equipamento, pode tomar através de sequestro a exploração do serviço quando se der ou estiver iminente a cessação ou interrupção total ou parcial da exploração do serviço ou quando se verifique a gestão danosa da concessão ou graves deficiências na organização e funcionamento do serviço de transporte ou no estado das instalações ou do equipamento susceptíveis de comprometer a regularidade da exploração.

2 — Verificado o sequestro, a concessionária suporta os encargos resultantes da manutenção dos serviços e as despesas extraordinárias necessárias ao restabelecimento da normalidade da exploração que não puderem ser cobertos pelos resultados da exploração.

3 — Logo que cessem as razões do sequestro, o Estado notifica a concessionária para retomar, na data que lhe for fixada, a normal exploração do serviço.

4 — Se após a retoma da exploração pela concessionária continuarem a verificar-se graves deficiências na organização e funcionamento do serviço o Estado pode declarar a concessão extinta.

Base XXVII

Extinção da concessão

1 — O Estado, através de despacho conjunto dos Ministros das Finanças e do Equipamento, pode dar a concessão por extinta quando tenha ocorrido qualquer dos factos seguintes:

a) Desvio do objecto da concessão;
b) Interrupção prolongada da exploração do serviço por facto imputável à concessionária;
c) Oposição reiterada ao exercício da fiscalização ou repetida desobediência às determinações do Estado ou, ainda, sistemática inobservância das leis e regulamentos aplicáveis, quando se mostrem ineficazes as sanções aplicadas;
d) Recusa em proceder à adequada conservação e reparação das infra-estruturas;
e) Cobrança dolosa de preços com valor superior aos fixados no tarifário;
f) Falência da concessionária podendo, nesse caso, o Estado autorizar que os credores assumam os direitos e encargos resultantes da concessão;
g) Transmissão da concessão não autorizada;
h) Violação grave das obrigações da concessionária previstas nas presentes bases.

2 — Não constituem causas de extinção os factos ocorridos por motivos de força maior e, bem assim, os que o Estado aceite como justificados.

3 — Quando as faltas forem causadas por mera negligência e susceptíveis de correcção, o Estado não deve extinguir a concessão sem previamente avisar a concessionária para, em determinado prazo, cumprir integralmente as suas obrigações e corrigir ou reparar as consequências da sua negligência.

4 — A extinção da concessão deve ser notificada à concessionária e produz imediatamente os seus efeitos.

Base XXVIII

Resgate da concessão

1 — O Estado pode resgatar a concessão sempre que motivos de interesse público o justifiquem e decorridos que sejam pelo menos 15 anos a partir da data do seu início, mediante notificação feita à concessionária pelo Ministro do Equipamento Social enviada com, pelo menos, seis meses de antecedência.

2 — Decorrido o período de seis meses sobre a notificação do resgate, o Estado assume todos os direitos e deveres contraídos pela concessionária anteriormente à data da notificação, incluindo os tomados com o pessoal contratado para o efeito, e ainda aqueles que tenham sido assumidos pela concessionária após a data da notificação, desde que tenham sido autorizados pelo Ministro do Equipamento Social.

3 — A assunção de deveres pelo Estado é feita sem prejuízo de direito de regresso pelas obrigações con-

152

DIÁRIO DA REPÚBLICA — I SÉRIE-A
N.º 20 — 24 de Janeiro de 2002

traídas pela concessionária que exorbitem da gestão normal da concessão.

4 — Em caso de resgate, a concessionária tem direito a uma indemnização não superior à soma do valor contabilístico do imobilizado corpóreo e incorpóreo líquido de amortizações, com base em critérios de amortização geralmente aceites, do valor contabilístico de outros activos por ela custeados e afectos à concessão, com referência ao último balanço aprovado, deduzida do valor das dotações financeiras para investimento feitas pelo Estado e pela União Europeia à concessionária e dos bens e activos transferidos ou cedidos, a título gratuito, para a concessionária.

5 — Não são contabilizados, para efeitos de cálculo da indemnização do resgate, os bens e direitos que se encontrem anormalmente depreciados ou deteriorados.

6 — O valor final da indemnização do resgate deve ser homologado pelo Ministro das Finanças.

SECÇÃO IX

Contencioso

Base XXIX

Arbitragem

1 — Qualquer litígio emergente da concessão deve ser submetido ao foro arbitral, nos termos da Lei n.º 31/86, de 29 de Agosto.

2 — O tribunal arbitral deve ser composto por três árbitros.

3 — O concedente e a concessionária designam cada um o seu árbitro, sendo o terceiro, que preside, cooptado pelos dois designados pelas partes, ou, na falta de acordo destes, nomeado pelo Presidente do Supremo Tribunal Administrativo.

4 — A arbitragem deve correr na cidade de Coimbra.

ANEXO II

(a que se refere o n.º 2 do artigo 3.º)

Estatutos da Metro-Mondego, S. A.

CAPÍTULO I

Firma, sede, objecto e duração

Artigo 1.º

Firma

A sociedade adopta o tipo de sociedade anónima, de capitais exclusivamente públicos, com a firma Metro-Mondego, S. A.

Artigo 2.º

Sede

A sede da sociedade é na Rua de Rodrigues de Gusmão, 21, na freguesia de Santo António dos Olivais, em Coimbra.

Artigo 3.º

Objecto principal

1 — A sociedade tem por objecto a exploração, em regime de concessão atribuída pelo Estado, de um sistema de metro ligeiro de superfície nas áreas dos municípios de Coimbra, Miranda do Corvo e Lousã.

2 — Para a prossecução do seu objecto incumbe especialmente à sociedade a realização dos estudos, concepção, planeamento, projectos e construção das infra-estruturas necessárias à concretização do empreendimento, bem como o fornecimento de equipamentos e material circulante e a exploração do sistema de metro.

Artigo 4.º

Objecto acessório

1 — Em complemento das actividades que constituem o seu objecto, a sociedade poderá realizar as seguintes actividades:

a) Exploração comercial, directa ou indirecta, de estabelecimentos comerciais, escritórios, salas de exposições, máquinas de venda de produtos e serviços de publicidade aposta nas instalações do sistema ou no material circulante;

b) Promoção, directa ou indirecta, da construção ou venda de edifícios para fins comerciais, industriais ou residenciais nos terrenos ou edifícios que integrem o seu património, nomeadamente devido a entradas dos accionistas;

c) Prestação de serviços, nomeadamente de consultadoria e de apoio técnico;

d) Transferência de tecnologia e de *know-how*.

2 — A sociedade poderá, para o desenvolvimento das actividades referidas no n.º 1, constituir empresas ou tomar participações noutras sociedades.

Artigo 5.º

Duração

A duração da sociedade é por tempo indeterminado.

CAPÍTULO II

Capital social, acções e obrigações

Artigo 6.º

Capital social

1 — O capital social é de € 1 075 000.

2 — O capital social é representado por 1 075 000 acções ordinárias, de € 1 cada uma.

3 — As acções são escriturais, ficando sujeitas ao regime das acções nominativas.

4 — Haverá títulos de 1, 5, 50, 100 e 1000 acções, podendo o conselho de administração emitir certificados provisórios ou definitivos representativos de qualquer número de acções.

5 — As despesas com o desdobramento dos títulos correrão por conta dos accionistas que o requeiram.

Artigo 7.º

Aumento de capital e prestações acessórias

1 — O aumento do capital social depende de deliberação da assembleia geral.

2 — Quando haja aumento de capital, os accionistas terão, na proporção das acções que possuírem, direito de preferência, quer na subscrição das novas acções, quer no rateio daquelas relativamente às quais tal direito não tenha sido exercido.

COMO NÃO DECIDIR UMA OBRA PÚBLICA

N.º 20 — 24 de Janeiro de 2002 *DIÁRIO DA REPÚBLICA — I SÉRIE-A* 495

3 — Todos os accionistas poderão ser chamados a realizar prestações acessórias de capital, que podem ser integradas em dinheiro ou em espécie, em montante proporcional à sua participação no capital da sociedade, e até ao valor correspondente a 10 vezes o valor nominal da sua participação mediante deliberação da assembleia geral aprovada nos termos destes estatutos.

4 — Quando um accionista pretenda realizar prestações acessórias de capital por entradas em espécie, para além da verificação do valor das mesmas, nos termos do artigo 28.º do Código das Sociedades Comerciais e sem prejuízo desta, a realização das prestações deverá também ser precedida de um estudo ou avaliação feita por perito independente de reconhecida competência no sector em que se inserem os bens a entregar caso o conselho de administração da sociedade assim o determine, face ao caso concreto, ficando a cargo da sociedade as despesas relativas à produção deste estudo ou avaliação, assim como a escolha do perito.

Artigo 8.º

Alienação de acções

1 — As participações sociais no capital dos accionistas correspondem às percentagens seguintes:

 a) Estado — 53 %;
 b) Municípios de Coimbra, Miranda do Corvo e Lousã — 14 % cada um;
 c) REFER — 2,5 %;
 d) CP — 2,5 %.

2 — As percentagens acima mencionadas só podem sofrer alteração por transmissões de acções para terceiros, desde que a operação seja previamente autorizada por despacho conjunto dos Ministros das Finanças e do Equipamento Social.

Artigo 9.º

Obrigações

Mediante deliberação da assembleia geral, a sociedade poderá emitir obrigações e outros títulos de dívidas nos termos da legislação em vigor.

CAPÍTULO III

Órgãos sociais

Artigo 10.º

Órgãos sociais

1 — São órgãos sociais a mesa da assembleia geral, o conselho de administração e o fiscal único.

2 — O mandato dos membros da mesa da assembleia geral, do conselho de administração e do fiscal único tem a duração de 3 anos, sendo permitida a sua renovação, por uma ou mais vezes.

3 — Os membros dos órgãos sociais consideram-se empossados logo que tenham sido eleitos e permanecem no desempenho das suas funções até à eleição de quem deva substituí-los.

4 — Os referidos titulares estão dispensados de prestar caução pelo exercício dos seus cargos.

SECÇÃO I

Assembleia geral

Artigo 11.º

Composição

1 — A assembleia geral é formada pelos accionistas.

2 — Deverão participar nos trabalhos da assembleia geral, sem direito a voto, os membros do conselho de administração e o fiscal único.

3 — Os accionistas deverão indicar, por carta ou ofício dirigido ao presidente da mesa, quem os representará na assembleia geral.

Artigo 12.º

Competência

1 — Compete à assembleia geral:

 a) Deliberar sobre o relatório do conselho de administração, discutir e votar o balanço e as contas e o parecer do fiscal único e deliberar sobre a aplicação dos resultados do exercício;
 b) Eleger a mesa da assembleia geral e os órgãos sociais, bem como proceder à apreciação geral da administração e fiscalização da sociedade e, se for caso disso, e embora esses assuntos não constem da ordem de trabalhos, proceder à destituição, dentro da sua competência, ou manifestar a sua desconfiança quanto a administradores;
 c) Deliberar sobre quaisquer alterações dos estatutos e aumentos de capital, sem prejuízo do disposto no n.º 3;
 d) Aprovar a emissão de obrigações e outros títulos de dívida, sem prejuízo do disposto no n.º 3;
 e) Deliberar sobre as remunerações dos titulares dos órgãos sociais ou eleger uma comissão para a fixação dessas remunerações;
 f) Deliberar sobre a realização de prestações acessórias;
 g) Tratar de qualquer outro assunto para que tenha sido convocada.

2 — As deliberações que importem alterações aos estatutos, aumentos e reduções de capital, emissão de acções preferenciais e realização de prestações acessórias, fusão, cisão ou dissolução só poderão ser aprovadas com o voto concordante, em primeira convocação de assembleia geral, de accionistas que representem pelo menos dois terços do capital social.

3 — Em segunda convocação, as deliberações referidas no número anterior podem ser aprovadas por votos que representem a maioria do capital.

Artigo 13.º

Mesa

A mesa da assembleia geral é constituída pelo presidente, por um vice-presidente e por um secretário.

Artigo 14.º

Convocação

1 — A assembleia geral é convocada pelo presidente da mesa.

2 — A convocação da assembleia geral faz-se mediante carta registada ou por publicação, com a indi-

ANEXOS

496 DIÁRIO DA REPÚBLICA — I SÉRIE-A N.º 20 — 24 de Janeiro de 2002

cação expressa dos assuntos a tratar e demais elementos a que se refere o artigo 377.º do Código das Sociedades Comerciais.

Artigo 15.º

Reuniões

A assembleia geral reúne, pelo menos, uma vez por ano e sempre que o conselho de administração, o fiscal único ou um ou mais accionistas que possuam acções correspondentes a pelo menos 5% do capital social assim o requeiram.

SECÇÃO II

Conselho de administração

Artigo 16.º

Composição

1 — O conselho de administração é composto por sete membros.

2 — O conselho de administração integra uma comissão executiva composta por três membros efectivos, à qual é delegada a gestão corrente da sociedade e os seguintes poderes ou competências, entre outras a constar em regulamento aprovado pelo conselho de administração:

a) Execução, acompanhamento e controlo das prestações do contrato ou contratos celebrados pela sociedade, designadamente de subconcessão, para a concepção, projecto, realização das obras de construção, fornecimento e montagem do material circulante e exploração e para supervisão e coordenação das acções a realizar pela empresa que vier a ser escolhida para a fiscalização daquelas prestações;
b) Elaboração do projecto de plano de actividades e orçamento da sociedade e ainda das contas semestrais da sociedade;
c) Supervisão de todos os departamentos e serviços da sociedade;
d) Selecção e contratação de pessoal, técnicos e consultores necessários à promoção e acompanhamento das actividades da sociedade, desde que de acordo com o plano de actividades e orçamento aprovado;
e) Vinculação da sociedade, em quaisquer actos ou contratos, desde que inseridos em projectos, medidas, planos de negócios ou outros documentos previamente aprovados pelo conselho de administração, assim como a emissão de ordens de pagamento, cheques ou transferências bancárias necessários à execução dos actos ou contratos aqui referidos.

Artigo 17.º

Competência

1 — Compete designadamente ao conselho de administração:

a) Gerir os negócios sociais e praticar todos os actos e operações respeitantes ao objecto social que não caibam na competência atribuída a outros órgãos da sociedade;
b) Representar a sociedade em juízo e fora dele, activa e passivamente, podendo desistir, con-

fessar e transigir em quaisquer pleitos e, bem assim, celebrar convenções de arbitragem;
c) Adquirir, vender ou por outra forma alienar ou onerar direitos ou bens móveis ou imóveis e participações sociais;
d) Estabelecer a organização técnico-administrativa da sociedade e as normas de funcionamento interno designadamente quanto ao pessoal e à sua remuneração;
e) Nomear directores e constituir mandatários, fixando-lhes os poderes que julgar convenientes;
f) Exercer as demais atribuições que lhe sejam cometidas pela lei ou pela assembleia geral.

2 — O conselho de administração não poderá deliberar qualquer um dos assuntos a seguir mencionados sem o acordo da maioria dos seus membros:

a) Alienação, oneração ou locação de activos corpóreos, incorpóreos e financeiros, bem como a realização de operações que impliquem o financiamento a terceiros ou endividamento da sociedade de montante igual ou superior a 10% dos capitais próprios tal como constarem do último balanço devidamente aprovado;
b) Participação da sociedade no capital de outras sociedades, em agrupamentos complementares de empresas, e a celebração de contratos de consórcio e de quaisquer outros acordos ou contratos de cooperação e de associação em participação;
c) Lançamento de concursos ou procedimentos para a contratação das prestações necessárias à concepção e projecto, à realização das obras de construção, ao fornecimento, montagem e manutenção do material circulante e dos demais equipamentos que constituem o sistema de metro e à sua exploração, bem como as respectivas adjudicações;
d) Abertura de sucursais, delegações, escritórios de representação e a alteração do local da sede social;
e) Âmbito das atribuições e competências da comissão executiva;
f) Vinculação em qualquer acto ou contrato cujo impacto financeiro global para a sociedade seja superior a 10% dos capitais próprios desta, tal como constarem do último balanço devidamente aprovado.

Artigo 18.º

Competências do presidente

1 — Compete especialmente ao presidente do conselho de administração:

a) Representar o conselho;
b) Coordenar a actividade do conselho e convocar e dirigir as suas reuniões;
c) Exercer voto de qualidade;
d) Zelar pela correcta execução das deliberações do conselho de administração.

2 — Nas suas faltas ou impedimentos, o presidente será substituído pelo vogal do conselho por si designado para o efeito.

COMO NÃO DECIDIR UMA OBRA PÚBLICA

Artigo 19.º

Reuniões

O conselho de administração fixará as datas ou a periodicidade das suas reuniões ordinárias e reunirá extraordinariamente sempre que seja convocado pelo presidente ou a solicitação dos dois administradores.

Artigo 20.º

Deliberações

1 — O conselho de administração não pode deliberar sem que esteja presente a maioria dos seus membros em exercício, salvo por motivo de urgência, como tal reconhecida pelo presidente, caso em que os votos podem ser expressos por correspondência ou por carta passada a outro administrador.

2 — As deliberações do conselho de administração constarão sempre de acta e serão tomadas pela maioria dos votos presentes ou representados, tendo o presidente, ou quem o substitua, voto de qualidade.

Artigo 21.º

Vinculação da sociedade

1 — A sociedade obriga-se:

a) Pela assinatura de três membros do conselho de administração ou pela assinatura de dois membros, desde que um seja o presidente;
b) Pela assinatura de administrador-delegado, dentro dos limites delegados pelo conselho;
c) Pela assinatura de um dos administradores e de um director ou mandatário, no âmbito dos poderes que lhe tenham sido conferidos.

2 — O conselho de administração pode deliberar que certos documentos da sociedade sejam assinados por processos mecânicos ou chancela.

SECÇÃO III

Fiscal único

Artigo 22.º

Composição

O fiscal único será obrigatoriamente um revisor oficial de contas ou uma sociedade de revisores oficiais de contas.

Artigo 23.º

Competência

1 — Compete designadamente ao fiscal único:

a) Exercer, em geral, a fiscalização da actividade social;
b) Examinar, sempre que o julgue conveniente, a escrituração da sociedade;
c) Acompanhar o funcionamento da sociedade, bem como o cumprimento dos estatutos e das normas legais e regulamentares que lhe são aplicáveis;
d) Emitir parecer acerca do orçamento, do balanço, do inventário e das contas anuais;
e) Dar conhecimento ao conselho de administração de qualquer assunto que deva ser ponderado

e pronunciar-se sobre qualquer matéria que lhe seja submetida por aquele órgão ou pela assembleia geral;
f) Exercer as demais atribuições que lhe sejam cometidas por lei.

2 — Quando o considere indispensável, o fiscal único poderá propor à assembleia geral a contratação de técnicos especialmente designados para o coadjuvarem nas suas funções.

SECÇÃO IV

Conselho consultivo

Artigo 24.º

Composição

1 — A composição do conselho consultivo é fixada por deliberação da assembleia geral.

2 — Os membros do conselho consultivo designarão entre si o seu presidente.

Artigo 25.º

Competências

Compete ao conselho consultivo emitir pareceres, sem natureza vinculativa, sobre:

a) Versão final dos documentos do concurso a realizar para as prestações relativas à concepção, realização das obras de construção, fornecimento e montagem do material circulante e dos demais equipamentos que constituem o sistema de metro, bem como da sua exploração;
b) Demais matérias que lhe sejam submetidas pelo presidente do conselho de administração.

CAPÍTULO IV

Disposições finais

Artigo 26.º

Dissolução e liquidação

1 — A sociedade dissolve-se nos casos e nos termos legais.

2 — A liquidação da sociedade reger-se-á pelas disposições da lei e pelas deliberações da assembleia geral.

MINISTÉRIO DA JUSTIÇA

Decreto-Lei n.º 11/2002

de 24 de Janeiro

As reformas estruturantes em curso visando a reorganização do sistema judiciário e processual têm como objectivo criar as necessárias bases de estabilidade do sistema e simultaneamente aliviá-lo de forma significativa da elevada carga da pendência processual acumulada.

Este quadro de alterações ainda em curso e de adaptação do sistema judicial tem imposto medidas de natureza excepcional, imediatas e eficazes de resposta à actual conjuntura, visando a estabilização do sistema

ANEXO 6
DL 226/2004, de 6 de Dezembro – Alteração ao DL 10/2002, de 24 de Janeiro: adapta-o ao regime das PPP; e 2.ª Bases de Concessão do MLS do Mondego

Decreto-Lei n.º 226/2004

de 6 de Dezembro

O Decreto-Lei n.º 10/2002, de 24 de Janeiro, atribuiu à Metro-Mondego, S. A., em exclusivo, a concessão, em regime de serviço público, da exploração de um sistema de metro ligeiro de superfície nos municípios de Coimbra, Miranda do Corvo e Lousã.

Nos termos das bases da concessão, aprovadas por aquele diploma, a Metro-Mondego, S. A., está autorizada a proceder à subconcessão, total ou parcial, das actividades que constituem o objecto da sua concessão.

Tendo em consideração que a Metro-Mondego, S. A., se propõe proceder ao lançamento de um concurso público para adjudicação de duas subconcessões, torna-se necessário proceder a algumas modificações ao citado Decreto-Lei n.º 10/2002, bem como das bases da concessão que aquele diploma aprovou.

Nestas circunstâncias, para além do alargamento do prazo da concessão, adapta-se o regime procedimental previsto para o lançamento do concurso à disciplina do Decreto-Lei n.º 86/2003, de 26 de Abril, admite-se a escolha de soluções tecnológicas diferentes no que concerne aos meios de transporte a utilizar, define-se em que termos podem ser atribuídas compensações financeiras pela obrigação de prestação de serviço público de transporte de passageiros (excluindo-se a possibilidade de serem financiados meros défices de exploração), limita-se a realização pela Metro-Mondego, S. A., de obras de requalificação ou de inserção urbana, modificam-se os critérios que vão presidir à adjudicação das subconcessões, determina-se que os preços a apresentar em áreas de investimento devem ser fixos e não revisíveis

e, por último, alteram-se algumas normas do Decreto-Lei n.º 10/2002, de 24 de Janeiro, e das respectivas bases, com o propósito de as ajustar aos novos princípios agora consagrados ou de lhes dar uma redacção mais adequada em função dos resultados que se pretende alcançar.

Assim:

Nos termos da alínea *a*) do n.º 1 do artigo 198.º da Constituição, o Governo decreta o seguinte:

Artigo 1.º

Alteração ao Decreto-Lei n.º 10/2002, de 24 de Janeiro

Os artigos 1.º, 2.º, 4.º, 6.º e 8.º do Decreto-Lei n.º 10/2002, de 24 de Janeiro, passam a ter a seguinte redacção:

«Artigo 1.º

Concessão de serviço público

1 — O Estado atribui à Metro-Mondego, S. A., em exclusivo, a concessão, em regime de serviço público, da exploração de um sistema de metro ligeiro de superfície nos municípios de Coimbra, Miranda do Corvo e Lousã, sem prejuízo do disposto no número seguinte.

2 — Revelando-se económica e socialmente mais vantajoso, a concessionária, em parte do troço denominado por ramal da Lousã, entre Coimbra-B e Serpins, pode optar por soluções tecnológicas alternativas àquela que for escolhida para o restante sistema, assegurando o aproveitamento racional do canal ferroviário existente.

3 — *(Anterior n.º 2.)*

COMO NÃO DECIDIR UMA OBRA PÚBLICA

N.º 285 — 6 de Dezembro de 2004　　　　　*DIÁRIO DA REPÚBLICA — I SÉRIE-A*　　　　　6981

4 — A concessão é atribuída pelo prazo de 40 anos, o qual pode ser prorrogado nos termos previstos nas bases de concessão.

Artigo 2.º

Do concedente

O Estado, enquanto concedente, é representado, consoante os casos, pelos ministros que detenham a tutela financeira e a tutela sectorial ou por quem actue ao abrigo de poderes delegados por despacho conjunto dos mesmos ministros.

Artigo 4.º

Contratação e fiscalização

1 — Para a prossecução do objecto da concessão, pode a Metro-Mondego, S. A., proceder à contratação, nomeadamente através da subconcessão total ou parcial, por concurso, das prestações necessárias à concepção e projecto, à realização das obras de construção, ao fornecimento, montagem e manutenção do material circulante e dos demais equipamentos que constituem o sistema e à sua exploração.

2 — A contratação pela Metro-Mondego, S. A., através de subconcessão, das prestações necessárias à concepção e projecto, à realização das obras de construção, ao fornecimento, montagem e manutenção do material circulante e dos demais equipamentos que constituem o sistema não pode exceder o prazo de 34 anos a contar da data de assinatura do respectivo contrato de subconcessão.

3 — A contratação pela Metro-Mondego, S. A., através de subconcessão, das prestações necessárias à exploração do sistema não pode exceder, na primeira subconcessão, o prazo de nove anos e, nas seguintes, o prazo de cinco anos, a contar da data da assinatura do respectivo contrato de subconcessão.

4 — À contratação pela Metro-Mondego, S. A., através de subconcessão, das prestações referidas nos números anteriores aplica-se, com as devidas adaptações, o regime jurídico previsto no Decreto-Lei n.º 86/2003, de 26 de Abril.

5 — A Metro-Mondego, S. A., não pode, directa ou indirectamente, participar no capital das subconcessionárias.

6 — A Metro-Mondego, S. A., pode, por concurso, contratar empresas para a fiscalização das prestações referidas no n.º 1, sem prejuízo dos deveres de fiscalização das actividades da concessionária cometidas a esta ou a outras entidades nos termos das bases da concessão.

Artigo 6.º

Regime transitório de exploração

1 — A CP — Caminhos de Ferro Portugueses, E. P., e a Rede Ferroviária Nacional — REFER, E. P., mantêm, nos termos definidos nos números seguintes, o regime de serviço público de exploração e de gestão do ramal da Lousã até que as obras de construção do sistema objecto da concessão inviabilizem a exploração ferroviária.

2 — Cabe à Metro-Mondego, S. A., assegurar a realização de transportes alternativos durante a fase de construção e implementação do sistema objecto da concessão, até à entrada em funcionamento deste.

3 — Para assegurar o disposto no n.º 1, a Metro-Mondego, S. A., convencionará, nos termos a fixar por despacho conjunto dos ministros da tutela financeira e da tutela sectorial, as seguintes prestações de serviços:

  a) A realização pela CP — Caminhos de Ferro Portugueses, E. P., do serviço de transporte ferroviário na área de implantação do sistema de metro;

  b) A realização pela Rede Ferroviária Nacional — REFER, E. P., dos serviços de gestão da infra-estrutura ferroviária.

4 — ....
5 — ....
6 — ....

Artigo 8.º

Bens de domínio público

1 — Os bens de domínio público ferroviário sob gestão da Rede Ferroviária Nacional — REFER, E. P., a serem afectos ao sistema objecto da concessão devem ser discriminados em autos de entrega subscritos por representantes da Rede Ferroviária Nacional — REFER, E. P., e da Metro-Mondego, S. A., e homologados pelo Instituto Nacional do Transporte Ferroviário.

2 — ....

3 — Os bens de domínio público ferroviário sob gestão da Rede Ferroviária Nacional — REFER, E. P., não contemplados nos autos de entrega referidos no n.º 1 e que sejam incluídos no ramal da Lousã transitam por despacho conjunto dos ministros que detenham a tutela financeira e a tutela sectorial para os domínios privativos das empresas referidas nesse número.

4 — É retirado da relação das linhas e ramais mencionada no n.º 1 do artigo 2.º dos estatutos da CP — Caminhos de Ferro Portugueses, E. P., o troço indicado no n.º 2, podendo esta empresa continuar a utilizar o troço entre Coimbra-A e Coimbra-B até que a implementação do sistema objecto da concessão o inviabilize.

5 — Na estação de Coimbra-B deve a Rede Ferroviária Nacional — REFER, E. P., assegurar a necessária intermodalidade com o sistema objecto da concessão.

6 — O Estado assegura à Rede Ferroviária Nacional — REFER, E. P., a adequada compensação pelas infra-estruturas transferidas para a Metro-Mondego, S. A., sendo o valor desta compensação fixado por despacho conjunto dos ministros da tutela financeira e da tutela sectorial.»

Artigo 2.º

Alteração ao anexo I do Decreto-Lei n.º 10/2002, de 24 de Janeiro

As bases da concessão I, II, IV, V, VI, VII, VIII, IX, X, XI, XIV, XVI, XVII, XIX, XX, XXIII, XXIV, XXVI, XVII e XXVIII constantes do anexo I do Decreto-Lei n.º 10/2002, de 24 de Janeiro, passam a ter a seguinte redacção:

«Base I

Objecto

1 — A concessão tem por objecto a exploração de um sistema de metro ligeiro de superfície nas áreas dos municípios de Coimbra, Miranda do Corvo e Lousã, sem prejuízo do disposto no número seguinte.

ANEXOS

DIÁRIO DA REPÚBLICA — I SÉRIE-A

N.º 285 — 6 de Dezembro de 2004

2 — Revelando-se económica e socialmente mais vantajoso, a concessionária, em parte do troço denominado por ramal da Lousã, entre Coimbra-B e Serpins, pode optar por soluções tecnológicas alternativas àquela que for escolhida para o restante sistema, assegurando o aproveitamento racional do canal ferroviário existente.

3 — A concessão compreende ainda a concepção, projecto, realização das obras de construção, fornecimento, montagem e manutenção do material circulante e dos demais equipamentos que constituem o sistema objecto da concessão.

Base II

Actividades da concessionária

1 — A concessionária tem como objecto e actividade principal a realização das prestações inerentes à concessão, ou seja, a concepção, projecto, realização das obras de construção, fornecimento, montagem e manutenção do material circulante e dos demais equipamentos que constituem o sistema objecto da concessão e sua exploração.

2 — ....
3 — ....

4 — A concessionária pode, para o desenvolvimento das actividades autónomas referidas nesta base, ou outras, criar empresas total ou parcialmente por si detidas, ou tomar participações no capital de outras empresas, mediante autorização prévia dos ministros que detenham a tutela financeira e a tutela sectorial.

Base IV

Prazos da concessão e subconcessão

1 — A concessão tem a duração de 40 anos contados a partir da data da entrada em vigor do diploma que aprova as presentes bases.

2 — A contratação pela concessionária, através de subconcessão, das prestações necessárias à concepção e projecto, à realização das obras de construção, ao fornecimento, montagem e manutenção do material circulante e dos demais equipamentos que constituem o sistema não pode exceder o prazo de 34 anos a contar da data da assinatura do respectivo contrato de subconcessão.

3 — A contratação pela concessionária, através de subconcessão, das prestações necessárias à exploração do sistema objecto da concessão não pode exceder, na primeira subconcessão, o prazo de nove anos e, nas seguintes, o prazo de cinco anos, a contar da data de assinatura do respectivo contrato de subconcessão.

4 — Quando o interesse público o justifique ou a lei o não impeça:

a) O prazo da concessão pode ser prorrogado por períodos sucessivos até cinco anos;

b) O prazo da subconcessão relativa à exploração do sistema pode ser prorrogado por um período adicional de cinco anos desde que a subconcessionária assegure o equilíbrio económico-financeiro da exploração, sem qualquer compensação por parte da Metro-Mondego, S. A., ou de outras entidades públicas.

5 — A prorrogação deve ser requerida pela concessionária ou subconcessionária com a antecedência mínima de 18 meses sobre o termo da concessão ou da subconcessão ou do prazo de prorrogação.

6 — A prorrogação do prazo de concessão depende de despacho conjunto dos ministros que detenham a tutela financeira e a tutela sectorial, devendo ser comunicada à concessionária com uma antecedência mínima de um ano sobre o termo da concessão ou do prazo de prorrogação.

7 — A prorrogação do prazo de subconcessão depende de autorização prévia mediante despacho conjunto dos ministros que detenham a tutela financeira e a tutela sectorial, na sequência de fundamentação adequada quanto à sustentabilidade da exploração sem a ocorrência de apoios financeiros públicos, devendo ser comunicada à subconcessionária com uma antecedência mínima de um ano sobre o termo da subconcessão ou do prazo de prorrogação.

Base V

Características gerais do sistema

Sem prejuízo do disposto no n.º 2 da base I, o sistema de metro concessionado tem as seguintes características gerais, que devem ser asseguradas pela concessionária:

a) ....
b) ....
c) ....
d) ....
e) ....
f) ....

Base VI

Estabelecimento e bens afectos à concessão

1 — ....
2 — ....
3 — ....

4 — A concessionária não pode alienar ou onerar, parcial ou totalmente e sob qualquer forma, os bens e os direitos que estejam afectos à exploração do sistema, salvo mediante autorização prévia do ministro da tutela sectorial ou nos casos em que a lei aplicável aos bens do domínio público o preveja, bem como quando se tratem de bens consumíveis ou da mera substituição de bens perecíveis ou deterioráveis.

5 — ....
6 — ....
7 — ....

Base VII

Servidões e expropriações

1 — ....
2 — ....

3 — Compete ao ministro que detenha a tutela sectorial a prática do acto que individualize os bens a expropriar nos termos do n.º 2 do artigo 10.º do Código das Expropriações, o qual deve conter a declaração de utilidade pública com carácter de urgência, no prazo de 45 dias a contar da apresentação pela concessionária da documentação exigida para esse efeito.

4 — ....

5 — O ministro que detenha a tutela sectorial pode designar uma entidade que coordene e fiscalize a condução dos processos expropriativos ou relativos à aquisição de bens pela via do direito privado.

COMO NÃO DECIDIR UMA OBRA PÚBLICA

Base VIII

Financiamento das actividades da concessionária

1 — Os accionistas da concessionária devem dotá-la dos recursos necessários para a prossecução e funcionamento da sua actividade, bem como para suporte dos custos referidos no n.º 2 da base VII, na proporção das respectivas participações de capital.

2 — ....

3 — As disposições dos números anteriores não prejudicam o recurso pela concessionária a financiamentos a conceder por terceiras entidades, nomeadamente instituições financeiras nacionais ou internacionais, mediante consulta prévia aos ministros que detenham a tutela financeira e a tutela sectorial, sempre que tal coloque em risco os rácios de solvabilidade da concessionária julgados aceitáveis segundo uma gestão prudente e criteriosa.

4 — O Estado, representado pelos ministros que detenham a tutela financeira e a tutela sectorial, mediante contrato a celebrar com a concessionária, assume os encargos decorrentes da disponibilidade e conservação das infra-estruturas de longa duração e dos equipamentos e material circulante.

5 — O contrato a que se refere o número anterior deve ser celebrado antes de se proceder à adjudicação definitiva da respectiva subconcessão.

6 — A concessionária apenas pode suportar os custos relativos a obras fora do canal afecto ao sistema que:

a) Visem exclusivamente a reposição de uma situação equivalente àquela que existia antes de se iniciarem as obras;

b) Sejam susceptíveis de, comprovadamente demonstradas, gerar para a concessionária receitas cujo valor actualizado líquido seja equivalente ou superior ao valor actualizado líquido das respectivas despesas.

7 — Entende-se por canal afecto ao sistema o conjunto formado pela plataforma ferroviária, eventuais ligações rodoviárias em terrenos do domínio público ferroviário, parque de manutenção e operação, estações, interfaces, estacionamentos, subestações de tracção, respectivos acessos e demais órgãos técnicos necessários ao funcionamento do sistema.

Base IX

Regime tarifário

1 — ....

2 — Para efeitos do número anterior e sempre que a exploração do sistema esteja subconcessionado, a fixação das tarifas obedece ao que fique estabelecido no contrato de subconcessão, não podendo nunca pôr em causa a base tarifária média que naquele seja acordada.

3 — Sem prejuízo dos números anteriores, a entrada em vigor das tarifas depende da autorização do Instituto Nacional do Transporte Ferroviário e da Direcção-Geral dos Transportes Terrestres.

Base X

Compensações pela obrigação da prestação de serviço público

1 — No caso de, comprovadamente, se demonstrar que a prestação de serviço público de transporte de passageiros é susceptível de contribuir acentuadamente para o desequilíbrio económico-financeiro da entidade que tenha a seu cargo a exploração do sistema, a concessionária pode, exclusivamente no período relativo à atribuição da primeira subconcessão, atribuir compensações financeiras pela obrigação da prestação daquele serviço público.

2 — Terminado o prazo relativo à primeira subconcessão, a concessionária não pode, directa ou indirectamente, atribuir compensações financeiras pela prestação do serviço público a que se refere o número anterior, sem prejuízo de tais compensações poderem ser atribuídas pelos municípios servidos pelo sistema objecto da concessão.

3 — Se, depois de terminado o prazo relativo à primeira subconcessão, a concessionária assumir a exploração do sistema e se verificar que aquela apresenta resultados negativos, o Estado, ainda que na qualidade de accionista, não pode contribuir para o financiamento do respectivo défice, sem prejuízo de os referidos municípios atribuírem compensações financeiras pela obrigação da prestação do serviço público de transporte de passageiros.

4 — Para efeitos do disposto nos números anteriores, não podem ser consideradas eventuais prorrogações do prazo da primeira subconcessão.

5 — Nos critérios a utilizar para efeitos de se determinar o valor das compensações financeiras a atribuir pela obrigação do serviço público de transporte de passageiros deve, necessariamente, considerar-se que o aumento do volume de tráfego de passageiros face às projecções consideradas no âmbito da adjudicação conduz à diminuição ou eliminação do valor daquela compensação.

6 — O disposto nos números anteriores não prejudica a adopção pela concessionária de disposições contratuais com vista à protecção do interesse público subjacente à concessão e à optimização das condições de exploração do serviço de transporte.

Base XI

Obrigações de informação da concessionária

1 — A concessionária deve dar conhecimento imediato ao ministro da tutela sectorial de qualquer evento que possa vir a prejudicar ou impedir o cumprimento pontual e atempado de qualquer das obrigações emergentes das presentes bases, bem como ao ministro da tutela financeira quando tais eventos tenham implicações de natureza económica e financeira.

2 — A concessionária deve elaborar para todos os anos civis um plano de actividades e um orçamento, contemplando as áreas de gestão e de investimento, cujo projecto deve enviar aos ministros da tutela financeira e da tutela sectorial até ao dia 15 de Dezembro do ano anterior a que respeitem.

3 — ....

4 — A concessionária deve remeter aos ministros da tutela financeira e da tutela sectorial, até ao dia 31 de Março de cada ano, relatório de gestão e contas, certificação legal de contas e o parecer do fiscal único relativo ao exercício anterior.

5 — ....

6 — ....

7 — ....

8 — ....

ANEXOS

DIÁRIO DA REPÚBLICA — I SÉRIE-A

N.º 285 — 6 de Dezembro de 2004

Base XIV

Obrigações respeitantes à sociedade concessionária

1 — ....

2 — As participações sociais no capital da concessionária só podem ser oneradas ou transmitidas a terceiros mediante autorização prévia por parte dos ministros da tutela financeira e da tutela sectorial, sob pena de nulidade.

3 — Os estatutos da concessionária, constantes do anexo II do diploma que aprova as presentes bases, só podem ser alterados mediante autorização conjunta dos ministros da tutela financeira e da tutela sectorial, sob pena de nulidade.

4 — ....

Base XVI

Concursos — Regras gerais

1 — As prestações relativas à concepção, projecto, realização de obras de construção, fornecimento, montagem e manutenção do material circulante e dos demais equipamentos que constituem o sistema objecto da concessão e a sua exploração podem ser subconcessionadas, total ou parcialmente, devendo a escolha do subconcessionário ou dos subconcessionários ser realizada mediante concurso.

2 — À contratação pela concessionária, nomeadamente através de subconcessão, das prestações referidas no número anterior aplica-se, com as devidas adaptações, o regime jurídico previsto no Decreto-Lei n.º 86/2003, de 26 de Abril.

3 — A concessionária, não pode, directa ou indirectamente, participar no capital das subconcessionárias.

4 — Nos documentos dos concursos deve fixar-se que os concorrentes são obrigados a apresentar preços fixos e não revisíveis para a concepção, projecto, realização de obras de construção, fornecimento, montagem e manutenção do material circulante e dos demais equipamentos necessários à entrada integral em funcionamento do sistema objecto da concessão.

5 — Os concursos devem seguir os trâmites adequados aos limites previstos na legislação nacional e comunitária e, em qualquer dos casos, podem incluir uma fase de negociação com os concorrentes melhor classificados.

6 — Caso haja fase de negociação, esta deve incluir a negociação do contrato de subconcessão a celebrar e deve terminar com a aceitação, por parte do concorrente, da minuta final deste.

7 — Da fase de negociação não podem resultar:

a) Alterações às regras do caderno de encargos;
b) Adopção de soluções mais desvantajosas para a concessionária do que as inicialmente propostas pelos concorrentes;
c) Aproveitamento por um concorrente de soluções contidas na proposta de outro concorrente.

Base XVII

Natureza e estrutura dos concursos

1 — Os concursos referidos na base anterior são lançados pela concessionária.

2 — Sem prejuízo da aplicabilidade, com as necessárias adaptações, do regime previsto no Decreto-Lei n.º 86/2003, de 26 de Abril, compete à concessionária

realizar as operações inerentes à realização dos concursos a que se refere a base anterior, designadamente elaborar os instrumentos relativos ao lançamento dos concursos e decidir sobre os recursos administrativos apresentados no âmbito do concurso e sobre os relatórios de avaliação e hierarquização elaborados pela comissão de avaliação das propostas, bem como decidir sobre a adjudicação das subconcessões depois de obtidos os correspondentes despachos ministeriais.

Base XIX

Conteúdo mínimo obrigatório de regulamentação

1 — Nos programas de concurso devem constar obrigatoriamente, de forma detalhada, os requisitos respeitantes à experiência, capacidade e aptidão técnica, financeira e empresarial que os concorrentes devem satisfazer de forma a serem admitidos ao concurso ou qualificados.

2 — ....

3 — ....

4 — A concessionária, antes de proceder ao lançamento dos concursos a que se referem as bases anteriores, deve diligenciar no sentido de serem celebrados protocolos com os municípios servidos pelo sistema objecto da concessão, definindo e disciplinando os compromissos assumidos por cada um deles e a respectiva partilha de responsabilidades.

Base XX

Critérios de atribuição das subconcessões

1 — Quer a decisão final de selecção dos subconcessionários quer a escolha dos concorrentes para a fase de negociações, se a ela houver lugar, têm por base a avaliação das propostas segundo os seguintes critérios gerais:

a) Valor actual líquido dos pagamentos a efectuar pela concessionária ou outras entidades públicas;
b) Qualidade técnica da proposta;
c) Solidez da estrutura empresarial, contratual e financeira;
d) Grau de risco e de compromisso associado à proposta;
e) Prazos de execução do projecto.

2 — ....

Base XXIII

Prémios

A concessionária pode deliberar a atribuição de prémios a um ou mais concorrentes preteridos nos concursos cujas propostas, ainda assim, tenham qualidade manifesta, mas o seu montante deve ser sujeito a aprovação dos ministros da tutela financeira e da tutela sectorial.

Base XXIV

Aprovação e alteração dos contratos de subconcessão

1 — As minutas dos contratos de subconcessão devem ser aprovadas por despacho conjunto dos ministros que detenham a tutela financeira e a tutela sectorial.

2 — As alterações aos contratos referidos no número anterior estão sujeitas ao regime previsto no artigo 14.º do Decreto-Lei n.º 86/2003, de 26 de Abril.

COMO NÃO DECIDIR UMA OBRA PÚBLICA

N.º 285 — 6 de Dezembro de 2004   *DIÁRIO DA REPÚBLICA — I SÉRIE-A*   6985

Base XXVI

Sequestro

1 — O Estado, através do ministro da tutela sectorial, pode tomar através de sequestro a exploração do serviço quando se der ou estiver iminente a cessação ou interrupção total ou parcial da exploração do serviço ou quando se verifique a gestão danosa da concessão ou graves deficiências na organização e funcionamento do serviço de transporte ou no estado das instalações ou do equipamento susceptíveis de comprometer a regularidade da exploração.

2 — ....

3 — ....

4 — ....

Base XXVII

Extinção da concessão

1 — O Estado, através de despacho conjunto dos ministros da tutela financeira e da tutela sectorial, pode dar a concessão por extinta quando tenha ocorrido qualquer dos factos seguintes:

a) Desvio do objecto da concessão;
b) Interrupção prolongada da exploração do serviço por facto imputável à concessionária;
c) Oposição reiterada ao exercício da fiscalização ou repetida desobediência às determinações do Estado ou, ainda, sistemática inobservância das leis e regulamentos aplicáveis, quando se mostrem ineficazes as sanções aplicadas;
d) Recusa em proceder à adequada conservação e reparação das infra-estruturas;
e) Cobrança dolosa de preços com valor superior aos fixados no tarifário;
f) Falência da concessionária, podendo, nesse caso, o Estado autorizar que os credores assumam os direitos e encargos resultantes da concessão;
g) Transmissão da concessão não autorizada;
h) Violação grave das obrigações da concessionária previstas nas presentes bases.

2 — ....

3 — ....

4 — ....

Base XXVIII

Resgate da concessão

1 — O Estado pode resgatar a concessão sempre que motivos de interesse público o justifiquem e decorridos que sejam pelo menos 15 anos a partir da data do seu início, mediante notificação feita à concessionária pelo ministro da tutela sectorial enviada com, pelo menos, seis meses de antecedência.

2 — Decorrido o período de seis meses sobre a notificação do resgate, o Estado assume todos os direitos e deveres contraídos pela concessionária anteriormente à data da notificação, incluindo os tomados com o pessoal contratado para o efeito, ainda aqueles que tenham sido assumidos pela concessionária após a data da notificação, desde que tenham sido autorizados pelo ministro da tutela sectorial.

3 — ....

4 — ....

5 — ....

6 — O valor final da indemnização do resgate deve ser homologado pelo ministro da tutela financeira.»

Artigo 3.º

Entrada em vigor

O presente diploma entra em vigor no dia seguinte ao da sua publicação.

Visto e aprovado em Conselho de Ministros de 30 de Setembro de 2004. — *Pedro Miguel de Santana Lopes — António José de Castro Bagão Félix — José Luís Fazenda Arnaut Duarte — António Luís Guerra Nunes Mexia.*

Promulgado em 15 de Novembro de 2004.

Publique-se.

O Presidente da República, Jorge Sampaio.

Referendado em 22 de Novembro de 2004.

O Primeiro-Ministro, *Pedro Miguel de Santana Lopes.*

ANEXOS

ANEXO 7
Parecer sobre as alternativas de reabilitação do Ramal da Lousã no contexto do projecto do MLM – CESUR/Prof. Fernando Nunes da Silva. Fevereiro de 2002

PARECER SOBRE AS

ALTERNATIVAS DE REABILITAÇÃO DO RAMAL DA LOUSÃ

1. Equacionar as alternativas que teoricamente se podem colocar para a reabilitação do ramal da Lousã no contexto do projecto do Metropolitano Ligeiro do Mondego (MLM), implica que não só se tenham em conta os estudos técnicos já desenvolvidos – da responsabilidade da FERBRITAS e do consórcio formado pelas empresas SYSTRA/TIS/COBA – como o facto de estarmos em presença de um projecto de transporte colectivo em sítio próprio que não se limita ao ramal ferroviário propriamente dito, mas que abarca igualmente o núcleo central da cidade de Coimbra.

2. A consideração dos estudos anteriores, realizados por empresas de elevada reputação e competência técnica, levar-nos-ia desde logo a recusar a solução de se optar por um sistema bi-corrente para os veículos que irão assegurar o serviço de transporte de passageiros – contínua a 750 Volts no troço urbano de Coimbra e alterna a 25 Kvolts no ramal propriamente dito – tendo em conta os seus elevados custos[1] e a reduzida procura que se estima para o troço entre Carvalhosas e Miranda do Corvo (cerca de 8 mil passageiros por dia nos dois sentidos). Esse tráfego será ainda mais reduzido daí até Lousã/Serpins (na ordem dos 4 mil passageiros/dia). Note-se que a área urbana servida por este novo modo de transporte gera um tráfego superior a 133 mil viagens diárias, enquanto que no troço suburbano – de Carvalhosas a Serpins – esse valor pouco excede as 12 mil viagens por dia. Na figura seguinte apresentam-se os tráfegos previstos no estudo do consórcio SYSTRA & alt. para os diferentes troços da futura rede do MLM.[2]

---

[1] Ver a este propósito o relatório final da fase II do estudo elaborado pelo consórcio Systra & outros, pag. 95 a 100.
[2] Relatório citado, pag. 35.

Prof. Fernando Nunes da Silva - Instituto Superior Técnico / CESUR

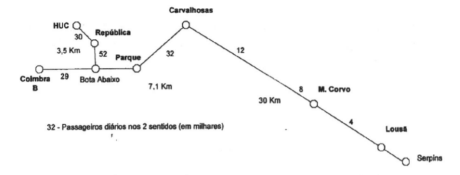

3. A este sobrecusto, injustificável face à procura a servir, haveria ainda que acrescentar os maiores custos de manutenção decorrentes do facto de se estar a operar com veículos com tipos de motorização diferente.

4. Todavia, para que todas as alternativas possíveis possam ser avaliadas, vamos admitir a possibilidade teórica de operar com veículos com motorizações diferentes: motor eléctrico a corrente alterna a 25 Kvolts para o serviço de Serpins a Coimbra B; e motor bi-corrente (contínua a 750 Volts e alterna a 25 Kvolts) para os troços urbanos em Coimbra. Os dois serviços de transporte a prestar - urbano, a partir de Carvalhosas e para todo o núcleo central de Coimbra; e suburbano, desde Serpins até Coimbra B – seriam assim explorados com dois tipos de veículo: bi-corrente no primeiro caso; e em corrente alterna a 25 Kvolts, no segundo.

5. Ainda que os estudos das duas empresas acima referidas optem por propôr a mudança de bitola no ramal da Lousã – passagem da bitola ibérica actual para a bitola standard europeia -, nas alternativas que passaremos a analisar iremos considerar um cenário teórico em que a bitola ibérica se mantém entre a estação Parque ou Portagem e Serpins, nas duas alternativas em que não se opta por uma electrificação de toda a rede do MLM a 750 Volts. Note-se no entanto que a consideração desta possibilidade implicaria um novo investimento na infraestrutura existente desde Carvalhosas a Coimbra B, a fim de dotar a linha de um terceiro carril, permitindo assim quer a circulação dos veículos a operar no ramal da Lousã, quer os que iriam realizar o serviço urbano.

ANEXOS

6. Neste contexto afigura-se-nos interessante considerar as seguintes alternativas para a exploração da rede do MLM e, consequentemente, para a reabilitação do ramal da Lousã:

- Sistema diesel hidráulico entre Serpins e Parque e sistema eléctrico a 750 Volts CC a partir de Carvalhosas e para a restante área urbana de Coimbra (figura com alternativa I).

- Sistema eléctrico a 25 Kvolts CA de Serpins a Coimbra B e sistema eléctrico a 750 Volts CC a partir da derivação do Bota Abaixo e até aos hospitais universitários (figura com alternativa II).

- Sistema electrificado integralmente a 750 Volts, tal como proposto nos dois estudos acima citados (figura com alternativa III).

7. A <u>primeira alternativa</u> – sistema diesel para o serviço suburbano e eléctrico a 750 Volts CC para o urbano – teria como principal (e única) vantagem o facto de não se ter de alterar a infraestrutura do ramal da Lousã, mantendo-se por isso quer a bitola quer a não necessidade de se proceder à sua electrificação. O esforço de investimento neste ramal seria assim integralmente afecto à melhoria da linha, à introdução de um sistema de sinalização e apoio à exploração moderno e à reabilitação e modernização das estações. O facto de se operar com modernos veículos diesel-hidráulicos não implicaria uma diminuição siginificativa da qualidade do serviço de transporte em relação a uma opção por veículos eléctricos, tanto ao nível do conforto dos passageiros, como em termos de velocidade comercial e tempos de percurso.

Alternativa 1

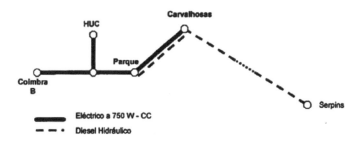

COMO NÃO DECIDIR UMA OBRA PÚBLICA

8. As principais desvantagens associadas a esta alternativa são as seguintes:

- Obrigatoriedade de um transbordo para todos os passageiros provenientes das zonas a montante de Carvalhosas e que se dirijam para zonas a juzante da estação Parque.

- Descontinuidade do serviço de transporte entre o ramal da Lousã e Coimbra B, ponto de amarração à rede ferroviária nacional e futuro centro de transportes de Coimbra.

- Exploração da rede MLM com dois tipos de veículos, o que obrigará a dois tipos de manutenção e à construção de dois parques de material e oficinas (PMO), a não ser que se admitisse o recurso a um dos PMO da CP existentes na zona centro do país. Esta solução poderia implicar o atravessamento da cidade de Coimbra com este material circulante, o que não deixaria de levantar problemas de segurança e a necessidade de impor restrições ao tráfego automóvel aquando da realização dessa operação. Acresce o facto de que a solução de qualquer avaria ou acidente em linha levaria ao desencadear deste tipo de procedimento, com todos os inconvenientes que tal acarretaria ao funcionamento normal da cidade de Coimbra.

- Aumento do custo de aquisição do material circulante, dado que se teria de comprar dois tipos de veículos, com encomendas de apenas 17 veículos cada. Sendo certo que os custos de aquisição só começam a diminuir para encomendas superiores a 20 ou 24 veículos, estaríamos perante uma situação em que se teriam de pagar preços unitários mais elevados para a aquisição dos 34 veículos necessários à exploração da rede MLM.

- Obrigatoriedade de adquirir veículos para operar em linhas de bitola ibérica, o que se afigura cada vez mais difícil para veículos novos para este tipo de serviço suburbano. Poder-se-ia assim cair facilmente numa situação em que se teria de pagar um preço proibitivo ou se teria de recorrer a veículos usados libertados por outras linhas, quer nacionais como estrangeiras. Em qualquer caso, a adequação desses veículos ao tipo de serviço que se pretende para o ramal da Lousã seria sempre deficiente.

- Necessidade de introduzir um terceiro carril na linha, entre as estações Parque e Coimbra B, o que não só elevaria o custo com a construção da infraestrutura como colocaria problemas de difícil solução na concepção e construção dos aparelhos de via.

9. Por último refira-se que esta solução – defensável há dez anos atrás como forma de melhorar desde logo o serviço no ramal da Lousã enquanto se construía a rede urbana; e apenas como solução transitória enquanto não se procedesse à electrificação do ramal – não tem neste momento qualquer justificação, sobretudo depois da CP ter aceite deixar de realizar, no futuro, o serviço de transporte entre Coimbra A e Coimbra B (passando-o para a responsabilidade da Metro Mondego) e se ter optado por electrificar desde já o ramal da Lousã.

10. A segunda alternativa que permitiria manter a bitola ibérica no ramal da Lousã, mas procedendo desde já à sua electrificação, encontra-se esquematizada na figura seguinte. Recorde-se no entanto que nesta alternativa a necessidade de operar o serviço da rede MLM com veículos de dois tipos de motorização (ver ponto 4) é inultrapassável, com todos os inconvenientes daí decorrentes e já anteriormente referidos.

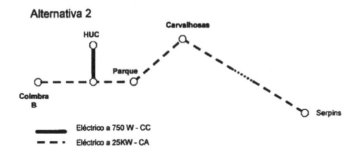

11. Como principais vantagens desta alternativa podem apontar-se as seguintes:

- Serviço directo sem transbordo para as ligações dos passageiros do ramal da Lousã com Coimbra B.
- Possibilidade de integrar a aquisição do material circulante para operar na linha electrificada a 25 Kvolts CA e em bitola ibérica, em

COMO NÃO DECIDIR UMA OBRA PÚBLICA

encomendas mais vastas da CP, com a consequente redução do seu custo unitário.

- Manutenção da bitola ibérica em toda a extensão da linha entre Serpins e Coimbra B (37,1 km), com a consequente redução do seu custo de reabilitação.

- Redução de cerca de 5 milhões de Euros no custo de electrificação do ramal da Lousã.

12. Tal como salientámos anteriormente, esta alternativa tem inconvenientes apreciáveis tanto ao nível do maior custo associado à aquisição dos veículos com motorização em bi-corrente, como dos problemas de exploração que implica. Destacam-se neste âmbito as desvantagens seguintes:

- Impossibilidade de acesso dos veículos do serviço urbano ao ramal da Lousã, a partir da estação de Carvalhosas, em virtude da manutenção (em exclusivo) da bitola ibérica nesse troço da linha.

- Dificuldades de exploração da rede eléctrica, em virtude da existência de duas tensões de alimentação (750 V em CC e 25 KV em CA), com as consequentes repercussões no parque de manutenção e no seu custo.[3]

- Criação de uma barreira física no atravessamento da Praça da Portagem, sem a qual não é admissível proceder à electrificação da linha à tensão de 25 KV. Esta situação parece-nos de todo inaceitável numa cidade ribeirinha como Coimbra, sobretudo tendo em conta os projectos de requalificação urbana e ambiental previstos para as margens do Mondego, além de que constituiria um factor de forte perturbação do tráfego rodoviário numa zona especialmente carregada e sensível no acesso ao centro comercial da cidade. A solução de se optar pela construção de um túnel nesta zona, esbarra desde logo com o seu elevado custo; as inúmeras dificuldades técnicas que teriam de ser superadas (se tal fosse possível a um custo e com um nível de segurança aceitáveis); e as consequências que adviriam para se resolver a integração urbana e paisagística das suas rampas de acesso (note-se que o declive máximo

---

Ver relatório citado, pag. 98.

dessas rampas não poderia exceder os 5 a 6 %, o que implicaria um comprimento a céu aberto nunca inferior a 120 m para cada lado do túnel). Isto para já não mencionar que tal obra de engenharia seria realizada para "resolver" o problema de 8 mil passageiros diários!

- Obrigatoriedade de transbordo para todos os passageiros provenientes do ramal da Lousã que tenham por destino a parte alta da cidade de Coimbra, nomeadamente as zonas da Universidade e dos Hospitais.

13. A <u>terceira alternativa</u> a analisar é aquela que corresponde à que foi proposta nos dois estudos a que nos temos vindo a referir. Não é pois de estranhar que seja a que apresenta menor número de inconvenientes e onde as vantagens os superam largamente. A justificação que se apresenta para esta opção está clara e exaustivamente documentada no relatório da fase II do estudo da SYSTRA & alt., pelo que nos limitaremos aqui a salientar as que nos parecem mais relevantes para uma comparação com as duas alternativas anteriormente descritas.

Alternativa 3

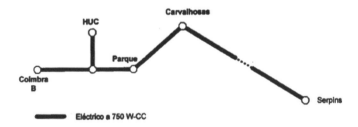

14. Nesta alternativa, a electrificação de toda a rede a explorar futuramente pelo MLM é realizada a 750 V – CC, e toda a linha adoptará a bitola standard. Tal opção permite desde logo ganhos substanciais ao nível da aquisição do material circulante (encomenda de 34 veículos de tipo standard em relação ao que os três grandes construtores mundiais fabricam); da exploração da rede eléctrica (dado que não se verifica alteração da tensão de alimentação em toda a extensão da linha); da necessidade de construir um único PMO; e de permitir uma maior versatilidade na utilização dos veículos (em caso de avaria é sempre possível

recorrer a qualquer um dos outros veículos disponíveis, qualquer que seja o serviço a efectuar).

15. Para além destas vantagens – já de si muito significativas – podem ainda referir-se as seguintes, em termos do serviço de transporte que, neste caso, o MLM poderá vir a assegurar:

- Completa integração do serviço suburbano na rede urbana de Coimbra, com o consequente conjunto de ligações directas para os passageiros do ramal da Lousã com Coimbra B e a parte alta da cidade.

- Exploração mais flexível e adaptável ao crescimento da procura, com a possibilidade de efectuar desdobramentos e novas famílias de comboios, onde e quando tal se justificar.

- Integração dos núcleos urbanos localizados ao longo do ramal da Lousã no que, tendencialmente, se desenha como um eixo de expansão de Coimbra. De facto, em resultado da previsível redução dos tempos de transporte e das ligações directas que esta solução assegura em relação às áreas mais importantes da cidade de Coimbra, é previsível que parte da pressão demográfica que se verifica na sua actual periferia possa ser orientada para esse núcleos urbanos, o que contribuirá para a sua consolidação em termos de urbanísticos e para o aumento da sua oferta em equipamentos e serviços. Por outro lado, a população desses núcleos passa a ter acesso rápido e directo a todos os equipamentos, comércio e serviços de hierarquia superior que uma cidade como Coimbra oferece.

16. As desvantagens associadas a esta alternativa dizem respeito:

- Ao maior custo associado à electrificação em 750 V – CC dos 30 km do ramal da Lousã entre Carvalhosas e Serpins, embora este custo seja largamente compensado pelos menores custos de exploração, a maior atractividade do sistema (resultante do maior número de ligações directas que proporciona) e pelos menores custos de aquisição do material circulante.

- À necessidade de se proceder à completa reformulação para bitola standard desses mesmos 30 km de linha. Refira-se no entanto que os inconvenientes resultantes da interrupção da circulação de comboios enquanto se procede aos trabalhos de reconstrução da via que tal opção implica, podem ser minimizados pela criação de serviços rodoviários alternativos e por uma melhor articulação com o calendário das obras no troço urbano, por forma a que a acessibilidade global oferecida à população servida pelo ramal da Lousã não seja inferior aquela de que hoje dispõe. Por outro lado, convirá não esquecer que também se irão verificar perturbações no serviço de transporte para a realização da electrificação da linha, tal como foi considerada na alternativa II, ainda que estas seriam sempre por períodos mais curtos e com menor impacte na oferta de transporte nos períodos de ponta de tráfego. De qualquer modo, parece-nos aceitável suportar este acréscimo de inconvenientes durante um período de tempo na ordem de um ano, tendo em conta as assinaláveis vantagens globais – tanto para os utentes como para a viabilidade da Metro-mondego – que um sistema único irá proporcionar durante os trinta anos da sua exploração em regime de concessão.

17. A crítica de que esta solução irá "separar" o ramal da Lousã da restante rede ferroviária nacional não tem qualquer fundamento. Com efeito, a separação física dos dois sistemas já hoje existe e dificilmente se vê como poderia ser resolvida (ver ponto 12). Por outro lado, o que importa analisar num sistema de transportes que integra serviços tão diferentes quanto o são o nacional e o urbano/suburbano, não são as suas descontinuidades físicas mas sim o modo como eles se articulam, isto é, as conexões que permitem. Ora, o que se verifica hoje, é que os passageiros do ramal da Lousã têm obrigatoriamente de realizar pelo menos dois transbordos para aceder ao serviço ferroviário nacional ou mesmo regional. Pelo contrário, com esta solução, passam a ter uma ligação directa com o futuro centro de transportes de Coimbra (a construir na zona da estação de Coimbra B), com todas as ligações nacionais, regionais, ferroviárias e rodoviárias que este irá permitir. A melhoria de acessibilidade que tal representa para toda a população dos concelhos de Coimbra, Miranda do Corvo e Lousã é indiscutivelmente um ganho muito significativo a averbar a esta alternativa III.

COMO NÃO DECIDIR UMA OBRA PÚBLICA

18. Pelo anteriormente exposto, e tendo em conta a fase em que se encontra o projecto do MLM (próximo do lançamento do concurso público internacional para a construção e exploração da rede que lhe foi afecta pelo governo), não podemos deixar de recomendar que se mantenha a opção definida pelos citados dois estudos técnicos anteriores, a qual se consubstancia na alternativa de electrificar toda a rede em corrente contínua de 750 Volts e na adopção da bitola standard europeia. Talvez que outra pudesse ser a opção se nos situássemos há dez anos atrás. Neste momento, pugnar por outra solução que não a defendida (alternativa III), poderá não só pôr em causa a concretização do projecto do MLM, como temos sérias dúvidas que o resultado final obtido fosse melhor.

Lisboa, 27 de Fevereiro de 2002.

Fernando Nunes da Silva

(Prof. Associado do IST)

ANEXO 8
Notas para a reformulação do projecto de Metro Mondego – Parpública. 8 de Outubro de 2002

Notas para uma reformulação do projecto de Metro Ligeiro do Mondego

Rui Sousa Monteiro (Parpública, S.A.)

8 de Outubro de 2002

O projecto de Metro Ligeiro do Mondego (MLM), no momento actual[1], apresenta um conjunto de documentação técnica e economico-financeira bastante desenvolvido, visando a passagem à fase de abertura de concurso público de sub-concessão. Contudo, a experiência recente com o lançamento de concessões desaconselha a abertura de concurso com o actual grau de definição e licenciamento do projecto. Além disso, a modelização financeira apresentada pelos consultores da Metro-Mondego SA (MMSA), embora formalmente cuidada, apresenta deficiências e insuficiências nos pressupostos que indiciam um elevado risco de desequilíbrio financeiro da sub-concessão, traduzido na ulterior assunção pelo Concedente de elevadas compensações anuais. Quanto ao modelo contratual de concessão de serviço público, ele sofre de deficiências já detectadas noutros contratos e que se pretende superar, pelo que deverá de reponderado.

Com efeito, a experiência noutros países — confirmada pela experiência recente em Portugal — aponta para a necessidade de, antes do lançamento do concurso de concessão, ter o projecto muito bem definido e dotado de todos os licenciamentos necessários, incluindo os licenciamentos ambientais e as autorizações das autarquias locais. A não satisfação destes requisitos tem duas grandes consequências, bem visíveis em recentes concursos para concessão de serviço público:

- reduz a competitividade económica do concurso público, pois permite a apresentação de propostas com objectos diferentes, dificultando a comparação de custos, e possibilita alterações significativas do objecto no decurso do concurso;

- cria o risco de que, após adjudicação ou assinatura do contrato de concessão, alterações ao objecto (nomeadamente alterações à obra a construir) venham a constituir encargos adicionais para o sector público.

Quanto ao modelo financeiro da concessão, as nossas preocupações incidem sobre:

- a avaliação dos custos de investimento e de exploração, nomeadamente o custo da infraestrutura;

- a avaliação da repartição do financiamento e dos custos financeiros;

- as estimativas de tráfego;

- a compatibilização entre tarifários projectados (que não impliquem um elevado agravamento do actual custo do transporte) e a receita que permita a rentabilização do projecto;

- o equilíbrio global da subconcessão.

---

[1]Dado toda a documentação do projecto do Metro Ligeiro do Mondego utilizar a unidade monetária «escudo» (ou «contos»), optou-se por, neste relatório, não realizar a conversão para euros, evitando problemas com os arredondamentos.

COMO NÃO DECIDIR UMA OBRA PÚBLICA

No que respeita ao modelo contratual, detectamos alguns problemas relativos ao relacionamento do concessionário com o concedente e os poderes públicos, nomeadamente no que se refere ao tarifário e à eventualidade de prolongado desequilíbrio da subconcessão. Nomeadamente, o actual modelo propõe uma definição de tarifário por toda a vida da concessão, sem estabelecer marcos cronológicos que permitam a optimização desse tarifário e a sua adequação à política de transportes futuramente definida. Adicionalmente, haverá que estudar a relação deste contrato com o eventual futuro desenvolvimento da rede de metro.

Assim, constata-se que, nas circunstâncias e moldes actuais, avançar com este projecto implicaria assumir um elevado montante de encargos adicionais futuros, não avaliados nem avaliáveis, mas susceptível de atingir montantes muito superiores aos orçamentados. Como está, o projecto está longe de assegurar eficiência e, até, eficácia na provisão do serviço público.

Dado o expresso nas deliberações e actas da Câmara Municipal de Coimbra (CMC), o adiamento do projecto tem a vantagem de permitir uma melhor integração no planeamento urbano da CMC e a sua optimização. Contudo, a degradação do ramal ferroviário da Lousã obriga a que rapidamente se decida avançar, ou não avançar, com este projecto e, caso necessário, tomar medidas para esse ramal fora do quadro da concessão de metro ligeiro.

Será por isso conveniente averiguar da possibilidade de rapidamente se colmatarem as deficiências apresentadas na documentação do projecto e, caso se decida pelo seu avanço sob a forma prevista, tomar as medidas adequadas a dotá-lo dos atributos requeridos para que possa ir a concurso público em condições de mínima eficácia.

1 Definição e licenciamento do projecto

Em concessões semelhantes, a experiência portuguesa e estrangeira aponta para a necessidade de definição do projecto e prévia aprovação das adequadas licenças (ambientais, autárquicas e ferroviárias). No Reino Unido, com grande experiência de parcerias público–privadas, este é hoje um requisito básico apontado pelo Tribunal de Contas (National Audit Office) e cumprido pela Administração Pública.

Em Portugal, a prática tem sido diferente, o que conduziu a elevados custos nas concessões ferroviárias e rodoviárias, quer pela perda de competitividade económica dos concursos públicos (que têm, em boa parte, sofrido significativos agravamentos de valor de investimento após a realização da primeira selecção de candidatos), quer pelo aparecimento de muitas centenas de milhões de euros de custos adicionais para o Estado (quase todos gerados por alterações aos projectos por exigências ambientais ou das populações locais).

No caso do MLM, a proposta de rede não está ainda completamente definida e a CMC reserva-se o direito de intervir *a posteriori*, apresentado desde já diversas objecções, quanto a traçado, localização do PMO, custos de requalificação urbana, bitolas, extensão a outras zonas da cidade, etc. Por outro lado, a CMC tem vindo a discutir um protocolo com a Refer sobre alterações na rede ferroviária e zonas envolventes, admitindo os vereadores que este protocolo (que abarca as estações A e B e a linha entre elas, que terá que encerrar para permitir obras na estação Coimbra-B) pode ter implicações no MLM (ver Actas das reuniões da CMC de 22 de Julho e de 26 de Agosto). Também tem a CMC (ver Acta da reunião de 26 de Agosto) discutido o prolongamento da rede do LML para a zona Norte de Coimbra.

Para além das preocupações com a definição do projecto, há a questão da sua aprovação, que dependerá, entre outros, do Ministério do Ambiente e das Câmaras Municipais locais. E.

dado o projecto implicar significativas alterações ambientais e ao modo de vida das populações. é de prever que surjam propostas de mitigação de impacto ou de alteração do projecto. Qualquer alteração é susceptível de afectar financeiramente a subconcessão, uma vez assinado o contrato, pois pressupõe um modelo financeiro específico, com custos, proveitos e prazos pré-definidos. Logo, essas alterações são, tipicamente, assumidas como risco do concedente e. como tal, acarretam custos adicionais.

A título ilustrativo, eis alguns motivos de preocupação nossa, derivada dos impactos ambientais e locais que antevemos:

- o alargamento da via urbana actual, a construção da nova ligação Coimbra-A – Coimbra-B e a construção da linha do Hospital, são obras com elevado impacto no ambiente e na qualidade de vida das populações, sobretudo a linha do Hospital;

- o funcionamento da linha do Hospital em vias estreitas, com perturbação do tráfego rodoviário e da circulação pedonal e com abrigos de paragem que cortam todo o passeio, são factores que podem suscitar contestação local às soluções adoptadas;

- a beneficiação do troço suburbano do ramal da Lousã, com suavização dos taludes e aterros, terá elevado impacto ambiental nas suas margens;

- a possível substituição das 25 obras de arte do ramal da Lousã: algumas já têm substituição decidida (e orçamentada) mas outras dependem de futura inspecção (quando?), não estando orçamentadas;

- a eliminação tendencial das 42 passagens de nível rodoviárias e das 30 passagens de nível pedonais e agrícolas, existentes no troço suburbano do ramal da Lousã, suscitará certamente protestos das populações (pois não será possível substituir cada passagem por uma nova passagem desnivelada), que podem gerar custos acrescidos ou atrasos nas obras;

- a prevista vedação lateral do troço suburbano do ramal da Lousã poderá gerar objecções ambientais e por parte das populações locais, obrigadas a desvios.

2 Avaliação de custos

Investimento global Em 2001, o investimento global anunciado pelo MES (em infraestruturas e material circulante) era de 37 milhões de contos, «disponibilizados através do Orçamento de Estado, FEDER e outros financiamentos». O Anteprojecto apontava para esses valores.

custos de investimento e exploração (em contos. a preços de 2000)	
Infra-estruturas e equipamentos	
Bota Abaixo – Hospital	4 041 155
Coimbra B – Carvalhosas	6 486 743
Carvalhosas – Serpins	8 691 158
Material circulante	11 513 000
PMO	4 061 100
PMO serviço CP	106 960
Sistemas centrais	1 476 000
Equipamentos veículos	609 000
Expropriações	200 000
Total do investimento	37 200 000
Custos de exploração	46 510 853 a 50 369 208

Fonte: Metro-Mondego SA. *Anteprojecto. Fase III. Vol 5.*

COMO NÃO DECIDIR UMA OBRA PÚBLICA

Em Abril de 2002, a Direcção-Geral do Tesouro comunicava que tinha sido informada pela MMSA de que já tinha sido efectuada uma primeira revisão ao valor do investimento do projecto (calculada em 3.6 milhões de contos) situando-se o investimento global nos 40.8 milhões de contos (a que deverão acrescer cerca de 5 milhões de contos de custos com integração urbanística do projecto que a MMSA afirmava não serem da sua responsabilidade). Constatava ainda que, segundo a MMSA, o custo global do investimento ainda não estava estabilizado.

Esses 3.6 milhões de contos de correcções passaram a 3.8 (2 milhões pelo túnel de Celas e 1.8 milhões de expropriações), confirmando-se os 5 milhões de contos adicionais para «integração urbanística» (sem responsável definido).

O custo das infraestruturas parece pouco consistente, dado que o custo de infraestrutura e equipamentos da linha do Hospital é pouco superior ao do troço Coimbra-B – Carvalhosas, o que não parece provável, dado que o primeiro é muito íngreme, tortuoso, estreito e a obra será realizada pelo meio do tráfego rodoviário, enquanto o segundo não tem elevações, é linear, em campo aberto e, em boa parte, a obra é realizada longe do tráfego rodoviário ou em avenidas largas.

Bota Abaixo – Hospital	4 041 155 contos	3.5 km	1 154 616 contos/km
Coimbra B – Carvalhosas	6 486 743 contos	6.7 km	968 171 contos/km
Carvalhosas – Serpins	8 691 158 contos	29.0 km	299 695 contos/km

(Note-se que o acréscimo de custo do túnel de Celas não afecta o raciocínio acima, pois não altera o custo médio do restante percurso.)

O troço suburbano pode trazer um elevado volume de correcções de preço, dada a degradação da infraestrutura e a inexistência de uma completa vistoria a todas as suas obras de arte.

Material rolante A MMSA estimava, na Fase II, ser necessário um parque de 34 veículos: 17 para o serviço urbano, 17 para o serviço suburbano. Contudo, esta estimativa parece pouco optimizada, pois os quadros apresentados mostram que, na família mais comprida (a única que serve o Hospital) os tempos de paragem de cada comboio nos terminais, **em hora de ponta**, correspondem a 69.9% do tempo de circulação, em cada volta. Ou seja, em hora de ponta os comboios passam 41% do tempo nos terminais. Ou os tempos de trajecto estão insuficientemente estimados (o que não é satisfatório), ou se pretendeu deixar «folgas» para prever grandes atrasos no percurso (o que não é admissível, pois isso deveria obrigar ao estudo de medidas de priorização do tráfego do metro).

Custo das expropriações No modelo financeiro, o custo das expropriações (200 mil contos) parecia demasiado baixo. Efectivamente, a actual estimativa é dez vezes superior.

PMO O custo do PMO parece baixo, sobretudo se atendermos a que será construído numa zona de aluvião com 21 metros de profundidade, na sua maioria lodo siltoso. É referido na documentação que a estimativa do PMO foi feita para um número de comboios inferior ao necessário ao funcionamento da concessão. Como o caderno de encargos exige um PMO com capacidade 30% superior às necessidades de funcionamento do MLM, é de esperar que o custo final do PMO venha a ser muito superior.

Por outro lado, a CMC já manifestou (em deliberação camarária) a sua oposição à localização do PMO naquele local, o que criará problemas e custos adicionais.

ANEXOS

Custos com o pessoal Os custos anuais com o pessoal são estimados em cerca de 815 mil contos. a preços de 2001. Será conveniente reavaliar estes valores, uma fatia substancial dos custos de exploração.

Custos financeiros A Direcção-Geral do Tesouro já chamou a atenção para a não consideração, no modelo financeiro, de todos os custos financeiros, designadamente encargos financeiros do empréstimo BEI.

Custos da subconcessão referidos, mas não assumidos no modelo financeiro O Vol.5 refere que «outros custos de manutenção do material ferroviário (aqui não considerados) deverão ser estabelecidos em função de um acordo a estabelecer entre o Metro do Mondego e a CP» (pág. 34). Não há estimativa para o montante desses custos.

3   Avaliação de proveitos da subconcessão

O tráfego A demografia da região caracteriza-se pela elevada concentração na região de Coimbra (com esvaziamento do centro da cidade de Coimbra e crescimento da orla de Coimbra, sobretudo das freguesias a Norte e a Sul da cidade, não servidas pelo ramal da Lousã). Nos concelhos de Miranda do Corvo e da Lousã, o crescimento dá-se nas freguesias onde se localizam as sedes desses concelhos, precisamente as atravessadas pelo ramal da Lousã.

Recenseamentos da População e da Habitação (níveis e taxas de variação)						
	1981	1991		2001		
Coimbra						
População residente	138 030	139 052	0.09%	148 122	6.52%	
População presente	144 471	147 722	2.25%	159 039	7.66%	
Famílias	42 323	47 382	11.95%	67 025	41.46%	
Alojamentos	44 475	57 062	28.30%	68 312	19.72%	
Miranda do Corvo						
População residente	12 231	11 674	-4.55%	13 115	12.34%	
Famílias	3 814	3 848	0.89%	4 760	23.70%	
Alojamentos	4 847	5 088	4.97%	6 286	23.55%	
Lousã						
População residente	13 020	13 447	3.28%	15 872	18.03%	
Famílias	4 151	4 474	7.78%	5 795	29.53%	
Alojamentos	5 543	7 046	27.12%	8 366	18.73%	

Fonte: INE. Recenseamentos de 1981 e 1991; para 2001, Apuramentos preliminares. Notas: As taxas de crescimento apresentam a variação face ao recenseamento anterior. No concelho de Coimbra, a elevada população estudantil cria uma diferença significativa entre população residente e população presente no momento do recenseamento; nos outros concelhos, essa diferença é ínfima. Por freguesias, os dados são muito heterogéneos: todas as freguesias da cidade de Coimbra perderam população no último recenseamento, tal como as freguesias da zona leste do concelho, perto do ramal da Lousã; nos concelhos de Miranda do Corvo e Lousã, todas as freguesias se apresentam estagnadas face a 1991, ou em declínio populacional, excepto as freguesias onde se localizam as sedes desses concelhos.

O projecto MLM é, contudo, uma aposta na criação de algo novo, que altere as tendências de tráfego na região abrangida. Infelizmente, essa aposta parece pouco fundada, pois são referidos estudos de tráfego baseados num inquérito pontual (num único dia). Espera-se que os novos estudos possam dar maior consistência às projecções.

COMO NÃO DECIDIR UMA OBRA PÚBLICA

Os valores de receita apresentados no modelo são os seguintes:

Receitas (de tráfego e totais) do Metro do Mondego, com fasecamento Urbano+Suburbano						
		Receitas de tráfego (10^3esc.)			Receitas totais (10^3esc.)		
Ano	Procura anual	BTM 15 esc./Pk	BTM 17 esc./Pk	BTM 19 esc./Pk	BTM 15 esc./Pk	BTM 17 esc./Pk	BTM 19 esc./Pk
2002	0	0	0	0	0	0	0
2003	0	0	0	0	0	0	0
2004	17 116 540	256 748	290 981	325 214	259 316	293 891	328 467
2005	68 673 064	1 030 096	1 167 442	1 304 788	1 040 397	1 179 117	1 317 836
2006	99 324 424	1 489 866	1 688 515	1 887 164	1 504 765	1 705 400	1 906 036
2007	123 992 250	1 859 884	2 107 868	2 355 853	1 878 483	2 128 947	2 379 411
2008	125 232 173	1 878 483	2 128 947	2 379 411	1 897 267	2 150 236	2 403 205
2009	126 484 494	1 897 267	2 150 236	2 403 205	1 916 240	2 171 739	2 427 237
2010	127 749 339	1 916 240	2 171 739	2 427 237	1 935 402	2 193 456	2 451 510
2011	129 026 833	1 935 402	2 193 456	2 451 510	1 954 757	2 215 391	2 476 025
2012	130 317 101	1 954 757	2 215 391	2 476 025	1 974 304	2 237 545	2 500 785
2013	131 620 272	1 974 304	2 237 545	2 500 785	1 994 047	2 259 920	2 525 793
2014	132 936 475	1 994 047	2 259 920	2 525 793	2 013 988	2 282 519	2 551 051
...							
2024	143 062 533	2 159 438	2 447 363	2 735 288	2 181 032	2 471 837	2 762 041
...							
2034	155 903 117	2 338 547	2 650 353	2 962 159	2 361 932	2 676 857	2 991 781
Total	4 106 269 975	61 594 050	69 806 590	78 019 130	62 209 990	70 504 655	78 799 321

Nota: 2007 é o primeiro ano completo em que toda a rede do Metro do Mondego está já em funcionamento.

Estas receitas pressupõem tráfegos (relativamente) muito elevados, cuja viabilidade deveria ser ponderada. Um exemplo de projecção a reponderar: o modelo pressupõe que, diariamente (em média, portanto incluindo sábados, domingos e feriados), o MLM levará 15 mil pessoas até ao hospital e receberá desse hospital também 15 mil pessoas.

Procura estimada para 2004 por troço								
todo o dia / hora de ponta da manhã em direcção ao centro								
	Dia (dois sentidos)				HPM em direcção ao centro			
	Urbano	Lousã	CP	Total	Urbano	Lousã	CP	Total
Lousã/Serpins – Miranda do Corvo		4 065		4 065		407		407
Miranda do Corvo – Coimbra Sul		7 740		7 740		774		774
Coimbra Sul – Carvalhosas		11 700		11 700		1 170		1 170
Carvalhosas – Portagem	18 098	11 511	1 906	31 515	995	1 151	191	2 337
Portagem – Coimbra B	7 813	1 073	10 000	18 886	430	107	1 000	1 537
Portagem – Pr. República	41 022	5 927	4 781	51 730	2 256	593	478	3 327
Pr. República – Hospital	24 686	2 268	2 500	29 454	1 358	227	250	1 835

por dia (1 sentido)					
	Passageiros	%	Pk	%	Km médio
Procura suburbana	12 676	16.9%	213 506	53.4%	16.8
Procura urbana	62 369	83.1%	186 469	46.6%	3
Total	75 045	100%	399 975	100%	5.3

Note-se que mais de metade dos Pk está no troço suburbano, que actualmente tem cerca de 2750 passageiros por dia em cada sentido (com tendência decrescente) e um pouco menos de 50 mil Pk por dia em cada sentido. O futuro aumento do tráfego é limitado pela população da zona (nesses dois concelhos vivem actualmente 29 mil pessoas).

Base tarifária média   O Anteprojecto considera BTM de 15, 17 e 19 escudos por passageiro × quilómetro (Pk), a preços de 2000. Este valor deve ser comparado com os 7.7 escudos por Pk (a preços de 1997) acordados no contrato Fertagus para um trajecto Lisboa–Fogueteiro.

ANEXOS

mais curto. com muito maiores custos de infraestrutura e para populações com poder de compra provavelmente superior. Uma BTM tão elevada poderia justificar-se na linha do Hospital. muito curta, mas não no conjunto da concessão. Note-se que, apesar de o grosso dos passageiros estar na zona urbana, a maioria dos Pk é realizada na zona suburbana. com um percurso médio diário de 33.6 km, ou seja, com um custo médio de 504 a 639 escudos. o que equivaleria (com as BTM apresentadas) a um custo mensal de 10 080 a 12 768 escudos! Como a maioria dos passageiros da zona suburbana faz necessariamente uma parte do trajecto urbano, este custo, mesmo que mitigado pelo estabelecimento de uma BTM suburbana inferior à BTM global, seria incomportável!

Nos estudos de tarifário apresentados pela MMSA, aparecem bilhetes de 100 a 300 escudos (a preços de 2000). Ora 300 escudos pelo total da linha representa muito menos de 10 escudos por quilómetro, em média. Como os passes pressupõem descontos de 35% (e ainda superiores para alguns utentes específicos), o preço pago pelos utentes da zona suburbana (os quais, como se notou acima, são mais de metade dos Pk da concessão) fica muito abaixo da BTM. Do lado urbano, o preço é mais elevado por quilómetro, mas não o suficiente para atingir a BTM. Parece haver, assim, uma inconsistência entre os valores dos estudos de procura e de tráfego e os valores da receita (baseada na BTM) apresentados no modelo financeiro!

Receitas acessórias As receitas de publicidade são tomadas como 1% da receita de tráfego, o que não parece fazer sentido (pois o impacto da publicidade depende essencialmente da circulação dos veículos e não da sua ocupação). Note-se que, na Fertagus, as receitas acessórias (publicidade, estacionamentos e espaços comerciais) são cerca de 1/3 das receitas de bilheteira.

O crescimento do tráfego Como é infelizmente habitual neste projectos, admite-se que a procura se ajusta instantaneamente à oferta do serviço, atingindo imediatamente a "velocidade de cruzeiro" e depois cresce a 1.0% ao ano entre 2004 e 2014, e a 0.8% ao ano entre 2014 e 2034.

Na garantia de banda mínima de tráfego, há que ter em conta este efeito, sem o que o Estado se verá imediatamente obrigado a subsidiar a exploração da concessão logo no primeiro ano.

4 Custos e proveitos exteriores à Concessão

Requalificação urbana Mantém-se a indefinição acerca dos custos de «requalificação urbana» exigidos pela CMC, não atribuídos ao MLM mas que, ao que parece. se presume atribuíveis a terceiros não especificados (o Estado, eventualmente).

Perda de tráfego dos Serviços Municipalizados de Transportes Urbanos Não se conhecem os efeitos do MLM sobre o equilíbrio financeiro da empresa de autocarros municipal. A preocupação é agravada pelo facto de o Anteprojecto do MLM supor que os Serviços Municipalizados se retiram dos traçados servidos pelo MLM, mas continuam a oferecer o mesmo volume de oferta — ou seja, perdem receitas mas continuam a manter a mesma quantidade de carreiras e o mesmo número de quilómetros de serviço. agora noutros traçados. necessariamente menos rentáveis.

Custos adicionais de gestão do tráfego Não se conhece avaliação.

COMO NÃO DECIDIR UMA OBRA PÚBLICA

Libertação de terrenos O encerramento da estação Coimbra-A e do troço ferroviário que a liga a Coimbra-B terá custos de desmantelamento e elevados proveitos pela libertação de terrenos. dado que a CMC já terá acordado com a Refer a sua transformação em zona habitacional.

5 Sobre o concurso

Acerca do concurso, já se tinha referido a necessidade de melhorar a definição do projecto e de obter as necessárias aprovações, sob pena de reduzir a competitividade do concurso e de gerar custos adicionais para o Concedente.

Há ainda que reequacionar o modelo de definição de tarifário e dos serviços, dado que a experiência demonstra a impossibilidade de sustentar por 30 anos um modelo de tarifário e uma definição de serviços a prestar. A previsão de tarifário incluída no contrato deverá ser apenas um referencial para definição do equilíbrio da subconcessão, mas susceptível de alteração pontual ao longo do contrato, com a devida reposição do equilíbrio financeiro da concessão. Haverá que definir alguns marcos cronológicos em que será possível ao Estado renegociar o tarifário (e os próprios serviços prestados), com opção de rompimento do contrato (com indemnização) em caso de não-acordo. Mas afastando a ideia de indemnização com base nos lucros cessantes até ao final da concessão.

Por outro lado, afigura-se como aberrante a perspectiva de o Concedente assegurar aos accionistas da Concessionária — via compensação inicial pelos custos de investimento e via garantia anual das receitas correspondente a um determinado nível de tráfego — uma rentabilidade de 11% sobre os capitais investidos. Note-se que a exploração da subconcessão permitirá a eventual obtenção de rentabilidades muito superiores. Mas oferecer uma rentabilidade garantida de 11% é algo que, nas actuais condições de mercado, não é razoável nem desejável do ponto de vista da criação de incentivos ao bom desempenho.

No caso de a subconcessão cair ao fim de pouco tempo por inexistência de procura significativa, a terminação do contrato não deverá implicar o pagamento à Concessionária de quaisquer verbas para além dos capitais investidos (eventualmente remunerados). pois o insucesso da parceria implica o reconhecimento de uma má avaliação do negócio por parte dessa entidade privada.

ANEXO 9
Despacho do SET de 05 de Agosto de 2003 que autoriza a preparação da PPP; Despacho do SETF de 28.07.2003; Notas conjuntas SETF/SETC de 04.10.2004, 15.11.2004 e 23.11.2004

Sua referência	Sua comunicação	Nossa referência		Lisboa,
		Proc. 7.38.4-226/02	Nº 2253	05 Agosto 2003

Assunto: Lançamento do Concurso Público internacional do Metro do Mondego

Incumbe-me Sua Excelência o Secretário de Estado dos Transportes de enviar a V. Exª cópia do Memorando PBS/23/2003, elaborado neste Gabinete sobre o assunto em epígrafe, no qual exarou o seguinte despacho:

> **Despacho nº 5.8/2003/SET**
> "Na sequência do Despacho nº 662/2003-SETF, ao Senhor Secretário de Estado do Tesouro e Finanças, nos termos do Dec. Lei 86/2003, de 26 de Abril.
> Nomeio como representantes na Comissão de Acompanhamento o Arq. Brito da Silva, do meu Gabinete, e o INTF que designará a pessoa.
> Designo como entidade encarregue da preparação do projecto a Sociedade Metro do Porto, SA, nos termos do nº 6 do artº 8º do mesmo DL.
> Dar conhecimento à Sociedade Metro do Mondego, SA
> Ass. Seabra Ferreira
> 5.8.2003"

Com os melhores cumprimentos,

P/A Chefe de Gabinete,

Marta de Miranda Pereira

JOÃO CANTO E CASTRO
Adjunto em Substituição do Chefe do Gabinete
(Despacho nº 12626/2002 2ª Série de 3/6/2002)

COMO NÃO DECIDIR UMA OBRA PÚBLICA

Despacho n.º _3. 8 / 2003 SET

[manuscrito:] Ao Senhor Secretário de Estado do Tesouro e Finanças, nos Termos do Dec Lei 86/2003 de 26 de Abril.

Nomeio como representantes na Comissão de Acompanha... o Arq. Brito da Silva do meu Gabinete, e o INTF que designar a pessoa.

MINISTÉRIO DAS OBRAS PÚBLICAS, TRANSPORTES E HABITAÇÃO
Gabinete do Secretário de Estado dos Transportes

[manuscrito:] Designo como entidade encarregue da preparação do projecto a sociedade Metro do Mondego, SA, nos Termos do nº6 do art. 8º do mes...

Memorando PBS/23/2003

[manuscrito:] Dar conhecimento à sociedade Metro do Mondego S.A.

[manuscrito:] 5. 8. 2003

FRANCISCO SEABRA FERREIRA
Secretário de Estado dos
Transportes

Assunto: Lançamento do Concurso Público Internacional do Metro do Mondego

1- De acordo com a programação estabelecida em reuniões realizadas com as Secretarias de Estado do Tesouro e Finanças e dos Transportes, a sociedade Metro Mondego, SA, em 6 de Junho de 2003, apresentou, neste Gabinete, a documentação para o lançamento do Concurso Público Internacional do Metropolitano Ligeiro do Mondego.

2- Esta documentação também foi apresentada, na mesma data, na Secretaria de Estado do Tesouro e Finanças e no Instituto Nacional do Transporte Ferroviário (INTF).

3- Juntamente com esta documentação, foram entregues cópias de cartas com a aprovação e compromissos assumidos pelas Câmaras Municipais de Coimbra, Lousã e Miranda do Corvo relativamente ao Projecto Técnico, Estudo de integração Urbana e restruturação da Rede dos SMTUC.

4- O INTF enviou a este Gabinete o ofício nº 01494 de 2003.07.10, com uma informação em anexo contendo alguns ajustamentos que considera necessários, considerando, no entanto, que não constituem obstáculo ao lançamento do Concurso Internacional do MLM.

5- Face ao ofício do INTF referido em 4 e às cartas de aprovação das Câmaras, considera-se que esta Secretaria de Estado está em condições de aprovar a parte técnica deste processo.

6- A REFER apresentou neste Gabinete o ofício nº 855 A de 4 de Julho de 2003, com um estudo sobre o Ramal da Lousã em que são considerados dois cenários de continuidade da actual exploração ferroviária:

Cenário I – Exploração durante um prazo de 3 anos

Os custos de manutenção, conservação e investimento em sistemas de segurança indispensáveis e urgentes, são calculados em 24.020.284 Euros.

Cenário II– Exploração durante um prazo de 30 anos

Os custos de manutenção, conservação, investimento em renovação de infraestrutura e sistemas de segurança indispensáveis, são calculados em 131.355.620 Euros.

7- A expectativa de obtenção de verbas do QCA III para este projecto determina que seja necessário lançar o Concurso Internacional do MLM com celeridade, de modo a terminar a execução física deste projecto em 2007.

8- Assim, considerando-se a aprovação do INTF e das Câmaras, os custos a suportar pela continuidade do actual sistema de exploração ferroviária, a urgência da apresentação desta candidatura a fundos do QCA III e, acima de tudo, a urgência da resolução deste problema de mobilidade neste território, propõe-se que, nos termos do nº 1 do Artigo 8º do Decreto-lei nº 86/2003 de 26 de Abril, seja notificado o Ministério das Finanças, tendo em vista o início do necessário lançamento de um processo de parceria público-privada.

À consideração de Sua Excelência o Secretário de Estado dos Transportes.

Lisboa, 1 de Agosto de 2003

O Assessor

(Paulo Brito da Silva)

ANEXOS

MINISTÉRIO DAS FINANÇAS

Gabinete do Secretário de Estado do Tesouro e Finanças

Ofíc°. 3905
Proc° 40/12/04/01

Exmª Senhora
Chefe do Gabinete de Sua Excelência
o Secretário de Estado dos Transportes
Rua de S. Mamede ao Caldas, 21
1100-533 LISBOA

ASSUNTO: Verbas comunitárias do QCA III para financiamento do Metro Ligeiro do Mondego.

Encarrega-me Sua Excelência o Secretário de Estado do Tesouro e Finanças de remeter a V.Exª a Nota deste Gabinete, de 16.JUL.03, relativa ao assunto mencionado em epígrafe, sobre a qual exarou o seguinte despacho:

DESPACHO Nº 662/2003-SETF

"Concordo com o proposto.
Leve-se, com urgência, ao conhecimento do Senhor Secretário de Estado dos Transportes e do Senhor Presidente da Parpública para os fins referidos no ponto 3.
23.07.03   As) Francisco Esteves de Carvalho"

Com os melhores cumprimentos.

Lisboa,

O CHEFE DO GABINETE

(José Manuel Faria)

COMO NÃO DECIDIR UMA OBRA PÚBLICA

3. PROPOSTA

Sugere-se, face ao exposto, que o Senhor Secretário de Estado faça as seguintes diligências no sentido de dar início às fases subsequentes de trabalho:

a. Secretaria de Estado dos Transportes

Esclarecer o Senhor Secretário de Estado dos Transportes que face à necessidade de adequar as peças concursais ao Dec.-Lei n.º 86/2003, de 26 de Abril, se considera opörtuna a revisão de algumas opções técnicas e do modelo de concessão, bem como a reformulação do modelo de financiamento.

b. Parpública

Pedir à Parpública o acompanhamento do projecto e se autorize os consultores jurídicos que a aconselha quanto ao modelo de concessão da Fertagus a formular um modelo mais alargado, isto é que inclua não só o modelo de concessão da exploração mas também o modelo de concessão da infra-estrutura, separadamente.

Miguel Silva
S.E.T.F., 16 de Julho de 2003

ANEXOS

Assunto: Nota Conjunta SETF/ SETC – Lançamento do Concurso Público Internacional do sistema de Metro Ligeiro do Mondego

Exmos. Senhores,

Com referência aos documentos do Concurso Público Internacional do sistema de Metro Ligeiro do Mondego, hoje enviados aos membros da Comissão de Acompanhamento, cumpre reiterar a orientação das Tutelas sectorial e financeira transmitida a V. Exas. relativamente à configuração da rede base do sistema, designadamente a exclusão do troço Lousã-Serpins da rede de metro ligeiro de superfície, "Rede de MLM", adoptando uma solução rodoviária complementar ao serviço ferroviário para o troço em causa.

Assim, deverão V. Exas. rever a documentação hoje enviada, conformando-a a esta e a outras orientações emanadas anteriormente das Tutelas, sob prejuízo da documentação não ser analisada pela Comissão de Acompanhamento com a consequente suspensão do lançamento do concurso público internacional.

Os nossos melhores cumprimentos,

Miguel Vidal Silva

(Assessor do Secretário de Estado do Tesouro e Finanças)

Sérgio Godiart Machado

(Adjunto do Secretário de Estado dos Transportes e Comunicações)

23/11/04

SETF/ SETC
MVS/ SGM

COMO NÃO DECIDIR UMA OBRA PÚBLICA

Concurso Público Internacional
do Metropolitano Ligeiro do Mondego

(notas à versão de Programa de Concurso apresentada em Fevereiro)

Parpública, S.A.

13 de Maio de 2004

Conteúdo

1 ENQUADRAMENTO GERAL DO CONCURSO 1
2 OBJECTO E REGIME JURÍDICO 2
3 ENTIDADE ADJUDICANTE 3
4 PEÇAS QUE INSTRUEM O PROCESSO DE CONCURSO 3
5 IDIOMA DO CONCURSO 4
6 ANÚNCIO DO CONCURSO 5
7 CONSULTA E PROCESSO DE CONCURSO . 6
8 PEDIDOS DE ESCLARECIMENTO SOBRE O PROCESSO DO CONCURSO 6
9 DATA DE LANÇAMENTO DO CONCURSO . 7
10 INSPECÇÃO DO LOCAL DO EMPREENDI-MENTO 7
11 NATUREZA E CONSTITUIÇÃO DOS CON-CORRENTES 7
12 MODO DE APRESENTAÇÃO DA PROPOSTA 9
13 DOCUMENTOS RELATIVOS À ADMISSIBI-LIDADE DOS CONCORRENTES 10
14 DOCUMENTOS QUE INSTRUEM A PROPOSTA 14
15 MODELO GERAL DA SUBCONCESSÃO A . 15
16 MODELO GERAL DA SUBCONCESSÃO B . 18
17 PRAZO DA SUBCONCESSÃO 20
18 MODELO DE ESTIMAÇÃO DA PROCURA . 20
19 SISTEMA TARIFÁRIO E CORRESPONDEN-TES RECEITAS 21
20 CONCRETIZAÇÃO DO EMPREENDIMENTO 23
21 PLANO DE TRABALHOS 23
22 INVESTIMENTO NA FASE DE CONCRETI-ZAÇÃO 24
23 CRONOGRAMA FINANCEIRO 27
24 MEDIDAS DE CIRCULAÇÃO E ESTACIO-NAMENTO E PLANO DE TRANSPOR-TES ALTERNATIVOS DURANTE A FASE DE CONCRETIZAÇÃO 27
25 ESTUDO DE CONFORMIDADE DA PROPOSTA COM AS MEDIDAS PREVISTAS NA DE-CLARAÇÃO DE IMPACTE AMBIENTAL 28
26 MODELOS DE EXPLORAÇÃO, MANUTEN-ÇÃO E CONSERVAÇÃO 28
27 POLÍTICA COMERCIAL 29
28 SISTEMA INTEGRADO DE GESTÃO DO AM-BIENTE, DA QUALIDADE E DA SEGU-RANÇA E SAÚDE DA SUBCONCESSÃO A (SIGAQS) 30

29 SISTEMA INTEGRADO DE GESTÃO DO AM-BIENTE, DA QUALIDADE E DA SEGU-RANÇA E SAÚDE DA SUBCONCESSÃO A E B (SIGAQS) 31
30 ESTRUTURA JURÍDICA DAS SUBCONCES-SIONÁRIAS E RELAÇÕES CONTRATUAIS 32
31 ESTRUTURA JURÍDICA E ORGANIZAÇÃO EMPRESARIAL 32
32 ASPECTOS CONTRATUAIS 32
33 O CONTEÚDO PORMENORIZADO DAS RE-LAÇÕES JURÍDICAS A ESTABELECER ENTRE AS DUAS SUBCONCESSIONÁRIAS 33
34 FINANCIAMENTO DA CONCESSÃO 34
35 COMPROMISSOS DAS ENTIDADES FINAN-CIADORAS 35
36 PROJECÇÕES ECONÓMICO-FINANCEIRAS 35
37 VARIANTES 37
38 VARIANTE TÉCNICA 37
39 VARIANTE FINANCEIRA 37
40 ALTERNATIVA DE TRAÇADO 37
41 INTEGRAÇÃO URBANÍSTICA E TRATAMENTO DE ESPAÇOS 38
42 PRAZO PARA ENTREGA DAS PROPOSTAS 39
43 VALIDADE DA PROPOSTA 39
44 ABERTURA DAS PROPOSTAS 39
45 ACTO PÚBLICO 39
46 ESCLARECIMENTOS A PRESTAR PELOS CONCORRENTES 41
47 MODO DE SELECÇÃO DA SUBCONCESSI-ONÁRIA 41
48 FASE DE APRECIAÇÃO DE PROPOSTAS . 42
49 RELATÓRIO DE APRECIAÇÃO E AUDIÊN-CIA PRÉVIA 42
50 FASE DE NEGOCIAÇÃO E HIERARQUIZA-ÇÃO FINAL 43
51 CONVOCATÓRIAS PARA AS SESSÕES DE NEGOCIAÇÕES 43
52 OBJECTO DAS NEGOCIAÇÕES 43
53 INTERVENIENTES E DECURSO DAS NE-GOCIAÇÕES 43
54 ACTAS DAS SESSÕES DE NEGOCIAÇÕES . 44
55 ADJUDICAÇÃO 44
56 ADJUDICAÇÃO PROVISÓRIA E DEFINITIVA 44
57 FORMAÇÃO DO CONTRATO 44
58 ENCARGOS 45
59 CAUÇÕES 45
60 SOCIEDADES SUBCONCESSIONÁRIAS . . . 45
61 CELEBRAÇÃO DO CONTRATO 45
62 PRAZOS 46

ANEXOS

Nota Conjunta Metro Ligeiro do Mondego
SETF/ SETC

Introdução

Com vista ao lançamento próximo do concurso público internacional do Sistema de Metro Ligeiro do Mondego (MLM ou sistema) e considerando o trabalho desenvolvido pela Metro Mondego (MM), nomeadamente de preparação das peças de concurso, assim como as reuniões entretanto realizadas entre os diferentes intervenientes, entre os quais MM, Parpública, SETF e SETC, serve a presente nota conjunta para prestar orientação à MM na adaptação dos referidos documentos de concurso nos seguintes pontos que se consideravam em aberto:

- Tarifário do sistema;
- Modelo de concurso;
- Extensão do túnel de Celas;
- Modelo de financiamento;
- Integração urbanística;
- Requisitos do caderno de encargos;

Tarifário do sistema

Aos concorrentes a sub-concessionária B (responsável pela exploração dos sistema) deverá ser dada liberdade de fixação do tarifário-base assim como do respectivo mecanismo de variação/ actualização. Tanto um, como o outro, deverão fazer parte da proposta a apresentar pelos concorrentes, sendo factor crítico de avaliação.

Tal como já reflectido na recente alteração às bases da Concessão, organismos estatais, como a DGTT e o INTF, terão apenas um papel de verificação de que são compridos os preceitos a estabelecer em contrato de subconcessão ou outros que resultem da Lei.

Modelo de concurso

O modelo de concurso a realizar deverá incluir uma fase de negociação com os concorrentes com melhor avaliação. Esta fase de negociação, onde poderão ser realizadas melhorias às propostas, nomeadamente em termos de valores ou assumpção de riscos, entre outros, realizar-se-á com um mínimo de dois concorrentes.

Caso entenda a MM ser do interesse do projecto, o programa de concurso poderá admitir um maior número de concorrentes qualificados para fase de negociação, até ao máximo de 50% dos concorrentes admitidos a concurso.

No entanto, considerando o calendário-objectivo para o projecto, assim como a viabilidade para aproveitar as verbas inscritas no QCA III, torna-se indispensável que este processo se planeie de forma a evitar, tanto quanto possível, eventuais atrasos causados por reclamações de concorrentes não qualificados para a referida fase negocial.

SETF/ SETC
MVS/SGM

Extensão do túnel de Celas

Considerando o seu impacto na gestão do sistema e no ordenamento de tráfego de Coimbra, assim como a complexidade acrescida que a apresentação de diversas variantes acarreta ao processo, considera-se que a extensão do túnel de Celas ao Pólo III deverá fazer parte das propostas-base a apresentar pelos concorrentes, na perspectiva de que o respectivo custo adicional em relação à solução inicialmente preconizada se limite ao valor estimado pela MM, ou seja, 14 a 16,5 M€. Os concorrentes deverão ser obrigados a discriminar estes custos, bem como outros (material circulante, requalificação e integração urbana, etc.), nas suas propostas.

Modelo de financiamento

Embora a este respeito as tutelas se encontrem ainda a ultimar a sua posição final, e de que darão conhecimento assim que possível, mas para que a preparação das peças de concurso não resulte daí atrasada, recomenda-se considerar que o modelo de financiamento do investimento inicial por parte do Estado deverá assumir a forma de um valor máximo, fixo e não revisível, que corresponda a uma percentagem a definir do valor de investimento estimado (247 M€ + 14 M€) acrescido de 20% de risco associado ao sector público.

A percentagem a definir levará em conta o impacte final em termo de esforço financeiro do Estado ao longo do período de concessão, a correcta alocação de riscos e alinhamento de incentivos, a viabilidade dos montantes que daí resultem para eventual financiamento bancário e também os fundos comunitários disponíveis para o projecto e respectivos requisitos de utilização.

Integração urbanística

Apesar das reservas colocadas em relação aos custos de integração urbanística do sistema que constam actualmente dos documentos de concurso preparados pela MM, considera-se que estes se poderão manter desde que se limite desde já a responsabilidade da Administração Central ou da MM face aos mesmos, num máximo e não revisível de 25 M€.

À MM, eventualmente com a colaboração das autarquias, competirá apresentar uma formulação que, nas peças de concurso, limite, sem margem para qualquer futura revisão, esta responsabilidade da Administração Central ou da MM, assim como os mecanismos efectivos de imposição de eventuais responsabilidades acrescidas aos referidos 25 M€ às entidades que agora se estabeleçam como responsáveis.

A melhor solução, parece-nos, será diferenciar contratualmente esta rubrica do contrato principal, figurando aquelas entidades, apenas, como parte do contrato, juntamente com a sub-concessionária A, comprometendo-se o Estado a subsidiar as entidades até ao limite de 25 M€.

Requisitos do caderno de encargos

É entendimento das tutelas que os requisitos técnicos e comerciais constantes das actuais peças do caderno de encargos estão demasiado detalhados restringindo, dessa forma, a liberdade de apresentação de soluções subjacente ao conceito de

ANEXOS

parceria publico-privada, não obstante poderem constituir um referencial de qualidade para o sistema.

Neste sentido, a orientação das tutelas é para que a MM, embora possa manter o actual grau de detalhe de especificações, seleccione as que considera serem verdadeiramente imprescindíveis para considerar aceitáveis as propostas e que, desta forma, qualifique as demais como "especificações-referência" com vista a balizar o nível que qualidade geral pretendido, justificando-o sempre que possível. Aos concorrentes deverá ser assim dada liberdade de introduzir nas suas propostas, quer como variante, quer na proposta-base, especificações diferentes das consideradas referência se com isso entender que, do ponto de vista global, estas melhoram a sua proposta. Os critérios de classificação e selecção de propostas deverão ser ter em conta, como factor de avaliação, a qualidade técnica das propostas, e poderá ter carácter éliminatório caso se considere que a qualidade oferecida não corresponde a um nível mínimo aceitável.

Consideração final

É entendimento das tutelas que, feitas as alterações que resultem das orientações agora propostas, se estará em condições para que seja dado parecer positivo por parte de todas os elementos que fazem parte da Comissão de Acompanhamento do Metro Ligeiro do Mondego, permitindo o lançamento do concurso público internacional.

Nota Conjunta Metro Ligeiro do Mondego
SETF/ SETC

Introdução

Na sequência dos trabalhos que visam o lançamento próximo do concurso público internacional do Sistema de Metro Ligeiro do Mondego (sistema), serve a presente nota conjunta para reiterar e aprofundar as orientações dadas à Metro Mondego, S.A. (MM) pelas SETF/ SETC em relação aos seguintes pontos já anteriormente abordados:

- Tarifário do sistema;
- Modelo de concurso; e
- Modelo de financiamento.

Tarifário do sistema

Tal como já anteriormente exposto, considera-se fundamental que aos concorrentes seja dado um grau elevado de liberdade na fixação das tarifas do sistema. No entanto, e de forma a acautelar eventuais propostas que não poderiam ser aceitáveis considerando, entre outras, a necessidade de comportabilidade social do nível tarifário proposto, e simultaneamente permitir a sustentabilidade económico-financeira do projecto, minimizando as compensações do Estado ou dos accionistas da MM, o caderno de encargos deverá requerer a observância em termos tarifários dos seguintes preceitos:

- a Base Tarifária Média (BTM) do sistema à data de início de exploração deverá ter como referência a BTM em vigor nos SMTUC, estabelecendo-se como limite mínimo 75% e como limite máximo 125%;
- a actualização posterior da BTM, que deverá ter por base a taxa de inflação, não poderá anualmente implicar aumentos ou reduções superiores a 5% reais.

Modelo de concurso

Na sequência de anteriores orientações das tutelas, a MM apresentou à consideração dois modelos de programa de concurso, designados "modelo A" e "modelo B".

Embora considerando a eventual dificuldade de introdução do projecto no QCA !!!, patente nas duas alternativas, mas agravada na segunda, entende-se que a existência de uma fase de negociação com os concorrentes que apresentem melhores ofertas é absolutamente fundamental para garantir os melhores interesses do Estado, nomeadamente económicos.

Assim, reitera-se que o modelo de concurso a realizar deverá incluir a chamada fase de negociação e que, desta forma, de entre as duas alternativas

SETF/ SETC   15/11/04

ANEXOS

apresentadas pela MM, apenas a designada por modelo B se mostra adequada.

Modelo de financiamento

Tal como anteriormente referido, o modelo de financiamento do investimento inicial por parte do Estado deverá assumir a forma de uma percentagem do valor de investimento estimado até um valor máximo, fixo e não revisível.

Tendo a anterior nota conjunta de orientação à MM deixado por definir os valores finais a considerar, explicita-se agora que a percentagem definida é de 50% do investimento até ao máximo 175 M€. Não obstante, e porque é ainda impossível determinar a disponibilidade fundos comunitários a aportar ao projectos, os documentos concursais deverão explicitamente deixar ao Estado a opção de aumentar esta percentagem até ao limite máximo de 60% e, correspondentemente, aumentar o valor total de comparticipação a 205 M€.

COMO NÃO DECIDIR UMA OBRA PÚBLICA

ANEXO 10

Despacho Conjunto n.º 945/2003, de 8 de Setembro – Comissão de Acompanhamento da Exploração do Sistema de MLS (Concurso Público Internacional/PPP)

MINISTÉRIOS DAS FINANÇAS E DAS OBRAS PÚBLICAS, TRANSPORTES E HABITAÇÃO

Despacho conjunto n.º 945/2003. — Considerando que o Decreto-Lei n.º 10/2002, de 24 de Janeiro, atribuiu, em exclusivo, a concessão em regime de serviço público da exploração de um sistema de metro ligeiro de superfície, nos municípios de Coimbra, Miranda do Corvo e Lousã, à Metro-Mondego, S. A.;

Considerando que o Decreto-Lei n.º 86/2003, de 26 de Abril, criou o regime legal das parcerias público-privadas;

Considerando que pelo Despacho Normativo n.º 35/2003, de 20 de Agosto, incumbe à PARPÚBLICA — Participações Públicas (SGPS), S. A., denominada PARPÚBLICA, a prestação de apoio técnico ao Ministro das Finanças, nomeadamente, quanto ao acompanhamento global das parcerias público-privadas;

Considerando que o Ministério das Obras Públicas, Transportes e Habitação notificou o Ministério das Finanças para a constituição de uma comissão de acompanhamento da referida concessão;

Considerando que a PARPÚBLICA já indicou os membros que representarão a Ministra de Estado e das Finanças, nos termos da alínea *b*) do n.º 2 do Despacho Normativo n.º 35/2003, de 20 de Agosto:

Nos termos do n.º 3 do artigo 8.º e do artigo 13.º do Decreto-Lei n.º 86/2003, de 26 de Abril, é constituída a Comissão de Acompanhamento da Exploração do Sistema de Metro Ligeiro de Superfície dos Municípios de Coimbra, Miranda do Corvo e Lousã, que é composta pelos seguintes membros:

a) Prof. Doutor Rui de Sousa Monteiro, em representação da Ministra de Estado e das Finanças;
b) Dr. Victor Almeida, em representação da Ministra de Estado e das Finanças;
c) Arquitecto Paulo Brito da Silva, em representação do Ministro das Obras Públicas, Transportes e Habitação;
d) Engenheiro Raul Vilaça Moura, em representação do Ministro das Obras Públicas, Transportes e Habitação.

8 de Setembro de 2003. — A Ministra de Estado e das Finanças, *Maria Manuela Dias Ferreira Leite*. — O Ministro das Obras Públicas, Transportes e Habitação, *António Pedro de Nobre Carmona Rodrigues*.

ANEXOS

ANEXO 11
Parecer dos representantes do Ministério das Finanças na Comissão de Acompanhamento do concurso para o MLM e Despacho do SETF de 26.01.2005

26-01-05 21:02 De-PARPUBLICA +351217950505 I-373 P 01/08 F-016

DESPACHO N.º 203/05-SETF

interiet o NFAP ?

Se transf. te

PARPÚBLICA – PARTICIPAÇÕES PÚBLICAS (SGPS) Morais Leitão

Secretário de Estado do Tesouro

Sede: Rua Laura Alves, nº 4 - 1050-138 Lisboa
Tel.: 21 795 05 07 - Fax: 21 795 05 05 - geral@parpublica.pt

N/REF: 003047

PARA/TO: Secretaria de Estado do Tesouro e das Finanças	**FAX:** 21 881 72 89

A/c/ATT: Exmo. Senhor
Dr. Miguel Morais Leitão
Sua Excelência o Secretário de Estado do Tesouro e das Finanças

DE/FROM: PARPÚBLICA, SA

DATA: 26/01/2005   N.º de Pág. 8 (incluindo esta)

ASSUNTO/SUBJECT: Parecer dos representantes do Ministério das Finanças na Comissão de Acompanhamento do concurso para o Metro Ligeiro do Mondego

Para informação da decisão do Senhor Ministro relativamente ao lançamento do concurso em epígrafe, junto o parecer elaborado pelos representantes do MFAP na Comissão.

Com os melhores cumprimentos,

SECRETARIA DE ESTADO DO TESOURO
E DAS FINANÇAS
Entrada n.º   321
de 27/1/05
Processo 10/12/04/03 42/5/70

João Plácido Pires
Presidente

193

COMO NÃO DECIDIR UMA OBRA PÚBLICA

PARECER

ASSUNTO: SISTEMA DE METRO LIGEIRO DE SUPERFÍCIE DO METRO DO MONDEGO. PARECER DOS REPRESENTANTES DO MINISTÉRIO DAS FINANÇAS NA COMISSÃO DE ACOMPANHAMENTO

1. ASPECTOS GERAIS

O presente parecer é emitido nos termos do disposto no nº 7 do artigo 8º do Decreto-Lei nº 86/2003, de 26 de Abril.

A Comissão de Acompanhamento prevista no nº 3 do artigo 8º daquele diploma legal foi nomeada através do Despacho Conjunto nº 945/2003, dos Ministros de Estado e das Finanças e das Obras Públicas, Transportes e Comunicações, na sequência de notificação efectuada por este último Ministério.

O presente parecer vincula exclusivamente os representantes do Ministério das Finanças na Comissão de Acompanhamento, dando cumprimento à exigência prevista no nº 8 do mesmo artigo.

O projecto de metropolitano ligeiro de superfície a implantar nos Municípios de Coimbra, Miranda do Corvo e Lousã teve a sua génese legal com a publicação do Decreto-Lei nº 70/94, de 3 de Março, na sequência da qual foi constituída a sociedade anónima de capitais exclusivamente públicos, denominada Metro-Mondego, S.A.

Posteriormente, através da publicação do Decreto-Lei nº 179-A/2001, de 18 de Junho e, posteriormente, do Decreto-Lei nº10/2002, de 24 de Janeiro, foram revistas as bases orientadoras do projecto em análise, contemplando o seu desenvolvimento através de uma PPP – Parceria Público Privada.

A publicação do Decreto-Lei nº 226/2004, de 6 de Dezembro, veio, finalmente, clarificar algumas questões ainda pendentes, relacionadas com o desenvolvimento deste projecto.

A primeira notificação efectuada à Comissão de Acompanhamento, nos termos do nº 6 do artigo 3º do Decreto-Lei nº 86/2003 ocorreu em Dezembro de 2003, considerando-se, na altura, que se encontrava terminado o trabalho de preparação do projecto de parceria público privada em causa.

ANEXOS

Depois disso, outras notificações se sucederam, em termos muito idênticos. Contudo, os signatários manifestaram, de forma sistemática, a sua discordância quanto aos vários modelos apresentados, por considerarem que não só não estavam asseguradas as diversas exigências previstas naquele decreto-lei, relativas a um projecto de parceria como a própria documentação padecia de múltiplas incongruências e fragilidades que conduziriam, seguramente, à inviabilização do concurso e sua quase certa anulação.

Deste modo, os documentos apresentados foram sendo objecto de sucessivas remodelações, as quais se intensificaram com a nova administração entretanto nomeada. De salientar o trabalho desenvolvido nos últimos dois meses, envolvendo de forma muito directa a Parpública, pelo que a actual documentação é substancialmente diferente das versões anteriormente apresentadas.

2. CARACTERIZAÇÃO DO PROJECTO DE PARCERIA

O projecto de parceria em apreciação envolve o projecto e a construção de um sistema de metro ligeiro com traçado sub-urbano, destinado a substituir o actual ramal ferroviário da Lousã, e de um traçado urbano, ligando Ceira a Coimbra B e uma outra ligação do Amado ao Hospital, bem como a sua manutenção e conservação por um período de 30 anos, através de uma Subconcessionária A, bem como a operação do sistema, por um período de 9 anos, através de uma Subconcessionária B, com possibilidade de prorrogação deste prazo por mais 5 anos, desde que não sejam exigidas compensações financeiras a pagar por parte de entidades públicas.

O projecto prevê o pagamento, por parte de Metro Mondego, de uma comparticipação no investimento inicial, correspondente a 50% deste, com um limite de 175 milhões de euros, a que acresce o pagamento de uma remuneração à Subconcessionária A, a título de pagamento de disponibilidade do Sistema.

Prevê-se ainda a existência de fluxos financeiros entre a Metro Mondego e a Subconcessionária 3, admitindo-se a possibilidade de serem pagas por aquela a esta compensações pelos eventuais défices previstos de exploração. Estas compensações deverão constar das propostas a apresentar pelos concorrentes, fundadas nas suas estimativas de procura e projecções das contas de exploração, contemplando-se uma comparticipação da Metro Mondego em, pelo menos, 60% da receita de bilheteira adicional que venha a ser obtida por esta Subconcessionária, decorrente de um comportamento mais favorável da procura.

A Metro Mondego, enquanto concessionária do sistema, assume a posição de gestora do contrato a celebrar com as subconcessionárias, sendo imprescindível a celebração de um outro contrato, entre esta e o Estado, que permita aportar a esta empresa os meios financeiros necessários para assegurar o pagamento do funcionamento do sistema durante o período das subconcessões, bem como do serviço da dívida decorrente do financiamento que venha a obter para assegurar a comparticipação no investimento inicial.

195

COMO NÃO DECIDIR UMA OBRA PÚBLICA

3. ASPECTOS DE NATUREZA FORMAL

O nº 10 do artigo 8º do Decreto-Lei nº 86/2003 exige que o Despacho Conjunto que aprova as condições de lançamento da parceria, para além do Programa do Concurso e do Caderno de Encargos, seja instruído com os seguintes elementos adicionais:

- Análise das opções que determinaram a configuração do projecto;
- Descrição do projecto e do seu modo de financiamento;
- Demonstração do seu interesse público;
- Justificação do modelo de parceria escolhida;
- Demonstração da comportabilidade dos custos e riscos decorrentes da parceria em função da programação financeira plurianual do sector público administrativo.

Do ponto de vista formal, o Caderno de Encargos e o Programa do Concurso, na sua versão final, apresentam-se adequados ao projecto de parceria, acautelando os aspectos relevantes.

A opção por um projecto desta natureza decorre de uma decisão essencialmente política, dado que as receitas previstas não são susceptíveis de assegurar qualquer parcela de cobertura do investimento a realizar, sendo mesmo previsivelmente insuficientes para compensar os custos de operação do sistema. Deste modo, o pagamento da infra-estrutura terá de ser integralmente assegurado pelo Estado, quer através de financiamento adicional a contrair pela Metro Mondego, cujo serviço da dívida terá de ser assegurado pelo Estado, quer mediante o pagamento de disponibilidade, após o início da exploração, à Subconcessionária A. A esta montante acrescerão os previsíveis pagamentos à Subconcessionária B.

No entanto, não foi possível obter qualquer evidência da previsão destes encargos em termos orçamentais, pelo que não está demonstrada a comportabilidade destes custos, em função da programação financeira plurianual do sector público administrativo.

De forma a estabelecer um tecto ao limite de responsabilidades pelo sector público foi contemplado no caderno de encargos um limite máximo ao montante de responsabilidades a assumir pelo Estado, fixando-as em 400 milhões de euros, a preços constantes de Janeiro de 2006. Assim, as propostas que prevejam pagamentos superiores a esta montante não serão objecto de avaliação.

Não foi igualmente apresentado o Comparador do Sector Público, como se exige na apresentação de um projecto de parceria. Trata-se, contudo, de uma limitação assumida, quer pela Metro Mondego quer pelas tutelas que acompanharam o processo, por se entender que a sua obtenção seria extremamente complexa, dada a inexistência

196

ANEXOS

de processos semelhantes conduzidos pelo sector público, sendo o exemplo do Metro do Porto pouco adequado ao projecto em apreço.

Contudo, a referida limitação ao esforço público no projecto traduz, de certa forma, uma atenuante a esta limitação, muito embora tal limite não esteja sustentado em estudos aprofundados sobre o efectivo custo previsível do projecto.

4. ASPECTOS DE NATUREZA SUBSTANCIAL

O nº 8 do artigo 8º do Decreto-Lei nº 86/2003 exige que o parecer dos membros da Comissão de Acompanhamento nomeados pelo Ministro das Finanças analise, em especial, a conformidade da versão definitiva do projecto de parceria com um conjunto de objectivos definidos no nº 1 do artigo 6º e no artigo 7º do mesmo diploma, devendo ainda evidenciar-se, no mesmo parecer, os custos e riscos implícitos no projecto que sejam assumidos pelo sector público.

Relativamente aos custos para o sector público, para além do tecto de 400 milhões de euros, fixado aos pagamentos a efectuar pelas entidades públicas, haverá ainda a acrescentar os custos com expropriações, a cargo da Metro Mondego. Embora se desconheça o encargo que irá ser assumido com tais expropriações, existem estimativas que apontam para um montante de dez milhões de euros. Contudo, dado o tempo decorrido deste que estas estimativas foram efectuadas, é de admitir que o valor real possa superar este patamar.

Relativamente à partilha de riscos, indispensável num projecto de parceria, entendemos que a maioria dos riscos estão adequadamente repartidos entre o sector público e o sector privado, quer ao nível da procura, quer da receita ou dos custos.

No entanto, persistem algumas situações que não foi possível acautelar integralmente, pelo que se procurou, ao nível da documentação do concurso, mitigar os riscos daí decorrentes.

Um dos aspectos prende-se com o imprescindível envolvimento das autarquias no sucesso do projecto, quer ao nível da sua aceitação integral, quer no que se refere às medidas de flexibilização, relativamente aos investimentos em reintegração urbana, de forma a que os mesmos não excedam o montante de 25.6 milhões de euros previsto no caderno de encargos.

Oportunamente manifestámos a nossa convicção de que a aprovação do concurso deveria ser precedida da assinatura de protocolos com as Autarquias envolvidas, onde ficasse explicitada a aceitação, por parte destas, de todas as condicionantes do concurso.

197

COMO NÃO DECIDIR UMA OBRA PÚBLICA

Flexibilização das exigências e especificações do projecto – As primeiras versões da documentação apresentada traduziam, claramente, a filosofia de um projecto de empreitada, em que a Metro Mondego especificava, até à exaustão, todas as características do projecto e dos materiais e equipamentos a utilizar. Foi possível, após múltiplas reuniões, expurgar da documentação uma parte muito substancial destas especificações, pelo que se considera que a versão final permite já aos concorrentes optar pelas soluções que, do seu ponto de vista, melhor se adequam às características do projecto.

Limites ao investimento em reinserção urbana – A experiência de projectos recentes tem demonstrado que muitas das derrapagens financeiras estão relacionadas com os trabalhos adicionais com custos desta natureza. De forma a balizar tais riscos, foram introduzidos no caderno de encargos limites ao investimento neste domínio, competindo aos concorrentes apresentar, no âmbito das suas propostas, as soluções que melhor se adequem aos objectivos pretendidos, sem ultrapassar os limites fixados.

Avaliação da performance – Foram já definidos no caderno de encargos os diversos indicadores de avaliação da performance das duas Subconcessionárias bem como os mecanismos de deduções e penalizações, o que, para além da transparência que aduz ao processo, reflecte igualmente um nível de exigência que se pretende para a parceria.

Finalmente, importa salientar que não é contemplado no âmbito do presente parecer qualquer tipo de avaliação custo-benefício, ou mesmo uma análise em termos de custos de oportunidade do projecto, dado que a decisão quanto à necessidade de metro ligeiro naquele traçado está sustentada numa decisão política e reflectida em sucessivos decretos-lei que foram publicados na última década, conforme referido no início deste parecer.

5. CONCLUSÃO

Face ao exposto ao longo do presente parecer, somos de opinião que o projecto de parceria em análise:

- Reflecte uma adequada partilha de riscos entre as futuras Subconcessionárias e a entidade pública contratante e, indirectamente, o próprio Estado;

- Contempla um nível de flexibilização adequado ao modelo de parceria, remetendo para o sector privado a identificação das soluções mais adequadas à satisfação dos objectivos definidos pelo sector público;

ANEXOS

Dado que tal não foi possível, foi contemplado no Programa do Concurso a obrigatoriedade de tal ocorrer no prazo de 90 dias após o lançamento do concurso. Se tal não se verificar, o concurso será suspenso por 15 dias. Mantendo-se o impasse, prevê-se a extinção do procedimento concursal, sem direito a qualquer indemnização para os participantes no concurso. Estão assim mitigados os riscos de uma adjudicação seguida de exigências não previstas por parte das entidades autárquicas, com implicações financeiras eventualmente graves para o erário público.

Um outro risco não totalmente acautelado está relacionado com a introdução de alterações recentes ao objecto do concurso, de forma a contemplar o alargamento da construção em túnel numa das extremidades de linha urbana, na ligação ao Pólo III. Com efeito, admite-se que tal alteração possa envolver uma nova decisão ambiental, o que poderá acarretar responsabilidades adicionais não passíveis de avaliação imediata.

Para acautelar tal situação contemplou-se na documentação do concurso a exigência de que as obras no referido túnel não se iniciem antes de decorrido um ano após a adjudicação. Embora não salvaguarde integralmente as responsabilidades potenciais decorrentes de eventuais exigências ambientais, consideramos que permite, pelo menos, reduzir o potencial de reclamações por parte da futura Subconcessionária.

De forma a minimizar os custos do projecto foram ainda introduzidas importantes alterações na documentação final do concurso, no sentido da sua flexibilização e da própria economia do projecto, constituindo importantes desafios à capacidade do sector privado. De entre os vários aspectos contemplados salientamos:

Eliminação da solução metro ligeiro entre Lousã e Serpins – A procura neste troço não justifica qualquer investimento significativo, pelo que foi retirado do objecto do concurso o aproveitamento do canal e a solução ferroviária para este troço, tendo, no entanto, sido acautelados os interesses dos utentes, através da solução em modo rodoviário.

Solução tecnológica alternativa no troço entre Lousã e Ceira – Foi contemplada a obrigatoriedade de os concorrentes apresentarem uma solução tecnológica alternativa para este troço, que permita reduzir os custos do investimento, embora com o aproveitamento racional do canal existente. Trata-se de um troço que, do ponto de vista económico, se revela pouco interessante, considerando-se que a electrificação da via e a utilização de material ferroviário ligeiro poderá não ser a solução com maior racionalidade económica. Assim, e dado o peso das condições financeiras na avaliação, é de admitir a apresentação de soluções mais interessantes.

199

COMO NÃO DECIDIR UMA OBRA PÚBLICA

- Está, em termos globais, em conformidade com o disposto no nº 1 do artigo 6º do Decreto-lei nº 86/2003, não obstante não terem sido cumpridas as normas relativas à programação financeira plurianual constantes da lei de enquadramento orçamental;

- Na sua parcela mais relevante, estão fixados os custos financeiros máximos estimados a assumir pelo sector público;

Tendo em consideração o exposto, entendemos que estão reunidas as condições para que Sua Excelência o Senhor Ministro das Finanças e da Administração Pública assine o Despacho Conjunto previsto no nº 9 do artigo 8º do Decreto-Lei nº 86/2003, de 26 de Abril.

Lisboa, 26 de Janeiro de 2005

Os Representantes do Ministério das Finanças na Comissão de Acompanhamento

Rui Sousa Monteiro

Vítor Manuel Batista de Almeida

ANEXO 12
Aviso de abertura do Concurso Público Internacional (PPP) para o Metro Mondego – Publicado no Diário da República e no Jornal das Comunidades em 17 de Fevereiro de 2005

Metro-Mondego, S.A. – Sistema de Metro Ligeiro de Superfície, em Coimbra, Miranda do Corvo e Lousã
Parceria Público-Privada
Concurso Público Internacional

ANEXO 13

Concurso Público Internacional do Sistema de Transporte do Metro Mondego (17.02.2005) – Data de publicação do anúncio no Jornal das Comunidades e no Diário da República – Programa de Concurso (artigos 1.º, 17.º, 56.º e 57.º)

CONCURSO PÚBLICO INTERNACIONAL DO SISTEMA DE TRANSPORTE DO METRO MONDEGO

PROGRAMA DE CONCURSO

Artigo 1.º

Objecto

1. O presente Programa de Concurso define as regras a que deve obedecer o procedimento de adjudicação dos contratos de **subconcessão do projecto e execução das obras de construção da rede de MLM e do fornecimento, montagem e manutenção do material circulante e dos demais equipamentos que constituem o Sistema de Transporte do Metro Mondego, bem como de exploração deste sistema**.

2. O objectivo do concurso é o de **seleccionar a proposta** que, dando satisfação às exigências de interesse público postuladas pelo projecto, **garanta a minimização de encargos e de riscos** para a Metro-Mondego, S.A.

3. Em resultado do concurso, a Metro-Mondego, S.A., celebrará **dois contratos de subconcessão** com duas sociedades comerciais que o concorrente escolhido entretanto tiver constituído, nos termos seguintes:

3.1. Contrato relativo à **subconcessão A**, cujo objecto consiste na subconcessão do **projecto e execução das obras de construção da rede de MLM e do fornecimento, montagem e manutenção do material circulante e dos demais equipamentos que constituem o Sistema de Transporte do Metro Mondego**;

3.2. Contrato relativo à **subconcessão B**, cujo objecto consiste na subconcessão da **exploração do Sistema de Transporte do Metro Mondego**.

...

Artigo 17.º

«Proposta Base» e «Proposta Alternativa»

1. Na **«Proposta Base»**, os concorrentes devem contemplar a hipótese **da instalação de um sistema de metro ligeiro de superfície em toda a extensão da rede de MLM, conjugada com a obrigatória prestação, em modo rodoviário, do serviço público de transporte entre a estação ferroviária da Lousã e a estação de Serpins.**

ANEXOS

2. Na «**Proposta Alternativa**», os concorrentes deverão **contemplar, para a parte do troço do ramal da Lousã compreendida entre as estações de Ceira e da Lousã, soluções tecnológicas alternativas àquela que é adoptada para a restante rede de MLM, assegurando, em qualquer caso, o aproveitamento racional do canal ferroviário existente**.

3. Na **formulação das soluções tecnológicas alternativas**, a integrar na «Proposta Alternativa», os concorrentes deverão ter em consideração que o objectivo que preside à formulação desta solicitação está associado à necessidade de motivar o aparecimento de novas soluções integradas e com boa racionalidade económica.

4. Considerando o disposto no número anterior, os concorrentes devem ter presente que as soluções tecnológicas alternativas devem:

4.1. Melhorar o desempenho funcional da infra-estrutura de transportes;

4.2. Melhorar o desempenho funcional do actual sistema;

4.3. Garantir um sistema que no mínimo tenha características semelhantes ao actual, nomeadamente no que respeita a:

a) População servida;

b) Procura do sistema;

c) Frequência do serviço (em horas de ponta / restante período);

d) Tempo de percurso;

e) Conforto do meio de transporte (quer do veículo, quer das estruturas em "terra");

f) Integração compatibilizada com os pressupostos estabelecidos nos instrumentos de planeamento urbano dos três municípios a atravessar;

g) Período de funcionamento (diário e semanal);

h) Garantia / fiabilidade de serviço.

...

Artigo 56.º
(Protocolos a celebrar entre a Metro Mondego e os Municípios)

1. A Metro Mondego deve diligenciar no sentido de serem assinados, **no prazo de 90 (noventa) dias** a contar da data da abertura do concurso, **protocolos** com os Municípios abrangidos pelo Sistema de Transporte do Metro Mondego, onde aqueles assumam, expressamente, o compromisso designadamente de:

a) **Aceitar as regras do presente concurso**, nomeadamente no que diz respeito às regras **relativas às operações designadas de requalificação urbana**, incluindo a definição do respectivo âmbito, os **limites fixados quanto aos correspondentes custos**, total e por concelho, e a flexibilização do tipo, da qualidade e das quantidades dos materiais e revestimentos a utilizar naquelas obras de forma que aqueles limites sejam observados;

b) De atempadamente adoptar todas as medidas e decisões que, no âmbito das suas competências, se revelem necessárias à execução do projecto de MLM, designa-

COMO NÃO DECIDIR UMA OBRA PÚBLICA

damente de forma a assegurar que o prazo contratualmente fixado seja observado e que não seja, de modo algum, comprometido o valor actual líquido dos pagamentos a efectuar pela Metro Mondego.

2. A Metro Mondego deve ainda diligenciar no sentido de ficar consagrado nos referidos protocolos que:

a) Os Municípios se comprometem a aceitar a decisão final da Metro Mondego no que diz respeito ao tipo, qualidade e quantidades dos materiais e revestimentos a utilizar nas obras a que se faz menção na alínea anterior, desde que essa decisão esteja condicionada pela observância dos limites fixados nos documentos do concurso;

b) No caso de se registarem alterações significativas em relação aos elementos de referência indicados nos documentos do concurso, a Metro Mondego, antes de proferir a decisão final, procederá à audição dos Municípios no que concerne ao tipo, qualidade e quantidades dos materiais e revestimentos a utilizar nas designadas obras de requalificação urbana.

Artigo 57.º

Suspensão e extinção do procedimento e não adjudicação

1. Se os protocolos a que se refere o artigo anterior não forem celebrados no prazo aí fixado, o prazo para entrega das propostas estabelecido no artigo 20.º **é suspenso por 15 (quinze) dias**, independentemente do momento em que possa ocorrer a respectiva assinatura.

2. Ocorrendo a situação prevista no número anterior, a suspensão é de imediato comunicada aos interessados que tiverem levantado cópia dos elementos do processo e publicitada pelos meios que a Comissão entenda mais convenientes.

3. Se, **decorrido o prazo de 15 (quinze) dias a que alude o n.º 1, os protocolos continuarem sem ser celebrados, o procedimento considera-se extinto a partir do dia subsequente ao termo daquele prazo**.

4. Sem prejuízo do disposto no número anterior, a Metro Mondego reserva-se o direito de interromper o procedimento ou fazê-lo extinguir-se ou, se for esse o caso, decidir não adjudicar a qualquer dos concorrentes, com fundamento em razões de interesse público ou pela circunstância de todas as propostas serem consideradas inaceitáveis nos termos do presente programa.

5. Nos termos do n.º 2 do artigo 11.º do Decreto-Lei n.º 86/2003, de 26 de Abril, o procedimento pode ainda ser extinto sempre que, de acordo com a apreciação dos objectivos a prosseguir, os resultados das análises e das avaliações realizadas e os resultados das negociações levadas a cabo não correspondam, em termos satisfatórios, aos fins de interesse público subjacentes à constituição da parceria.

6. A suspensão ou extinção do presente procedimento ou a não adjudicação, nos termos fixados no presente programa de concurso, não dá o direito a nenhum interessado de exigir qualquer indemnização, designadamente por despesas entretanto realizadas ou por prejuízos sofridos.

CUSTOS das Operações de Requalificação Urbana

1. Nos termos do número 4 do art.º 15 do Programa de Concurso os concorrentes têm de respeitar os seguintes limites relativamente aos custos da requalificação urbana:

- Concelho de Coimbra   16.321.906 €
- Concelho de Lousã   4.753.678 €
- Concelho de Miranda do Corvo   4.513.045 €

2. As quantidades e características dos materiais constantes da 1.ª colecção dos mapas seguintes têm carácter indicativo.

3. Os concorrentes deverão preencher a 2.ª colecção de mapas apresentados.

4. Sempre que os Concorrentes entenderem incluir nas propostas materiais alternativos ou com características diferentes dos indicados deverão preencher a coluna "descrição alternativa".

COMO NÃO DECIDIR UMA OBRA PÚBLICA

ANEXO 14
Nota do MOPTC à comunicação social, datada de 2 de Junho de 2005, sobre a anulação, por extinção do concurso da Metro Mondego

2005-06-02

Ministério das Obras Públicas, Transportes e Comunicações

Nota à comunicação social

Concurso da Metro Mondego

O Governo anterior lançou um concurso armadilhado para o metropolitano ligeiro do Mondego que previa a sua auto-extinção.

Ao obrigar a Metro Mondego a assinar com as Câmaras Municipais protocolos no prazo de 90 dias e, paralelamente, ao preconizar soluções que não satisfazem as Câmaras Municipais da Lousã e de Miranda do Corvo, o anterior Governo deu a entender que não pretendia levar para a frente o concurso.

Foi analisada a possibilidade jurídica de suspender o concurso enquanto se procediam a alterações que fossem ao encontro dos requisitos de mobilidade e de sustentabilidade que, no entender do Ministério das Obras Públicas, Transportes e Comunicações (MOPTC), não podem deixar de estar subjacentes a este processo.

O parecer jurídico solicitado pelo MOPTC conclui que as alterações que se pretendem introduzir subvertem de uma forma insanável a documentação do concurso e, portanto, não podem ser introduzidas, ao contrário da opinião da Metro Mondego.

Por outro lado, continuam, no momento actual, a não estarem verificados os pressupostos que deveriam ter sido condição prévia ao lançamento do concurso.

Isto é, continuam por assinar os protocolos com as autarquias, o que inviabiliza legalmente a prorrogação do concurso.

Desta forma, as próprias regras do concurso lançado pelo anterior Governo determinam a anulação do presente procedimento concursal.

O MOPTC está firmemente determinado em encontrar um sistema de transportes que satisfaça as necessidades de mobilidade das populações na área de influência do actual ramal da Lousã nas suas ligações à cidade de Coimbra.

Assim, a partir de hoje, serão analisadas duas alternativas:

Melhoria da qualidade do serviço ferroviário no ramal da Lousã e da coordenação com outros modos de transporte; Reformulação do actual modelo de metropolitano ligeiro, corrigindo as deficiências no modelo de oferta, minimizando os custos totais do projecto e reponderando o modelo de concessão.

A decisão final sobre o modelo a adoptar e respectivo procedimento concursal será tomada no prazo de três meses.

ANEXO 15
Apresentação do SMM pela Senhora Secretária de Estado dos Transportes, em 07 de Março de 2006

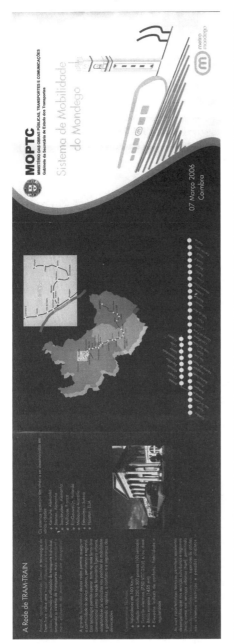
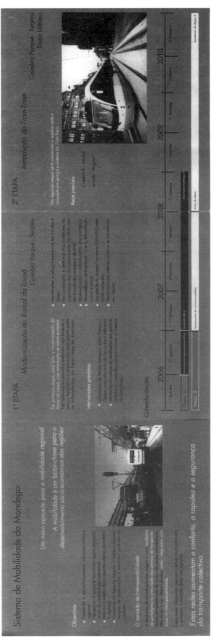

ANEXO 16

Despacho do SETF de 17.03.2009 concordando com o desenvolvimento do SMM, de acordo com o calendário e orçamento previsto e parecer da DGTF de 17.12.2008 – Concorda com a celebração dos Protocolos previstos com a REFER e a CP após a introdução de algumas correcções

Gabinete do Secretário de Estado do Tesouro e Finanças

Exm.º Senhor
Chefe do Gabinete de Sua Excelência a
Secretária de Estado dos Transportes
Palácio Penafiel, Rua de S. Mamede ao
Caldas, 21
1100-533 Lisboa

Of. n.º: **1778**

Data: **18/3/09**

V/Ref.:	Ent.ª: 1282 de 10.03.09 Proc.º: 019.026/09
Assunto:	Sistema de Mobilidade do Mondego – Ponto de Situação da 1ª Fase.

Incumbe-me Sua Ex.ª o Secretário de Estado do Tesouro e Finanças de remeter a V. Ex.ª fotocópia do ofício n.º 0259 e anexos, de 06.03.09, do Metro Mondego, referente ao assunto mencionado em epígrafe após ter merecido o seguinte despacho:

> **DESPACHO N.º 218/09-SETF**
> "Visto.
> Dispondo a MM, tal como resulta da presente carta, de adequadas garantias dos municípios, na sequência do meu despacho n.º 1240/08 e das clarificações posteriormente prestadas pelo Sr. DGTF, nada tenho a opor, devendo a MM assegurar a prossecução do projecto do SMM de acordo com o calendário e orçamento previstos.
> Conhecimento à Sr.ª SET e a S.Ex.ª o MEF.
> As) Carlos Costa Pina
> 17.03.09"

Com os melhores cumprimentos,

O Chefe do Gabinete

Eduardo Silva Lima

ANEXOS

metro mondego sa

SECRETARIA DE ESTADO DO TESOURO E FINANÇAS
Ent 1282 de 10.03.09
Pº: 019.026/09
DGTF [X] ANCP [ ] SG [ ]
PARP. [ ] IGCP [ ] [ ]
IGF [ ] GPEARI [ ] ARQ. [ ]
Dist.:
O Chefe do Gabinete
(Eduardo Silva Lima)
Saída Nº 1692 - 06
de 12.03.09

Exmo. Sr.

Secretário de Estado do Tesouro e Finanças

Av. Infante D. Henrique, nº 5 2º andar

1149-009 LISBOA

ESPACHO N.º 218/09 - SETF

[anotações manuscritas]

data:
6 de Março de 2009

assunto:
Sistema de Mobilidade do Mondego – Ponto de Situação da 1ª Fase

Exmo Sr. Secretário de Estado do Tesouro e Finanças

O desenvolvimento da 1ª Fase do Projecto SMM de acordo com as directivas definidas e o cronograma aprovado pela Exma Senhora Secretária de Estado dos Transportes ficou condicionado pelos termos do Despacho nº 1240/08 de V. Exa, com as clarificações prestadas em 17 de Fevereiro último.

Assim, a Metro Mondego logo que tomou conhecimento destas determinações procedeu a um conjunto de iniciativas conducentes à obtenção da máxima estabilização possível das opções de projecto e áreas de intervenção que serão da responsabilidade da Metro Mondego no âmbito da 1ª Fase do SMM, e procurou a aprovação pelas Câmaras Municipais envolvidas nos termos tecnicamente viáveis no presente momento.

Destas diligências resultaram as condições objectivas que se encontram plasmadas no "Ponto de Situação da 1ª Fase do Projecto SMM – 5 de Março de 2009" que se anexa e que foi aprovado em Conselho de Administração da Metro Mondego, S.A. do passado dia 5 de Março.

[anotações manuscritas]

Carlos Costa Pina
Estado do Tesouro

209

Do expresso nesse "Ponto de Situação" resulta que é entendimento unânime do Conselho de Administração da Metro Mondego, S.A. de que se encontram reunidas todas as condições para, em respeito pelo espírito das directivas emanadas das suas Tutelas Técnica e Financeira, se avançar para a concretização física da 1ª Fase do Projecto SMM, nomeadamente através do arranque imediato dos relevantes concursos de empreitadas de obras públicas. Este entendimento foi também transmitido à Sra. Secretária de Estado dos Transportes.

É ainda convicção do Conselho de Administração da Metro Mondego, S.A. de que se tal não acontecer a muito curto prazo a imagem e credibilidade do projecto perante os cidadãos de Coimbra, Miranda do Corvo e Lousã ficará significativamente afectada.

Pede deferimento,

A Administração

De: Direcção-Geral do Tesouro e Finanças	Para: SECRETÁRIO DE ESTADO DO TESOURO E FINANÇAS
INFORMAÇÃO N.º 2373/08	
DATA 17/12/08	

PARECERES

DE ACORDO.
À CONSIDERAÇÃO DO
SENHOR SECRETÁRIO
DE ESTADO DO TESOURO
E FINANÇAS.

11.DEZ.2008

Carlos Durães da Conceição
DIRECTOR-GERAL

DESPACHO N.º 1240/

Voto com o meu
acordo às recomendações
efectuadas.

22.12.08

Carlos Costa Pina
Secretário de Estado do Tesouro
e Finanças

À consideração Superior
com o meu acordo.

O DIRECTOR DE SERVIÇO
Carlos Lopes Pereira

SECRETARIA DE ESTADO DO TESOURO E FINANÇAS
Ent 5281 de 18.12.08
Ref.ª 019 0264-019 0080 019 018/

DGTF ☐	ANCP ☐	58 ☐
PARP. ☐	IGCP ☐	☐
IGF ☐	GPEARI ☐	ARQ. ☐

Dist.:

O Chefe do Gabinete

(Eduardo Silva Lima)

Saída N.º

ASSUNTO: Metro Mondego, S.A. – Protocolos a celebrar com a REFER e a CP

N/REF.: 118 /2008, de 17 de Dezembro	V/REF.:
N/ ENT.: 22682, de 3 de Dezembro de 2008	V/ENT.:

**MINISTÉRIO DAS FINANÇAS E DA ADMINISTRAÇÃO PÚBLICA
DIRECÇÃO-GERAL DO TESOURO E FINANÇAS**

(Inf.nº I-46/CLP/2007)

1. Está em curso a revisão das bases da concessão do Sistema Metro Mondego (SMM), a qual, a ser aprovada, levará a REFER e a CP a terem que assumir os investimentos da 1ª fase do sistema (Ramal da Lousã), respectivamente nas infra-estruturas ferroviárias fixas, no parque de máquinas e operações e material circulante.

2. Neste contexto, mesmo não se encontrando ainda aprovada a mencionada revisão das bases de concessão, foi submetido à apreciação desta Direcção-Geral as minutas dos protocolos a celebrar entre a Metro Mondego, a REFER e a CP (documentos em anexo), sobre os quais já nos pronunciamos em 28 Outubro de 2008, através de mensagem de correio electrónico (cuja cópia se junta também em anexo), e que, no essencial se reitera.

3. Assim, propõe-se que:

    3.1. No considerando A, em ambos os protocolos, seja retirada a afirmação "*assumindo o Estado os encargos decorrentes da disponibilidade e conservação das infra-estruturas de longa duração e dos equipamento e material circulante, mediante contrato a celebrar com a concessionária*". Esta matéria é regulada no âmbito das Bases da Concessão e o novo diploma prevê a celebração de um contrato de prestação de serviços entre o Estado e a concessionária. Será nessa sede que o Estado e a concessionária estabelecerão os mecanismos de partilha de riscos (tráfego, disponibilidade, etc.) e o modo como será fixada a correspondente remuneração.

    A manutenção daquela frase encerra um risco potencial, desnecessário, de eventual desconformidade entre o protocolo e o que vier a ser estabelecido no contrato no que toca ao financiamento da concessão pelo Estado.

    3.2. No ponto 2 do protocolo com a REFER, por razões que se prendem com a minimização dos riscos na elaboração dos projectos de execução e reforço da qualidade das peças concursais, propõe-se que seja adoptada a seguinte redacção para as primeira e segunda partes:

" 2. *Previamente ao lançamento dos procedimentos concursais*, a REFER articulará com a MM, especificamente, as soluções relativas a aspectos arquitectónicos, equipamento das estações, Sistemas de Apoio à Exploração - Posto de Comando e Controlo (SAE-PCC) e sinalização, bem como as relativas às restantes componentes e especialidades do projecto, as quais devem ser objecto de especificação funcional por parte da MM em articulação com a REFER, *antes dos procedimentos concursais referidos em 1.*

Esta alteração tem também como objectivo mitigar potenciais conflitos entre a MM e a REFER no momento em que se operar a transferência dos activos para a concessionária.

3.3. Tendo em vista a prevenção em relação aos riscos de ocorrência de sobrecustos e deslizamento de prazos, na fase de execução dos contratos de empreitada e de fornecimento de equipamentos, propõe-se que o Estado, na qualidade de accionista, efectue a seguinte recomendação aos conselhos de administração da Metro do Mondego e da REFER:

"O lançamento *dos procedimentos concursais inerentes às* empreitadas *fica* dependente da aprovação *de todos os projectos por todas as autarquias envolvidas* no empreendimento".

Esta recomendação visa colocar exigências adicionais na gestão dos projectos de execução, uma vez que não basta a aprovação de cada autarquia individualmente para o lançamento dos concursos das diversas empreitadas.

3.4. Com o objectivo de evitar que os custos da concessão sejam onerados com exigências desproporcionadas das autarquias, no momento da aprovação e licenciamento dos projectos, propõe-se a introdução de um novo ponto 5 (com o consequente deslizamento dos pontos que se seguem) com a seguinte formulação:

" *Os acréscimos de trabalhos e os correspondentes acréscimos de custos, que não estejam previstos nos projectos de execução ou que não resultem de impacto directo das empreitadas, exigidos pelas autarquias locais, serão objecto de protocolo a estabelecer entre a REFER (dono de obra) e a respectiva autarquia, através do qual são definidos os trabalhos a realizar, os custos envolvidos e o modo de ressarcimento desses custos pela autarquia à REFER..*"

4. Para além das propostas de alteração aos textos dos protocolos atrás referidas, recorda-se que os mesmos se referem apenas à 1ª fase do projecto, reservando-se para a 2ª fase a implementação de um modelo mais adequado, eventualmente em PPP. Para esta 1ª fase, os protocolos estabelecem agora que os investimentos a suportar pela REFER e pela CP ascenderão, no máximo a 192 M€ e 109,4 M€ respectivamente (a CP já suportou anteriormente outros investimentos que não foram incluídos no protocolo). Estes valores já incluem, no caso da REFER 2 M€ de despesas com trabalhos preparatórios para a implementação da 2ª fase e quanto à CP, 6,2 M€ de serviços rodoviários alternativos.

O protocolo a celebrar com a CP prevê que esta venha a suportar adicionalmente as despesas com o fornecimento de material circulante e com o sistema de bilhética para a 2ª fase, no montante de 56 M€, cuja realização deverá ficar condicionada à prévia autorização da implementação dessa fase e à definição do respectivo modelo.

Em conclusão, consideram-se que os protocolos estão em condições de serem assinados depois de serem introduzidas as alterações propostas nos pontos 3 e 4 anteriores.

ANEXOS

3.4. Com o objectivo de evitar que os custos da concessão sejam onerados com exigências desproporcionadas das autarquias, no momento da aprovação e licenciamento dos projectos, propõe-se a introdução de um novo ponto 5 (com o consequente deslizamento dos pontos que se seguem) com a seguinte formulação:

" *Os acréscimos de trabalhos e os correspondentes acréscimos de custos, que não estejam previstos nos projectos de execução ou que não resultem de impacto directo das empreitadas, exigidos pelas autarquias locais, serão objecto de protocolo a estabelecer entre a REFER (dono de obra) e a respectiva autarquia, através do qual são definidos os trabalhos a realizar, os custos envolvidos e o modo de ressarcimento desses custos pela autarquia à REFER..*"

4. Para além das propostas de alteração aos textos dos protocolos atrás referidas, recorda-se que os mesmos se referem apenas à 1ª fase do projecto, reservando-se para a 2ª fase a implementação de um modelo mais adequado, eventualmente em PPP. Para esta 1ª fase, os protocolos estabelecem agora que os investimentos a suportar pela REFER e pela CP ascenderão, no máximo a 192 M€ e 109,4 M€ respectivamente (a CP já suportou anteriormente outros investimentos que não foram incluídos no protocolo). Estes valores já incluem, no caso da REFER 2 M€ de despesas com trabalhos preparatórios para a implementação da 2ª fase e quanto à CP, 6,2 M€ de serviços rodoviários alternativos.

O protocolo a celebrar com a CP prevê que esta venha a suportar adicionalmente as despesas com o fornecimento de material circulante e com o sistema de bilhética para a 2ª fase, no montante de 56 M€, cuja realização deverá ficar condicionada à prévia autorização da implementação dessa fase e à definição do respectivo modelo.

Em conclusão, consideram-se que os protocolos estão em condições de serem assinados depois de serem introduzidas as alterações propostas nos pontos 3 e 4 anteriores.

À consideração superior.

GASEPC, 17 de Dezembro de 2008

Carlos Dores Costa

p/ Rui Gomes

COMO NÃO DECIDIR UMA OBRA PÚBLICA

ANEXO 17
Resolução do Conselho de Ministros n.º 101-A/2010, de 15 de Dezembro
– Detalha e concretiza um conjunto de medidas de consolidação e controle orçamental, subjacente ao PEC e para a execução OE para 2011, incluindo entre elas: *"a definição das redes de transportes urbanos na AML-Sul, Coimbra e Faro, preparando a contratualização da sua exploração"; e a "integração da ... Metro Mondego na REFER"*, encarregando esta de "proceder aos estudos de demonstração de interesse e viabilidade da operação" e prevendo a (eventual) aprovação de diploma legal *"Decreto-Lei regulador"* com esse objectivo *"até final de 2011"*

5936-(2) — Diário da República, 1.ª série — N.º 249 — 27 de Dezembro de 2010

PRESIDÊNCIA DO CONSELHO DE MINISTROS

Resolução do Conselho de Ministros n.º 101-A/2010

A presente resolução do Conselho de Ministros detalha e concretiza um conjunto de medidas de consolidação e controlo orçamental que integram a estratégia de correcção estrutural do défice e da dívida pública, estratégia essa subjacente ao Orçamento do Estado para 2011 e ao Programa de Estabilidade e Crescimento.

O cumprimento dos objectivos orçamentais inerentes ao Orçamento do Estado para 2011 e ao Programa de Estabilidade e Crescimento, consubstanciado em metas ambiciosas e exigentes, desde logo de redução do défice de 7,3 % para 4,6 % em 2011, exige a implementação célere das medidas de redução da despesa e reforço da receita.

Atendendo à sua natureza e ao contexto financeiro internacional especialmente difícil em que são tomadas, a execução destas medidas está sujeita a exigente escrutínio público, tanto nacional como internacionalmente. Com efeito, a execução das medidas de consolidação orçamental é um indicador crítico da efectividade da estratégia de reequilíbrio das finanças públicas e, em geral, da credibilidade internacional da política económica portuguesa.

As medidas especificadas representam, no seu conjunto, não só um efeito positivo directo para as metas orçamentais de 2011, como também um contributo decisivo para a correcção estrutural do défice e da dívida pública. Tal contributo, em conjunto com a reforma em curso do quadro orçamental e com o reforço dos efeitos das recentes reformas da segurança social e da Administração Pública, é essencial para a correcção dos desequilíbrios macroeconómicos e para assegurar a sustentabilidade no médio e longo prazo das finanças e das políticas públicas.

O acompanhamento particularmente rigoroso da execução orçamental, cujas metas reflectem reduções substanciais nas principais rubricas de despesa, requer a criação de mecanismos adicionais de monitorização da despesa dos serviços integrados, dos serviços e fundos autónomos, das empresas e das restantes entidades que integram o perímetro das administrações públicas, que permitam uma monitorização contínua e tempestiva e, deste modo, incrementem o controlo exercido sobre a execução dos programas orçamentais e dos seus orçamentos.

Para cumprimento das medidas de consolidação orçamental, no prazo de 15 dias após a publicação da presente resolução todos os ministérios se comprometem a ter concluído o levantamento dos actos administrativos, regulamentares ou legais necessários à sua implementação, cuja aprovação e publicação revestirá carácter prioritário.

Assim:

Nos termos da alínea *g*) do artigo 199.º da Constituição, o Conselho de Ministros resolve:

1 — Implementar um sistema para reforço do controlo da execução orçamental, que assegure os objectivos de redução da despesa, baseado nos seguintes princípios:

a) Transparência, que se concretiza através de um mecanismo de informação relativa à evolução da despesa pública, prestada regularmente pelos serviços e pelas entidades que integram o perímetro das administrações públicas;

b) Responsabilização dos serviços e das entidades que integram o perímetro das administrações públicas, e respectivos dirigentes, pelo cumprimento da obrigação de prestação de informação referida na alínea anterior, prevendo-se, nas situações de incumprimento, formas adequadas de reforçar essa obrigação, nomeadamente a suspensão das transferências do Orçamento do Estado para a entidade incumpridora;

c) Fiscalização da concretização das medidas de consolidação orçamental definidas ao longo de 2010 e na proposta do Orçamento do Estado para 2011 e do cumprimento da prestação de informação referida na alínea *a*) pelos serviços e das entidades que integram o perímetro das administrações públicas;

d) Correcção dos desvios significativos na execução orçamental de uma dada entidade, através de acções direccionadas que conduzam ao realinhamento célere da execução orçamental.

2 — Incumbir o membro do Governo responsável pela área das finanças da definição dos procedimentos para a implementação e desenvolvimento do sistema de controlo orçamental referido no número anterior, podendo determinar mecanismos adicionais em matéria de informação, fiscalização e responsabilização, a observar pelos serviços integrados, pelos serviços e fundos autónomos, pelas empresas e pelas restantes entidades que integram o universo das administrações públicas em contas nacionais.

3 — Determinar que o membro do Governo responsável pela área das finanças proceda, em coordenação com cada ministério e considerando especialmente os grandes agregados orçamentais, à definição, por ministério, de metas trimestrais para a despesa pública e, quando aplicável, para as rubricas próprias, a atingir pelos serviços integrados, serviços e fundos autónomos, empresas e outras entidades que integram o universo das administrações públicas em contas nacionais.

4 — Determinar que, em caso de verificação de desvios às metas trimestrais previstas no número anterior, o Governo adopta as medidas necessárias para garantir que, na execução do trimestre seguinte, seja retomado o cumprimento do objectivo de consolidação orçamental.

5 — Determinar que cabe ao membro do Governo responsável pela área das finanças, em coordenação com cada ministério, o apuramento trimestral do cumprimento das metas respectivamente definidas.

6 — Detalhar e informar sobre o estado de execução das medidas de consolidação orçamental subjacentes à lei do Orçamento do Estado para 2011 e ao Programa de Estabilidade e Crescimento, que constam dos quadros anexos à presente resolução, da qual fazem parte integrante, bem como concretizar a sua implementação.

7 — Determinar que, no prazo de 15 dias após a publicação da presente resolução, esteja concluído ao nível de todos os ministérios o levantamento dos actos administrativos, regulamentares ou legais necessários à execução das medidas de consolidação orçamental constantes dos quadros anexos à presente resolução, da qual fazem parte integrante.

8 — Definir que a aprovação e a publicação dos actos a que se refere o número anterior revestem carácter prioritário.

Presidência do Conselho de Ministros, 15 de Dezembro de 2010. — O Primeiro-Ministro, *José Sócrates Carvalho Pinto de Sousa.*

ANEXOS

Medidas de consolidação orçamental	Ministério	Diploma legal	Calendário
Reforço da articulação de transportes públicos nas áreas urbanas através da: *i*) introdução de uma gestão conjunta das empresas Metropolitano de Lisboa, E. P. E., e Companhia de Carris de Ferro de Lisboa, S. A., e ainda do Metro do Porto, S. A., e STCP — Serviço de Transporte Colectivo do Porto, S. A., com o objectivo de promover uma maior coordenação e complementaridade das ofertas de serviços e, simultaneamente, reduzindo custos; *ii*) definição de redes de transportes urbanos na Área Metropolitana de Lisboa — Sul, Coimbra e Faro, preparando a contratualização da sua exploração.	MFAP/ MOPTC	Despachos de constituição de grupos de trabalho.	Dezembro de 2010.
Integração da RAVE e da Metro Mondego na REFER . . .		Despachos mandatando a REFER a proceder aos estudos de demonstração do interesse e viabilidade da operação.	Dezembro de 2010.
		Decretos-leis	Até ao final de 2011.

ANEXO 18
Comunicado do MOPTC no final da reunião, realizada no dia 2 de Fevereiro de 2011, com os Presidentes da CM de Coimbra, Lousã e Miranda do Corvo (sobre as conclusões da mesma)

MINISTÉRIO DAS OBRAS PÚBLICAS, TRANSPORTES E COMUNICAÇÕES

O Governo garante o Sistema de Mobilidade do Mondego

O projecto do Sistema de Mobilidade do Mondego (SMM) desenvolveu-se, numa 1ª fase, na generalidade, sobre o actual canal ferroviário do Ramal da Lousã.

Este ramal atravessa 3 concelhos (Coimbra, Miranda do Corvo e Lousã) com uma população de cerca de 168 mil habitantes.

Em 2008 foram iniciados os trabalhos de construção da componente rodoviária das interfaces de Ceira, Miranda do Corvo e Lousã, sendo em 14 de Janeiro em Miranda do Corvo e Lousã e a 10 de Março de 2008 em Ceira, tendo as respectivas empreitadas sido concluídas e recebidas durante o mês de Outubro de 2008.

Em Novembro de 2009 e Janeiro de 2010 foram adjudicadas, respectivamente, as empreitadas de reabilitação das infra-estruturas dos troços Miranda do Corvo/Serpins e Alto de São João/Miranda do Corvo.

Entretanto, no quadro de uma política comum adoptada na zona euro com vista a devolver a confiança aos mercados financeiros e aos seus agentes e fazer face ao ataque especulativo à moeda única, o Governo português reafirmou o total empenhamento em atingir os compromissos assumidos em matéria do défice orçamental em 2011 para 4,6% do PIB.

Para o efeito, foi necessário adoptar um conjunto de medidas de consolidação orçamental adicionais às previstas no Programa de Estabilidade e Crescimento para 2010-2013.

Estas medidas representam um esforço adicional no sentido de assegurar o equilíbrio das contas públicas de modo a garantir o regular financiamento da economia.

Todos os projectos de obras públicas, conforme as orientações do Orçamento de Estado de 2011 e do PEC, são analisados segundo critérios de:

ANEXOS

MINISTÉRIO DAS OBRAS PÚBLICAS, TRANSPORTES E COMUNICAÇÕES

1. Racionalidade;
2. Sustentabilidade económica, financeira e ambiental;
3. Impacto directo na criação de emprego;
4. Reforço da competitividade da economia e das empresas.

Considerando o resultado da reunião entre o Ministério das Obras Públicas, Transportes e Comunicações e os Presidentes das Câmaras de Coimbra, Lousã e Miranda do Corvo ficou acordado:

1. **Continuar as obras em curso.**
   Estão em curso as empreitadas de infra-estruturas dos troços:
   - Serpins – Miranda do Corvo
     - 7 Túneis
     - Pontes de Portela e Serpins
     - Taludes no Vale do Açor
     - Muro e drenagens em Moinhos, Lobazes e Carvalhosa
     - Muros junto à ponte de Serpins
   - Miranda do Corvo – Alto S. João (já dentro de Coimbra)
   - Alto de São João /São José

2. **Lançar o Concurso São José /Portagem.**

3. Criar uma comissão que integre as autarquias e o Ministério das Obras Públicas, Transportes e Comunicações para encontrar soluções de redução não essenciais do projecto, desde que não sejam essenciais ao Sistema de Mobilidade do Mondego.

4. Criar uma comunidade inter-municipal para coordenar e proceder a uma gestão integrada de transportes da região de Coimbra.

ANEXO 19 – Cronograma da distribuição temporal das entidades envolvidas

Anos	1989	1992	1994	1996	1997	1998	1999	2000	2001	2002	2003	2004	2005	2006	2007	2008	2009	2010	2011
Trimestre	2º T	2º T	1º T	2º 3º 4º	1º 2º 3º 4º	1º 2º 3º 4º	1º 2º 3º 4º	1º 2º 3º 4º	1º 2º 3º 4º	1º 2º 3º 4º	1º 2º 3º 4º	1º 2º 3º 4º	1º 2º 3º 4º	1º 2º 3º 4º	1º 2º 3º 4º	1º 2º 3º 4º	1º 2º 3º 4º	1º 2º 3º 4º	1º 2º 3º 4º

Datas essenciais para o Projecto
- 1989: 18 de Junho - Protocolo CPI/CMC a)
- 1992: Outubro - Estudo Preliminar b)
- 1994: 3 de Março, DL 70/94 c)
- 1996: 20 de Maio, Escritura Pública d)
- 1997: Abril - Estudo Preliminar e)
- 2001: 18 de Junho, DL 179/01 f); Julho - Anteproj. g)
- 2002: 24 de Janeiro, DL 10/02 h)
- 2003: 25 de Setembro - Comissão Acomp. i)
- 2004: 6 de Dezembro, DL 226/04 j); 17 de Fevereiro - CPI, Março - OBC l); Maio - Demoliç., Junho - Anul. Extins do CPI m)
- 2005: 7 de Março - Apres. do SMM n)
- 2008: 23 de Dezembro - Inaugur. Interfaces o)
- 2009: Novembro - Adjudic. empreitada Miranda-Serpins p); Janeiro - Adjudic. A.S.João-Miranda, início Serv. Altern. q)
- 2010: 27 de Dezembro, Res. Cons. Ministros n.º 101-A/10 r)
- 2011: 16 de Fevereiro - Desp. SET - grupo trabalho transp. s)

Presidente do CA
- Albertino Reis e Sousa (06.1996-09.2000)
- Manuel Machado (09.2000-03.07.01)
- Armando Pereira (03.07.01-27.04.04)
- José Mariz (27.04.04-12.04.07)
- Álvaro Seco (12.04.07-30.11.10)

Eleições AR: 10.10.99 · 17.03.02 · 20.02.05 · 27.09.09 · 05.06.11

Governo / PM
- 1989: Cavaco Silva
- 1992: Cavaco Silva
- 1994: Cavaco Silva
- António Guterres (...-06.04.2002)
- Durão Barroso (06.04.02-17.07.04)
- Santana Lopes (17.07.04-12.03.05)
- José Sócrates (12.03.05-21.06.11)
- Pedro Passos Coelho (21.06.11-...)

MOPT
- 1989: Oliveira Martins
- 1992: Ferreira do Amaral
- 1994: Ferreira do Amaral
- João Cravinho (...-25.10.99)
- Jorge Coelho (25.10.99-10.03.01)
- Ferro Rodrigues (10.03.01-23.01.02)
- José Sócrates (23.01.02-06.04.02)
- Valente de Oliveira (06.04.02-05.04.03)
- Carmona Rodrigues (05.04.03-17.07.04)
- António Mexia (17.07.04-12.03.05)
- Mário Lino (12.03.05-25.10.09)
- António Mendonça (26.10.09-21.06.11)
- Álvaro Santos Pereira (21.06.11-...)

SET
- 1989: Elias da Costa
- 1992: Jorge Antas
- 1994: Jorge Antas
- Rui Cunha (10.03.01-23.01.02)
- Seabra Ferreira (08.04.02-17.07.04)
- Jorge Borrego (17.07.04-12.03.05)
- Ana Paula Vitorino (14.03.05-25.10.09)
- Correia de Fonseca (31.10.09-21.06.11)
- Sérgio Monteiro (21.06.11-...)

Eleições AL: 14.12.97 · 16.12.01 · 09.10.05 · 11.10.09

PCM de Coimbra
- 1989: Eng. Moreira
- 1992: Manuel Machado
- 1994: Manuel Machado
- Manuel Machado
- Carlos Encarnação
- Barbosa de Melo

PCM da Lousã
- 1989: Horácio Antunes
- 1992: Horácio Antunes
- 1994: Horácio Antunes
- Horácio Antunes
- Paula Gonçalves
- Fernando Carvalho
- Luís Antunes

PCM Miranda do Corvo
- 1989: Jaime Ramos
- 1992: José Rodrigues Lopes
- 1994: Jorge Cosme
- Jorge Cosme
- Fátima Ramos

---

a) Assinatura do protocolo entre a Câmara Municipal de Coimbra e a CP para a construção de um túnel entre Coimbra-Parque e a Rua do Arnado (Túnel da Portagem).

b) Estudo Preliminar de "Integração do Light Rail no Ramal da Lousã" (apresentado em Abril de 1993).

c) Decreto-Lei 70/94 de 03 de Março: é atribuída a uma sociedade anónima, de capitais exclusivamente públicos, detidos pelas câmara municipais de Coimbra, Lousã e Miranda do Corvo, a CP e o Metropolitano de Lisboa a exploração do metropolitano ligeiro de superfície no corredor Coimbra B - Serpins.

d) Escritura Pública de constituição da sociedade Metro-Mondego, SA, a 20 de Maio de 1996.

e) Aprovação do Estudo Preliminar de viabilidade técnica e económica do projecto de implementação do Metro Mondego.

f) Decreto-Lei 179-A/01, de 18 de Junho: este diploma altera o DL 70/94, permitindo a entrada do Estado no capital social da Metro Mondego, S.A. No mesmo mês o Estado subscreve 53% do capital social da Metro-Mondego, S.A..

g) Aprovação do Ante-projecto (Systra, Tis.pt, Coba), ficando definido o traçado composto por duas linhas.

h) O Estado concessiona à Metro-Mondego, SA, em exclusivo, a exploração de um sistema de metro ligeiro de superfície nos municípios de Coimbra, Miranda do Corvo e Lousã por 30 anos. São publicadas nesse diploma as Bases dessa concessão e os Estatutos da empresa.

i) Publicação do Despacho Conjunto da Ministra de Estado e das Finanças e do Ministro das Obras Públicas, Transportes e Habitação que constitui uma Comissão de Acompanhamento da Exploração do sistema de metro ligeiro de superfície.

j) Alterou o DL 10/2002 com vista a adaptar as Bases de Concessão ao DL 86/2003 que disciplina as parcerias público-privadas. Alargou o prazo de concessão para 40 anos com possibilidade de prorrogação. Permitiu que fossem encontradas alternativas tecnológicas ao modo metro na linha da Lousã, desde que fossem económica e socialmente mais vantajosas. O Estado assume os encargos decorrentes da disponibilidade e conservação das infraestruturas de longa duração e dos equipamentos e material circulante (Base VIII, n.º 4).

l) Lançado Público Internacional (CPI) em regime Parceria Público-privada (PPP) para conceção, construção, financiamento e manutenção do metro ligeiro. Em Março é apresentado o Outline Business Case (OBC) (elaborado pela KPMG), estudo para lançamento da Parceria Público Privada.

m) Início, em Maio, das demolições na baixa de Coimbra para libertar canal para a 2ª fase do projeto. Autoanulação, em Junho, do CPI porque as autarquias de Miranda do Corvo e Lousã não aceitaram os termos de um protocolo necessário para a prossecução do concurso.

n) Apresentação do Sistema de Mobilidade do Mondego (SMM) com a presença do ministro Mário Lino. Decisão da Secretaria de Estado dos Transportes que alterou o modelo do concurso, ficando a REFER e a CP como donos da obra da 1ª fase e a Metro-Mondego, SA como coordenadora do projeto.

o) Inauguração dos Interfaces de Ceira, Miranda do Corvo e Lousã.

p) Adjudicação da empreitada de reabilitação do troço Miranda do Corvo - Serpins

q) Adjudicação da empreitada de reabilitação do troço Alto de São João - Miranda do Corvo. No dia 4 de Janeiro começam a funcionar os Serviços Rodoviários Alternativos ao Ramal da Lousã.

r) Resolução do Conselho de Ministro que determina a integração da Metro-Mondego, S.A. na REFER.

s) Despacho do Secretário de Estado dos Transportes: é criado um grupo de trabalho para apresentar uma proposta para implementar a gestão de um sistema de transportes supraconcelhio que deveria ser apresentada no prazo de 6 meses.

ÍNDICE

1. INTRODUÇÃO	5
2. RAZÕES DA PROPOSTA DE UM METRO LIGEIRO DE SUPERFÍCIE	11

3. DA GÉNESE DO PROJECTO À DECISÃO DE CONSTITUIÇÃO
DA SOCIEDADE METRO MONDEGO 15
3.1. O Protocolo entre a CMC e a CP 15
3.2. O estudo da CP para a integração do *"Light Rail"* no Ramal da Lousã 17
3.3. O projecto de constituição da sociedade MM (MM, S.A.) 19

4. DA CONSTITUIÇÃO DA SOCIEDADE AO LANÇAMENTO PELA
MM, S.A., DO CONCURSO DE PARCERIA PÚBLICO-PRIVADA (PPP) 23
4.1. A Constituição da Sociedade MM 23
4.2. O Estudo preliminar Geral (de viabilidade técnico-económica) 25
4.3. A abertura do concurso para o Anteprojecto 28
4.4. A realização dos primeiros objectivos definidos 30
4.5. O Estado como accionista maioritário da MM 32
4.6. A elaboração do Regime e Bases de Concessão e Estatutos da MM 34
4.7. O Concurso Público não lançado 36
4.8. As novas Administrações Municipais e o novo Governo 40
4.9. A intervenção da Parpública e a reformulação do Projecto 47
4.10. A preparação da Parceria Público-Privada 49
4.11. A nova Administração da MM 50
4.12. A preparação das novas Bases de Concessão 56
4.13. A publicação das alterações às Bases de Concessão (DL 226/2004
de 30 de Setembro) 58
4.14. O lançamento do Concurso Público Internacional (PPP) 60

COMO NÃO DECIDIR UMA OBRA PÚBLICA

5. DA ANULAÇÃO DO CONCURSO DE 2005 (PPP) AO ANÚNCIO
DO SISTEMA DE MOBILIDADE DO MONDEGO (SMM)   65
    5.1. A questão da anulação do Concurso   65
    5.2. O silêncio do Governo e a deliberação da CMC   69

6. O SISTEMA DE MOBILIDADE DO MONDEGO (SMM)   75
    6.1. O anúncio   75
    6.2. O estudo de viabilidade para a reformulação do traçado do Ramal
        da Lousã   77
    6.3. A clarificação das linhas urbanas (traçado e prazos de execução)   80
    6.4. A aprovação da CMC e o compromisso da SET   86
    6.5. O atraso na decisão de lançar a obra   90
    6.6. O início da obra e o papel do novo SET   93

7. DA PUBLICAÇÃO DO DESPACHO 510/2010, DE 1 DE JUNHO,
À SITUAÇÃO DE INDEFINIÇÃO   99
    7.1. O Plano de Estabilidade e Crescimento (PEC 2010-2013)   99
    7.2. Os cenários apresentados pelo CA   100
    7.3. O Lançamento da Petição   101
    7.4. O bloqueamento da actividade da MM   103
    7.5. A demissão do PCA da MM   105
    7.6. As tentativas de esclarecimento e a procura de soluções   106
    7.7. A criação dos Grupos de Trabalho e a Assembleia Geral de Março
        de 2011   109
    7.8. As consequências do resgate financeiro   111

8. SÍNTESE ACTUALIZADA DO PROJECTO   113
    8.1. Datas mais importantes   113
    8.2. Ponto de situação da execução dos Projectos e das Obras (Concursos
        e Empreitadas)   115
    8.3. Breve descrição do Projecto Metro Mondego   120
    8.4. Evolução do investimento previsto desde o ante-projecto do túnel   123

9. FUTURO DO PROJECTO DE MOBILIDADE: UM RISCO NA NOITE
OU UMA NOITE SEM RISCO?   125

ANEXOS   139